삶이 부유해지는
단 순 한
재 정 원 리

밥 로티치 지음 | 조계진 옮김

SIMPLE MONEY
RICH LIFE

삶 이   부 유 해 지 는
단 순 한
재 정 원 리

스 트 레 스 안 받 는 돈 관 리 2 1 일 시 작

진인터랩

추천사

단순한 재정 원리

"인간은 누구는 파산 선고자가 되기도 하고, 누구는 부자는 되었으나 남을 위해 돈을 쓸 줄 모르는 구두쇠가 되기도 한다. 《단순한 재정 원리》는 이런 실패한 두 가지 인생을 넘어 새로운 삶으로 인도한다. 누구든지 이 원리를 배워서 부유해지고, 부유해진 재정을 나와 남을 위해 아낌없이 사용한다면 이보다 복된 인생은 없을 것이다. 지금부터 이 책이 가르쳐준 간단한 4가지 원리를 배워서 한 번뿐인 인생을 보람 있게 누리는 삶을 살아보자!"

-백정석 목사, 경영학 박사, 《예수님의 리더십》 역자

"지금 나의 자본 상태를 보면서 하나님이 주시는 역경의 시간과 그 안에서 누리는 기쁨을 여러 시각으로 가늠해보게 한 저자에게 감사를 보낸다. 코로나 이후 가혹한 현실 세계를 맛보던 중에 이 책을 읽었더라면, 자산 관리를 보다 현실적으로 받아들이고 치밀한 돈 관리를 했을 거라는 아쉬움이 들었다. 이 책은 고단한 재정 책임을 단순한 재정 관리로 전환하여 하나님께서 부어주시는 생기를 지닐 수 있도록 만든다. 많은 독자들에게 공감과 감동을 주기에 충분한 내용이기에 좋은 책을 마음을 다해 추천한다."

- 송완주, CBMC(한국기독실업인회) 부회장, 서현재단 대표

"돈은 저축이 아니라 투자를 통해서 버는 것이고, 투자하지 않는 것은 세상에서 나만 소외된 것 같은 포모(FOMO) 증후군이 만연하고 있는 요즘 세대에 이 책은 어떻게 돈을 벌고 저축하며, 기부까지 하면서도 부채를 극복하는지 알려주는 확실히 검증된 방법이다. 돈에 지배당하는 것이 아니라 돈을 지배하는 방법을 알려주는 실천적 전략으로 가득 차 있다."

- 김석훈, 정담회계법인 공인 회계사

"이 책은 적자재정으로 시작하여 5십만 불을 기부할 수 있는 고지에 이르러 재정적 자유를 누리게 된 저자의 저축, 수입, 기부, 그리고 돈과 함께 즐기는 법을 쓴 생생한 경험담이다. 저자의 경험을 토대로 금융에 대한 누구나 적용하기 쉬운 이 원리는 부채를 벗어나서 넉넉하게 베풀 수 있는 마음을 갖춘 진정한 부자로 만들어 줄 거라는 희망을 갖게 한다. 저자의 재정 발자취를 따라가며 신선함을 맛보는 재미는 덤이다."

- 이동규, 신한은행 분당 시범단지 지점장

"밥 로티치는 말보다 행동으로 보여준다. 《단순한 재정 원리》에서 밥 로티치는 그가 40만 달러의 부채를 극복하고 자신의 목표인 백만 달러 기부를 성취하는 데 사용한 모든 팁, 요령 및 전술을 전해준다. 그의 이야기는 놀랍지만, 아주 특별하다고 할 수는 없다! 이 책은 믿음으로 이룬 큰 발걸음으로 가득 차 있으며, 또한 자신의 재정 목표를 성취하는 데 도움이 되는 실용적인 조언으로 가득하다."

-마크 배터슨(Mark Batterson), 뉴욕 타임즈 베스트셀러
《오늘을 이겨라》의 저자

"밥은 대부분의 사람들이 부담스러워하는 주제(돈)를 단순하게 만드는 데 탁월한 재능이 있다. 만일 그것만으로 충분하지 않다면, 그는 (린다의 도움으로) 당신의 재정에 대해 도전을 주고, 흥미를 유발하고, 영감을 주면서 은혜로운 교훈을 전달한다."

-카를로스 휘태커(Carlos Whittaker), 《광야로 들어가라》의 저자

"어떤 책은 매우 도움이 되고, 어떤 책은 인생을 완전히 바꾸기도 한다. 《단순한 재정 원리》은 후자에 속한다. 진정한 재정적 자유를 이루는 길의 각 단계를 안내한다. 이 책을 구입하라. 읽고, 적용하라."

-척 벤틀리(Chuck Bentley), 크라운 파이낸셜 미니스트리
(Crown Financial Ministries)의 CEO

"재정적으로 항상 뒤처지는 것 같은가? 발전이 조금이라도 있을 때마다 또 다른 위기가 닥쳐서 좌절하고 있는가? 《단순한 재정 원리》은 은행 계좌가 비어 있고, 청구서가 밀려오고, 빚이 쌓여 있으며, 너무 적은 월급을 받더라도 희망이 있다는 영감을 주고 용기를 준다.

무엇보다도, 이 책은 생존뿐만 아니라 번성하며 궁극적으로 다른 사람들

의 삶을 변화시키고 아낌없이 베풀 수 있는 방법을 알려준다!"

-크리스탈 페인(Crystal Paine), 뉴욕 타임즈 베스트셀러
작가이자 moneysavingmom.com 창립자

"나는 분별력과 절제를 믿기 때문에 궁핍이 바탕이 된 초절약을 설파하는 책은 읽어본 적이 없다. 《단순한 재정 원리》은 당신이 진정 부유한 삶을 만드는 것에 도움을 주는 접근하기 쉬우면서도 성경적 영감, 시대를 초월한 지혜, 참신한 전략과 전술로 가득 차 있다."

-패트리스 워싱턴(Patrice Washington), 수상 경력에 빛나는
'부의 재정의' 팟캐스트의 진행자

"밥은 다른 금융 전문가들이 실패한 곳에서 성공한다. 무엇을 해야 하는지뿐만 아니라 얼마나 정확하게 해야 하는지도 알려준다. 그리고 이 모든 것을 예수님과 그분의 복음이 중심이 된다. 강력 추천한다!"

-조던 레이너(Jordan Raynor), 베스트셀러 《당신의 시간을
구속하는 것》의 저자

"이 책에는 금이 너무 많이 들어 있다! 효과적인 재정 관리는 때때로 벅찬 목표처럼 느껴질 수 있지만, 이 책은 원칙과 실용적인 전략, 영감 사이의 완벽한 균형과 함께 바로 적용할 수 있는 실행 가능한 단계가 담겨 있다."

-루스 수쿱(Ruth Soukup), 뉴욕 타임즈 베스트셀러
《적은 지출로 잘 사는 법》의 저자

"밥과 린다 부부는 재정을 완전히 다른 시각으로 바라본다. 나는 그들을 매우 존경한다. 그들의 진정성, 지혜의 깊이, 하나님 나라를 발전시키려는 마

음의 영감을 준다. 이 책은 당신이 꿈도 꾸지 못했던 재정적인 삶으로 초대하는 책이다."

-조슈아 베커(Joshua Becker),
최소주의자 되기(Becoming Minimalist)의 창립자이자 《최소주의자 가정》의 저자

"이 책에는 단순히 생존에서 벗어나 재정적으로 번창할 수 있는 청사진이 담겨 있다. 이 책에서 배울 수 있는 실용적인 지혜는 적절한 청지기 정신과 함께 당신이 행동을 취하고 평안을 경험할 수 있도록 도와줄 것이다."

-탈랏 맥닐리(Talaat McNeely),
그와 그녀의 재정 CEO

"이 책이 정말 마음에 든다. 돈, 저축, 기부에 관한 수많은 가르침에 지루함을 느꼈거나 이미 다 들어봤다고 생각한다면, 이 책은 당신의 생각을 바꿔줄 것이다. 신선하고, 예측할 수 없고, 실용적이며, 심지어 기업가적인 면모까지 갖춘 《단순한 재정 원리》를 읽고 잘 적용해 보길 바란다."

-캐리 니우호프(Carey Nieuwhof), 베스트셀러
《최선을 다하라》의 저자

"《단순한 재정 원리》에서 밥과 린다 부부는 신속히 재정을 관리하고 청지기 정신의 새로운 접근법을 제시한다. 그들이 알려주는 원리는 이해하기 쉽고, 과거의 실수에 대해 죄책감을 느끼지 않게 하며, 영감을 주고, 진정으로 부유한 삶을 살 수 있도록 믿음을 북돋아준다."

-알렉스 실리(Alex Seeley),
《반대의 삶》의 저자

"돈은 벌고, 관리하고, 지불하고, 충분히 가지고 있으면서도 그 과정은 정말 어렵다! 쉽게 만드는 방법을 알고 싶은가? 성공적으로 해내었고, 기꺼이 가르쳐 줄 수 있는 사람을 찾아서 단계별로 함께 걸어보라. 판단도, 죄책감도 없이 그저 간단하고 이해하기 쉽게 당신의 마음과 영혼에 교훈을 준다. 밥 로티치는 이 모든 것을 해냈고(그리고 정말 대단한 이야기!) 간단한 4가지 계획으로 정리했다. 당신이 손에 들고 있는 책은 돈을 벌고 인생을 풍요롭게 만들 수 있는 절호의 기회이다."

-메리 헌트(Mary Hunt),
《부채를 방지하는 삶》의 저자

SIMPLE MONEY, RICH LIFE

COPYRIGHT © 2024 BY RENDREN, LLC
ALL RIGHTS RESERVED.

KOREAN TRANSLATION RIGHTS ARRANGED WITH
RANDOM HOUSE, NEW YORK THROUGH EYA AGENCY,
SEOUL. KOREAN TRANSLATION COPYRIGHT © (2024) BY JIN INTERLAB

이 책의 한국어판 저작권은 (주)EYA 에이전시를 통한
저작권사와의 독점 계약으로 진인터랩에 있습니다.
저작권법에 의해 한국 내에서 보호를 받는 저작물이므로
무단전재와 복제를 금합니다.

CONTENTS

추천사 • 004
저자의 메모 • 013
소개 • 014

〈1부〉 할 수 있는 모든 것을 저축하라

1장. 전쟁은 그분의 것이지만, 당신이 나가야 한다 • 033
2장. 관리 자산: 두 번째로 중요한 지표 • 038
3장. 절대 100 규칙 • 046
4장. 주의: 성과가 측정되면 개선된다 • 052
5장. 자동화: 의지력에 절대 의존하지 마라 • 061
6장. 조정: 만약 구멍에 빠졌다면 파는 것을 멈추어라 • 066
7장. 책임감: 실패하기 어렵고, 성공하기 쉽게 만들어라 • 074
8장. 사랑하는 것에 더 많이 소비하는 방법 • 080
9장. 보다 현명하게 지출하는 방법 • 090
10장. 숨겨진 실험 • 105
11장. 신용 카드를 마스터하기 위한 3가지 규칙 • 115
빠른 시작 – 1부 • 121

〈2부〉 할 수 있는 모든 것을 벌어라

12장. 돈은 가혹한 주인이지만 위대한 종이다 • 136
13장. 디지털 시대에 돈을 버는 4가지 열쇠 • 145
14장. 소명과 열정: 물고기는 나무에 오르지 않는다 • 151
15장. 교육: 계속 배우고 기술을 연마하라 • 161
16장. 문제를 해결하거나 개선하라 • 168

17장. 수요: 원하는 것을 제공하라 • 175
18장. 인생의 목적이 죽음에 무사히 도착하는 것처럼 살지 마라 • 181
빠른 시작 – 2부 • 194

〈3부〉 할 수 있는 모든 것을 기부하라

19장. 기부에 대해 생각했던 모든 것이 틀렸다 • 205
20장. '나이만큼 기부'하기 시작한 이유 • 216
21장. 기부는 정원 가꾸기 • 223
22장. 춤추는 고릴라 • 232
23장. 6자리 기부자의 비밀 • 239
24장. 순 기부: 가장 중요한 지표 • 246
25장. 기부를 더 쉽고 즐겁게 만드는 4가지 조언 • 256
26장. 나비 효과 • 267
빠른 시작 – 3부 • 270

〈4부〉 모든 것을 즐겨라

27장. 발전이 실제로 어떤 모습일지 즐겨라 • 280
28장. 지출을 즐겨라 • 286
29장. 가진 것을 누려라 • 291
30장. 휴식을 즐겨라 • 299
31장. 모든 것을 즐겨라 • 304
빠른 시작 – 4부 • 306

부유한 삶을 위한 마지막 단계: 1% 도전 • 310
독자에게 감사! • 315
감사 인사 • 317
참조 • 319

저자의 메모

당신이 나와 같은 사람이라면 지금 읽고 있는 책의 저자가 어떻게 생겼는지, 억양은 어떠한지, 가장 중요한 것은 개나 고양이를 키우는 사람인지 궁금할 것이다.

나는 지난 15년 동안 SeedTime.com에서 풀타임 블로거, 팟캐스터, 머니 코치로 활동해 왔다. 어쩌면 우리는 우연찮게 만났을 수도 있고, 당신이 이미 이 모든 해답과 그 이상을 알고 있을 수도 있다.

하지만 아직 만나지 못했다면, 휴대폰을 들고 SeedTime.com/hello를 방문하여 린다와 나의 짧은 동영상을 시청해 보라. 이 여정을 함께 시작하면서 가상 하이파이브를 할 수 있는 기회가 있으면 좋겠다.

어느 쪽이든, 이 책을 읽으면서 린다와 내가 당신을 위해 기도하고 있다는 것을 알아주길 바란다. 당신은 이 책을 우연히 손에 들고 있는 것이 아니다. 당신이 현재 재정적으로 산 정상에 있든 계곡에 있든, 하나님께서는 당신 안에서 그리고 당신을 통해 이루시고자 하는 일이 훨씬 더 많다는 것을 알기 바란다.

그러니 (좋아하는 동물) 한 마리를 끌어안고, (좋아하는 음료) 한 잔을 들고 시작해 보자.

당신을 응원한다.
밥 로티치.

소개

2002년 3월 5일은 내 21번째 생일 전날이었다. 나는 컨버터블을 몰고 마이너리그 야구장 앞의 번잡한 플로리다 도로를 달리고 있었다. 그날은 월급날이었고, 섭씨 24도의 화창한 날씨에, 가장 친한 친구 두 명이 내 생일을 축하해 주러 이곳으로 오고 있었기에 나는 흥분 상태였다. 나는 내 인생을 스스로 잘 알고 있기에 내 바람대로 잘 흘러가는 듯했다.

잠시 후, 자동차가 도로 한가운데서 멈췄다. 순간 너무 당황하여 갓길에 차를 세울 생각조차 하지 못했다. 차가 멈추자 후미 추돌 사고를 방지하기 위해 우선 비상등을 켰다. 그 후, 시동을 걸고 또 걸고 또 걸었다. 하지만 여덟 번 정도의 시도에도 시동은 다시 걸리지 않았다.

도움을 요청할 사람이 없었다. 내가 아는 사람들은 모두 최소 1,000마일 이상 떨어져 있었다. 그리고 내 노키아 휴대폰의 가장 큰 기능은 우버(Uber) 앱이 아니라 스네이크(Snake) 게임이었다.

주위를 둘러보니 한 남자가 야구장으로 차를 안내하는 모습이 보였다. 나는 그 사람에게 다가가 차를 갓길로 옮기는 것을 도와달라고 요청했지만 그는 거절했다. "괜찮아." 나는 생각했다. "수백 대의 차량이 지나가는데, 누군가 멈춰서 도와줄 거야." 하지만 아무도 도와주지 않았다.

자존심이 상했지만 스스로에게 창피한 나머지 전혀 아무렇지 않은 척하며 냉정하게 행동하려 애썼다. "신경 쓰지 마. 창문 너머 한 팔로 핸들을 잡고 어색하게 차를 밀면서 이 분주한 거리에서 빠져나갈 테니까."

결국, 나는 혼자서 자동차를 갓길까지 밀어낸 후 차문을 열고 올라탔다. 운전석에 앉자 이번에는 절망감이 밀려왔다. 내 재정 상태가 바람 부는 날의 카드 집과 같다고 느껴졌다. 내 재정적 혼란의 진실을 마주할 수밖에 없었다.

나는 약 3시간 후에 집세를 내기 위해 월급을 현금으로 찾으러 은행에 가던 중이었다. 집주인은 집세를 내는 날에 조금이라도 늦으면 50달러의 연체료를 부과했다. 내 월급은 집세를 감당하기에 충분했지만, 만약 약속 시간에 늦는다면 50달러를 추가로 낼 여유는 없었다. 저축은 전혀 없고, 당좌 예금 계좌에는 7달러밖에 안 남았고, 신용 카드에 남은 264달러의 사용 가능한 신용으로 생활하고 있었다.

60달러의 낡은 엔진이 곧 다가올 재앙을 예고하는 듯했다. 월급쟁이로 살다 보면, 좋았던 날이 얼마나 빨리 슬픈 날로 변하는지 너무 잘 알게 된다.

나는 흐르는 눈물을 빠르게 훔쳤다. 마음과 정신을 사로잡는 공포와 동일한 힘으로 운전대를 잡았지만 할 수 있는 건 없었다. 너무도 막막했다. 끊임없이 지나가는 차들을 바라보며, 도움이나 포옹 또는 괜찮을 거라고 말해줄 누군가를 간절히 원했다. 하지만 아무도 도와주지 않았다. 절망적이고 완전히 혼자가 된 기분이었다.

내 재정 상태에 곧 문제가 들이닥칠 테니 앞으로 몇 주 또는 몇 달을 어떻게 버텨낼지 방법을 강구해야 했지만, 생각하지 않았다. 재정이 매우 빠른 속도로 나락으로 떨어지고 있다는 사실에 대해서도. 그저 집중할 수 있는 건, 현재 내가 처한 위기뿐이었다.

내 인생이 이렇게 될 줄 몰랐다. 나는 어릴 때부터 회계사가 되고 싶을 만큼 돈에 관심이 많았다(물론 나 같은 괴짜는 어디서든 존재하겠지만). 게다가 은행에서 일하면서 재정에 대해 모든 것을 안다고 자부했다. 하지만 지금 나는 길 한가운데서 고장 난 차를 견인하여 고칠 방법과, 월세 만기까지 채 몇 시간 안 남은 상황을 해결할 방법을 떠올리지 못해 쩔쩔매고 있었다.

내가 배운 재정에 대한 정보는 모두 잘못된 것이었다. 그동안 나는 돈 문제를 해결하려면 더 많은 돈이 필요하다고 단순하게 생각했다. 하지만 필요한 것은 돈이 아니었다(물론 그때는 그렇게 확신할 수 없었지만). 나는 내게 주어진 문제를 올바르게 관리하는 방법을 배워야 했다.

그 순간, 하나님을 초청하지 않았음을 깨달았다. 고장 난 컨버터블에 앉아 머리에 손을 얹고 뜨거운 눈물을 흘리며 하나님께 재정에 대한 지혜를 달라고 기도했다. 그때, 무슨 수를 써서라도 이 재정적 혼란을 끝내야겠다고 결심했다. 하나님께서 다른 길을 알려주신다면 충분히 따를 준비가 되어 있었다.

우리의 재정 교육은 엉뚱한 곳에서 왔다

세상 사람들은 각기 다른 처지에서 살고 있다. 부모님께 좋은 재정 상태를 물려받은 사람이 있는가 하면, 극복해야 할 큰 장애물이 있는 사람도 있다. 나는 꽤 괜찮은 중산층 패를 받은 케이스다. 그럼에도 불구하고 내 재정 상태는 엉망진창이었다. 이것은 오로지 내 탓이라고 생각했다. 왜 그랬을까?

나는 나에게 불리하게 작용하는 요소가 많다고 판단했었다. 필기체와 듀이(Dewey) 십진법의 공식을 배우는 것만큼이나 돈을 벌고, 저축하고, 관리하는 원리를 아는 것은 매우 중요하다. 거의 모든 사람에게 필수적인 삶의 기술이기 때문이다. 하지만 우리는 대부분 재정 교육을 거의, 또는 전혀 받지 못했다. 이 공백은 어떤 식으로든 채워져야 한다.

간접적으로나마 배우고 있는 재정에 관한 정보마저 잘못되었다. 선의의(그러나 파산한) 친구 및 가족, 유명인, 인플루언서, 그리고 신용 카드 회사 등은 표면적으로 돈에 대해 가르치고 있지 않더라도, 이들의 영향력은 우리에게 사실상 재정 교육이 되었다.

또한, 재테크 지식을 쌓기 위해 서점을 방문하지만, 잘못된 접근법을 강요하는 악서와 양서를 구별하기 힘들다. 생각보다 많은 도서가 효과가 전혀 없고, 효과가 있다 해도 잘못된 방법을 제시한다. 재정적으로 성공하는 구체적인 방법을 알아내더라도 너무 힘들거나 불가능하다는 생각이 드는 경우가 너무 많다.

고장 난 컨버터블을 몰고 다니며 월급날까지 연체된 청구서만 쌓이고 제대로 된 저축은 할 수 없을지도 모른다. 청구된 금액을 지불해야 하기 때문에 회사가 만족스럽지 못해도 억지로 다니며 월요일만으로 가득 찬 일주일을 보내게 될지도 모른다. 그리고 살아남기 위해 배우자와 끝없는 재정 다툼을 하게 될지도 모른다.

대부분의 사람들은 재정을 더 잘 관리하지 못한 것에 대해 죄책감과 수치심을 느낀다. 하지만 애초에 자신의 잘못이 아니라면? 돈을 다루는 세상의 방식이 잘못된 것이라면? 그렇다면, 이제 새로운 접근 방식이 필요한 때이다.

간단한 원리

이 원리는 영국의 유명한 전도자이자 신학자인 존 웨슬리(John Wesley)로부터 시작되었다. 18세기에 쓴 그의 저서 중 하나에서 이런 글을 발견했다.

"나는 영혼이나 육체에 상처를 입히지 않고 내가 할 수 있는 모든 것을 얻는다. 나는 종이 한 장, 물 한 컵도 기꺼이 낭비하지 않고 내가 할 수 있는 모든 것을 절약한다. 그러나 내가 할 수 있는 모든 것을 기부함으로써 나는 사실상 '땅에 보물을 쌓아두는 것'으로부터 안전하다. 내가 할 수 있는 모든 것을 바치는 한, 나는 그것을 원하거나 노력하는 것에서 자유롭다."[1]

지난 15년 동안, 아내 린다와 나는 웨슬리의 글을 영감으로 삼아, 재정에 대한 성경의 가르침을 연구하고 실천하기 위해 아래의 4가지 원리를 활용해 왔다.

1. 할 수 있는 모든 것을 벌어라.
2. 할 수 있는 모든 것을 저축하라.
3. 할 수 있는 모든 것을 기부하라.
4. 모든 것을 즐겨라.

린다와 내가 성경에서 영감을 받은 이 원리를 재정에 적용하자 기적이 연이어 일어났다. 우리의 재정 상태는 빠르게 변화하기 시작했다.

- 린다와 나는 전에는 결코 경험하지 못했던 돈에 대한 새로운 관점을 가지게 되었다.
- 보수가 좋은 일을 찾았고, 보람을 느낄 수 있었다.
- 재정적인 어려움이 닥쳐도 스트레스를 받지 않았다.
- 상당한 저축을 하고 미래를 위해 투자도 시작했다.
- 신용 카드, 자동차 대출, 학자금 대출, 심지어 31세에 이르러 모든 빚을 갚았다.
- 생각했던 것보다 더 많은 기부를 하고 있는 나를 발견했다. 이것은 인생에서 가장 소중한 열정 중 하나가 되었다.

재정적으로 번창하는 건 시간문제였다. 중요한 것은, 결코 우리의 수입에 의해 좌우되지 않았다는 사실이다. 수입은 늘기도 하고 줄기도 했다. 인생의 롤러코스터가 어디로 데려가든, 우리는 수입과 상관없이 성공할 수 있다는 것을 깨달았다.

이것을 강조하여 말하고 싶다. 번창하는 재정 생활의 열쇠는, 당신이 생각한 것보다 훨씬 간단하다!

전술, 전략 및 원리

이 원리는, 15년 이상 연구하면서 발견한 최고의 접근 방식이다. 지금부터 이 전술, 전략 및 원리에 대해 공유하겠다. 참고로, 이 책의 대부분은 시대를 초월한 원리로 구성되었지만, 어떤 재정적 상황에 처해 있든 관계없이, 해마다, 평생 동안 의지할 수 있는 원리이다.

이 모든 것에는 한 가지 기본 요소가 있다. 네 영역이 함께 작동해야 한다는 것이다. 힘은 이 네 영역의 시너지에 있다. 어느 한 영역만 단독으로 작동하는 것보다 네 영역이 함께 작동할 때 상당히 힘이 세진다.

당신과 내가 우리의 역할을 다하면, 하나님께서 개입하셔서 그분의 일을 이루실 것이다. 당연히 그분의 역할이 가장 중요하다. 이 책의 대부분은, 하나님께서 가장 잘 일 하시도록 당신과 내가 도와야 한다고 설명하고 있다.

책의 내용이 아닌 것

혼동을 피하기 위해 이 책이 어떤 책인지 명확히 해두겠다.

1. 당신을 부자로 만들기 위해 하나님을 조종하는 것이 아니다.
우리가 번창하려고 예수님을 따르는 것은, 돈을 위해 누군가와 결혼하는 것과 비슷하다. 그것은 관계의 껍데기일 뿐이다.

예수님은 참되고 가장 큰 보배이시며, 하나님은 우리를 너무 사랑하셔서 그 이하에 안주하도록 내버려 두지 않으신다. 그렇다. 다른 좋은 아버지와 마찬가지로 하나님도 자녀를 축복하기를 원하시지만, 단순히 공급자가 아닌 관계를 추구하는 것이 목적이다. 예수님은 항상 우리에게 가장 큰 선물이자 보배이며, 어떤 재정적 축복보다도 훨씬 더 큰 존재이다.

2. 돈에 관한 신학적인 담론이 아니다.

이 책은 돈에 관한 신학 논문이 아니라 운영 매뉴얼이다. 성경적인 재정 개념을 탐구하지만, 이해하기 쉽고 삶에 적용할 수 있는 도구와 실용적인 조언도 함께 제공하고자 한다. 목적은 최고의 재정 개념과 성경에 제시된 시대를 초월한 원칙 사이의 연결점을 찾아내고, 이를 실행 가능한 단계별 계획으로 전환하는 것이다.

3. 죄책감과 수치심을 유발하는 모임이 아니다.

죄책감을 이용해 행동을 유도하는 책은 많지만, 이 책은 그렇지 않다. 나는 재정적 어려움을 경험해 본 적이 없는 신탁 펀드에 가입한 아기가 아니다. 나도 그 어려움을 겪어봤다. 하지만 내 재정 상황에 대해 느낀 수치심은 나에게 해를 끼쳤을 뿐이다.

이 책에서는 그런 이야기를 찾을 수 없을 것이다. 린다와 나는 당신이 이전에 가지고 있던 돈에 대한 믿음을 부드럽게 만들고 변함없이 하나님을 신뢰하도록 격려할 것이다. 당신이 최고의 자신이 될 수 있도록 도와주는 좋은 친구라고 생각하라.

4. 인생에서 아무것도 즐기지 말자는 것이 아니다.

돈 때문에 균형을 잡기 어려워하는 사람들이 많다. 현재를 위해 모든 돈을 쓰는 사람도 있고, 미래를 위해 모든 것을 저축하는 사람도 있다. 이 책은 극단으로 치우치지 않고, 현재와 미래 그리고 영원한 목적을 기반으로 건강한 기부의 균형을 찾을 수 있도록 다양한 상황을 다룰 것이다.

5. 모든 사람에게 적용되는 접근 방식은 아니다.

재정적으로 잘살고 있을 수도 있고, 파산 상태일 수도 있고, 수입이 안정적일 수도 있고, 평생 수입이 일정하지 않았을 수도 있고, 통제할 수 없는 지출로 인한 재정적 위기에서 회복 중일 수도 있고, 자신의 잘못 없이 위기에 처한 상황일 수도 있다.

재정에 대한 모든 접근 방식은 일률적일 수 없기 때문에 당신의 상황에 맞지 않을 수도 있다. 하지만 이 책에 담긴 원칙은 보편적이다. 원칙에 집중하면, 이 책에서 엄청난 삶의 변화를 이끌어낼 수 있을 것이다.

책의 내용인 것

이 책에 담긴 원리는 더 많은 돈을 버는 것뿐 아니라 부유한 삶을 더욱 폭넓게 이해하는 데 도움이 될 것이다. 부유한 삶은 누구에게도 종속되지 않고, 하나님의 인도하심에 순종하며, 삶에서 넘치는 넉넉함을 누릴 수 있는, 비할 데 없는 평안의 삶을 뜻한다. 그러므로 현재 소득 수준과는 상관없이 진정으로 부유한 삶을 경험하고 싶다면, 이 책이 그 방법을 어떻게 제시하는지 잘 살펴보길 권한다. 더불어 낡은 사고 패턴과 오래된 습관도 바꿔야 할 것이다. 어렵게 느껴지는가? 이 책과 함께라면, 이 모든 변화를 통해 더욱 부유한 경험을 할 수 있을 것이라고 자부한다.

책의 구성 방식

'단순한 재정 원리'는 크게 네 부분으로 구성되어 있다. 네 부분 모두 함께 읽어도 좋지만, 책장을 마음껏 넘기거나 앞뒤로 읽어도 좋다.

1. 〈1부〉 할 수 있는 모든 것을 저축하라.
1부에서는 돈을 쓰는 방식을 재구성하고, 이를 적용하며, 한 달에 수백 달러를 절약하는 데 도움이 되는 매우 실용적인 팁과 제안을 제공한다. 더 많은 수익을 올리기 전에 '저축' 등의 기본 개념을 숙지하는 것은 매우 중요하다. 또한 훨씬 더 현명한 지출을 하고, 평생 동안 돈을 더 잘 관리하고 통제할 수 있는 전략을 세우게 될 것이다.

2. 〈2부〉 할 수 있는 모든 것을 벌어라.
2부에서는 직장인, 프리랜서, 전업주부, 사업주 등 어떤 직업을 갖고 있든 수익 잠재력을 높이는 데 도움이 될 것이다. 이것은 효과가 거의 없고, 지속성이 없는 부자가 되는 방법이 아니다. 대신, 우리가 살고 있는 디지털 시대에 더 많은 수익을 올리기 위한 필수적인 열쇠를 알려준다.

3. 〈3부〉 할 수 있는 모든 것을 기부하라.
3부에서는 기부를 새로운 시각으로 바라볼 수 있도록 도와줄 것이다. 이는 더 많이 기부하는 것이 아닌 다르게 기부하는 것에서 시작된다. 기부를 의무감이나 죄책감에서 벗어나 하나님이 우리를 초대하시는 일생일대의 진정한 모험으로 재구성했다. 또한, 넉넉함을 키우는 데 도움이 되는 실용적인 아이디어와 전략을 제공하여, 당신이 가능하다고 생각했던 것보다 더 많이 기부하는 것을 놀랍도록 즐겁게 만들 수 있다.

4. 〈4부〉 모든 것을 즐겨라.

4부에서는 이 모든 것을 어떻게 즐길지에 대한 방법을 탐구하고 제시한다. 우리는 어렵게 살면서도 저축하고, 벌고, 기부할 수 있으며, 그 모든 것을 즐길 수도 있다. 린다와 나는 이 모든 것을 그 자체로 축복인 예배로 여기게 되었다. 이 단계에서는 재정 생활의 모든 순간, 심지어 어려운 순간을 어떻게 즐길 수 있는지에 중점을 두고 다룰 것이다.

21일간의 빠른 시작

4개의 단계가 끝날 때마다 배운 내용을 적용하는 데 도움이 되는 5가지 도전 과제가 있다. 그리고 마지막에 모든 것을 마무리하는 매우 중요한 마지막 도전이 하나 있다. 매일 하나씩 수행하거나 하루에 모두 수행해도 좋다. 여기서 당신만의 모험을 선택할 수 있다. 하지만 각 도전은 책에서 가장 중요한 개념을 추출하고 이를 생활에서 실행할 수 있는 간단한 실천 단계를 제공하도록 설계되었다.

이제 가장 중요한 부분이다. 대부분의 훌륭한 논픽션 책이 그렇듯이, 엄청난 영향력과 삶의 변화는 읽는 데서 오는 것이 아니라 읽은 내용을 행동으로 옮기는 데서 비롯된다. 그러니 책을 읽는 데 그치지 마라. 변화를 보고 싶다면 행동으로 옮겨라.

린다의 합류

대부분의 부부가 그렇듯이 우리 부부도 재정 부분에 대한 생각이 항상 일치하지는 않는다. 그래서 내 사랑스러운 아내 린다가 책 전반에 걸쳐 다음과 같은 조언을 해줄 것이다.

린다: 만나서 반가워요! 제가 등장한 이유는, 이 책이 돈에 관한 다른 책들과는 다르다는 것을 알려 드리기 위해서예요. 만약 당신이 기혼자라면, 당신 부부는 이 책을 통해 이성적인 교훈을 받을 수 있을 겁니다. 저는 여러분을 격려하고, 배우자(그리고 지출자)의 관점을 공유하며, 모두가 이 문제를 너무 심각하게 받아들이지 않도록 상기시킬 것입니다.

밥과 린다

우리는 모두 여행 중이다

나는 15년 이상 돈에 관한 모든 성경 구절을 연구하고, 내 재정을 향상시키기 위한 다양한 실용 전략을 모색해 왔다. 인터넷과 하나님의 놀라운 은혜 덕분에 나는 5,200만 명의 시드타임(SeedTime) 독자, 팟캐스트 청취자, 학생들에게 재정에 대한 조언, 돈 관리 기술, 투자 전략 등을 공유해 왔다. 또한, 나는 재무 코치이자 개인 금융 공인 교육자(Certified Educator in Personal Finance®)라는 영광을 누리고 있으며, 스스로를 '돈 덕후'라고 부를 수 있어 기쁘다.

하지만 이 모든 '경험'이 있음에도 불구하고, 가끔 돈에 대해 어리석은 짓을 하곤 한다. 당신과 마찬가지로 나도 여행 중이기 때문이다. 재정에 대해 끊임없이 배우고 더 나은 사람이 되기 위한 여정이다. 하나님께서 성경을 통해 우리에게 말씀하시는 것을 더 잘 이해하고 해석하기 위한 여정이다.

당신과 내가 커피를 마시고 있다고 상상해 보자. 나는 당신의 은퇴 계획을 바꾸라고 제안하는 재정 고문이 아니며, 당신을 상담하는 목사도 아니다. 그저 우리의 재정 생활과 시드타임 커뮤니티에 속한 사람들의 삶을 180도 바꾸기 위해 하나님께서 사용하신 아이디어, 계시, 팁, 도구를 공유하는 친구라고 생각하라.

이 여정에 하나님을 초청하고 개입하실 것이라 믿고 기도하라. 그럼 준비 되었나? 자, 함께 시작하자.

1부

할 수 있는 모든 것을 저축하라

부자가 되고 싶다면, 버는 것뿐만 아니라
저축하는 것도 생각하라.

- 벤자민 프랭클린(Benjamin Franklin)

새벽 3시에 갓난아기를 안고 어두운 침실로 들어갔다가 바닥에 웅크린 채 흐느끼는 린다를 발견했다. 내가 그녀를 일으켜 세우자, 그녀는 내 어깨에 머리를 기대고 눈물을 흘리며 "더는 못하겠어."라고 말했다.

그녀는 그 주에 막 셋째 아이를 낳았고, 수면 부족으로 인해 괴로워했다. 첫째와 둘째의 출산과 육아 경험이 있지만 이번에는 달랐다.

몇 주 전부터 린다의 몸에 발진이 생겼기 때문이다. 발진은 배에서 시작되어 팔과 다리로 퍼졌다. 너무 가려워서 하루에 1~2시간밖에 잠을 잘 수 없었다. 그나마 가라앉을 때는 찬물로 샤워를 할 때뿐이었다. 그녀는 몇 분의 안도감이라도 얻기 위해 필사적으로 하루에 10~15번씩 샤워를 했다.

인터넷에서 몇 시간 동안 검색하고, 의사에게 상담하고, 아마존이나 월그린에서 판매하는 모든 크림과 알약을 구입했지만 소용없었다. 피부과 의사, 자연 요법사, 심지어 최고의 '전문가(일명 페이스북)들'의 제안을 모두 시도해 보았지만 전혀 나아지지 않았다.

신생아와 두 아이를 돌보며 며칠 동안 이런 일을 겪은 후 수면 부족이 너무 심해진 린다는 환각 증상까지 보이기 시작했다. 나는 아내의 고통이 끝나기를 간절히 바랐지만, 아무리 노력해도 해결되지 않았다. 그저 한밤중에 침실 바닥에 웅크린 채 흐느껴 우는 아내를 안고는 무력감을 느낄 뿐이었다.

처음에는 시간이 해결해 주리라 기대했다. 하지만 두 주째에 접어들자 증상이 나아지기는커녕 오히려 악화되고 있다는 끔찍한 사실을 깨달았다. 일주일이 더 지나고 또 일주일이 지나도 나아지지 않았다. 한 달 동안 상황이 악화되자 린다는 친한 친구이자 그녀의 상태를 잘 알고 있던 산부인과 의사에게 전화를 걸었다.

아직도 그날 아침을 또렷하게 기억한다. 아내는 산부인과 의사 친구와 전화 통화를 하는 동안, 나는 세 아이들을 돌보느라 정신이 없었다. 그때, 영광스럽게도 하나님의 계시가 있었다.

산부인과 의사 친구는 린다가 특정 약에 알레르기 반응이 있었다는 사실을 떠올렸다. 친구 말에 의하면, 린다는 임신 중에는 아무런 증상이 없어서 그 약을 복용했었지만, 이젠 더 이상 임신 상태가 아니기 때문에 알레르기 반응이 다시 나타날 수 있다고 설명해 주었다.

하지만 린다는 친구의 말을 바로 믿지 않았다. 그동안 우리는 여러 사람들이 제안한 수많은 방법을 시도해 보았으나 매번 실패했기 때문이다. 아내는 이번 역시 실패한 수십 번의 시도와 마찬가지로 아무 성과도 내지 못할 거라고 확신했다.

하지만 나는 린다에게 며칠만이라도 약을 중단하고 결과를 지켜보자고 끈질기게 설득했다. 그리고 기적적이게도 약을 끊은 지 단 하루 만에 가려움증이 가라앉기 시작했고, 곧 그녀는 정상적인 신생아 엄마처럼 잠을 잘 수 있게 되었다.

린다: 신생아와 함께 '정상적인' 수면을 취하는 것이 이렇게 행복한 일일 줄은 상상도 못했어요!

가끔은 어떤 일을 시도해도 성공하지 못할 때가 있다. 그런 상황에서는 노력에 비해 얻는 결과가 미미하다고 느껴지기도 한다. 하지만 25개의 열쇠가 달린 열쇠고리를 가지고 있어도, 문을 열 수 있는 열쇠는 단 하나뿐이지 않은가? 다섯 번, 열 번, 열다섯 번, 스무 번을 시도하더라도 끝까지 끊임없이 노력하는 마음을 갖는 게 중요하다.

몇 번의 실패로 인해 더 이상은 못하겠다며 포기하지 말라. 하나님의 영감을 받은 기억 하나가 해결의 열쇠가 된 것처럼 그 열쇠고리에는 분명히 문을 열 수 있는 올바른 열쇠가 있다는 것을 명심하기 바란다. 마지막 열쇠까지 찾아내는 끈질긴 노력이 있다면 그래서 그 열쇠를 찾는다면, 모든 것이 바뀔 수 있다.

재정적으로 막힘

대부분의 사람들은 돈과 관련하여 이런 실망을 경험한 적이 있을 것이다. 예산, 전문가 재정 조언, 부채 상환 계획을 모두 시도했지만 효과가 없었던 적도 있을 것이다. 여러 가지 방법을 시도하다가 지치고 거의 포기할 뻔한 상태도 겪어봤을 것이다. 이러한 경험 덕분에 더 나은 방법을 찾았을 수도 있지만 말이다.

빠져나올 수 없을 것 같은 어두운 절망에 갇혀 있는 기분을 잘 안다. 나도 겪어봤으니까. 그러다가 아주 작은 변화, 즉 하나의 열쇠가 우리의 세상을 영원히 바꿔놓는다는 것을 깨달았다.

첫 번째 단계에서는, 세상을 바꾸고 우리의 마음을 놀라게 한 하나님의 영감을 받은 여러 가지 아이디어를 공유하고자 한다. 발진을 없애기 위해 여러 병원을 다니고 모든 약을 먹고 모든 로션을 바르고 모든 방법을 다 썼던 그때의 경험처럼, 모든 실패를 딛고 마침내 변화를 가져온 단 한 가지를 공유한다.

원리의 첫 번째 단계: 할 수 있는 모든 것을 저축하라.

'할 수 있는 모든 것을 저축하라'는 뜻은 단순히 저축을 하라는 의미가 아니다. 지출을 줄이고 정기적인 구매 물건의 비용을 절약하여 사용 가능한 수입을 늘리는 데 초점을 맞추라는 것이다.

대부분의 사람들은 돈 문제가 수입이 충분하지 않기 때문이라고 생각하는 경향이 있다. 물론 일부 사람들에게는 해당되겠지만, 대다수 사람들이 더 이상 돈을 벌지 않고도 훨씬 더 부유해졌다고 느낄 수 있는 부분을 발견했다. 이것은, 가장 예상치 못한 곳에서 숨겨진 돈을 찾아 최대한 빨리 결과를 얻는 것이다.

1. **숨겨진 돈이 대체 어디에 있다는 걸까? 나는 이미 신중하고 부지런하기 때문에 '숨겨진 돈'이 있을 리 만무한데.**
   ➡ 조금만 참아라, 곧 알게 된다.
2. **오, 이런. 이 책은 한 푼도 쓰지 않는 초절약 책 중 하나군.**
   ➡ 걱정하지 마라. 난 그런 사람이 아니며, 이 책은 그런 책이 아니다.

나는 생활 수준에 영향을 미치지 않는 큰 승리에 더 관심이 많다. 빈민처럼 살고 싶지 않고, 좋은 소식은 그럴 필요가 없다는 것이다. 나는 이 분야에서 살아 숨 쉬고 있다. 나는 고통스럽지 않게 가장 큰 결과를 얻을 수 있는 방법을 찾는 데 전문가다. 사실, 이 단계만으로도 이 책을 몇 번이고 반복해서 읽을 가치가 있다고 생각한다.

앞으로도 많은 아이디어가 소개되니 열린 마음으로 새로운 시도를 해보기 바란다. 이 첫 번째 단계가 끝날 때쯤이면 당신은 재정적으로 큰 성과를 거두기 시작할 것이다.

1장

전쟁은 그분의 것이지만, 당신이 나가야 한다

지난 몇 년 동안, 내가 직면한 도전에서 하나님의 역할을 끊임없이 상기시키는 세 가지 간단한 단어를 사무실 벽에 붙여놓았다.

〈전쟁은 그분의 것이다.〉

약 3,000년 전, 유다의 백성들 앞에 세 개의 다른 군대가 전쟁을 벌이러 쳐들어왔다.* 그들은 수적으로 크게 열세였고 자신들의 약점을 인식했다. "우리 하나님이여, 그들을 징벌하지 아니하시나이까. 우리를 치러 오는 이 큰 무리를 우리가 대적할 능력이 없고, 어떻게 할 줄도 알지 못하옵고 오직 주만 바라보나이다." 하고.[1] 유다는 혼자서는 이 전쟁에서 이길 수 없다는 것을 알았다.

---

* 성경에서 가장 좋아하는 이야기 중 하나이다. 역대하 20장을 찾아보라. 하나님께서 어떻게 그들의 문제를 해결해 주셨는지 뿐만 아니라, 만약 그들이 나가지 않았다면 놓쳤을 큰 축복을 어떻게 주셨는지 주목하라.

그래서 그들은 하나님께로 향했다.

그때 선지자 야하시엘이 말했다. "온 유다와 예루살렘 주민과 여호사밧 왕이여, 들을지어다. 여호와께서 이같이 너희에게 말씀하시기를 너희는 이 큰 무리로 말미암아 두려워하거나 놀라지 말라. 이 전쟁은 너희에게 속한 것이 아니요, 하나님께 속한 것이니라."

그는 계속해서 말했다. "이 전쟁에는 너희가 싸울 것이 없나니, 대열을 이루고 서서 너희와 함께한 여호와가 구원하는 것을 보라. 유다와 예루살렘아, 너희는 두려워하지 말며 놀라지 말고 내일 그들을 맞서 나가라. 여호와가 너희와 함께하리라 하셨느니라."[2]

이해했는가? 하나님께서는 유다 군대가 전선으로 진군할 것을 요구하셨다. 하나님께서 그들을 위해 싸우실 거라면, 유다 군대는 왜 편안하고 안전한 성벽 안에 앉아 있으면 안 될까?

그렇다. 전투는 주님의 것이지만, 그들은 전쟁터로 나가야 했다. 재정적인 싸움도 마찬가지이다. 주님의 싸움이지만 당신이 직접 나가야 한다.

재정 전쟁에서 그분이 싸우게 하라

막대한 부채, 부족한 수입, 끝이 보이지 않는 지출을 마주할 때 얼마나 낙담되는지 직접 경험해서 잘 안다. 산더미처럼 쌓인 빚을 보면서 절대 갚을 수 없을 거라고 생각했다. 적은 월급으로 빚을 없애려면 30년은 족히 걸릴 것 같았고, 월말에 남는 돈은 50달러 정도여서 절망에 빠졌다.

이것이 문제였다. 우리 하나님은 사람들을 속박에서 벗어나게 하는 일을 하신다. 여기에는 죄의 속박도 포함되지만, 재정적 속박, 부채도 포함된다고 확신한다.

당신과 비밀을 하나 공유하려고 한다. 내가 시드타임 커뮤니티에서 가장 많이 들어본 간증이 무엇인지 알고 싶은가? 바로 이런 내용의 이야기이다.

"갚을 빚이 엄청나게 많았어요. 수입을 살펴보니 빚을 갚는 데 [엄청난 시간]이 걸릴 것 같았죠. 우리는 낙담했고 우리의 노력이 변화를 가져올 수 있을지 의문이 들었어요. 하지만 기도하면서 하나님께서 [전혀 도움이 되지 않을 것 같았던 색다른 일을 도전]하도록 이끄시는 것을 느꼈습니다. 우리는 그분의 인도하심에 순종하기로 결정했습니다. 그렇게 따르자, 우리가 꿈꿔왔던 것보다 훨씬 빨리 빚이 청산되는 것을 보았어요. 이것이 하나님의 일임을 의심할 여지가 없습니다."

이것은 우리의 이야기이기도 하다. 하나님께서 일할 것을 믿었을 때 우리는 기적을 경험했고, 산더미처럼 쌓인 부채가 약 3년 만에 사라지는 것을 지켜보았다.

아무리 큰 부채나 재정적 어려움이 있더라도 그 싸움은 당신의 것이 아니다. 싸움은 주님의 것이다. 하지만 당신이 나가야 한다. 그분의 싸움임에도 불구하고 그분이 당신에게 무언가를 요구하지 않으실 것이라고 생각하는 실수를 범하지 마라.

- 여호수아와 유다는 하나님께서 그들을 구원하시기 전에 싸울 수 없을 만큼 만만치 않은 군대를 상대로 전선으로 행진해야 했다.
- 모세는 홍해가 갈라지기 전에 지팡이를 펴고 홍해 위로 걸어가야 했다.
- 제자들은 5,000명을 먹이기 위해 배가 부르기 전에 음식을 나눠주

기 시작해야 했다.

그들이 믿음을 행동으로 옮기지 않았다면 그런 기적이 일어났을까?

하나님은 우리가 직면한 어떤 부채나 재정적 문제보다 크시지만, 기적을 보려면 기꺼이 믿음으로 나아갈 수 있어야 한다. 종종 그 믿음의 발걸음은 하나님께서 초자연적인 일을 행하시게 하는 자연스러운 단계이다.

전차를 앞지르는 방법

나는 크리스 더소(Chris Durso) 목사님의 간과하기 쉬운 구절에 대해 통찰력 있는 해설을 들은 적이 있다. 열왕기상에서는 엘리야가 상상할 수 없는 위업을 수행하는 장면을 볼 수 있다. "여호와의 능력이 엘리야에게 임하매 그가 허리를 동이고 이스르엘로 들어가는 곳까지 아합 앞에서 달려갔더라."[3]

엘리야는 병거보다 앞서 달렸지만, 그 전에 엘리야는 자신의 망토를 묶었다. 하나님께서 그에게 초자연적인 속도를 주셨는데 가는 내내 망토에 걸려 넘어졌다면 아마 병거를 앞지르지 못했을 것이다.

> 우리가 자연스러운 단계를 수행하면서 하나님께 초자연적인 일을 행하시도록 기도할 때, 우리는 기적을 위한 문을 열게 된다.

엘리야는 하나님께서 하시고자 하는 '초자연적인' 일이 방해받지 않도록 '자연스러운' 조치를 취했다.

하나님은 당신의 재정 생활에서 초자연적인 일을 하시기를 원하시지만, 그 초자연적인 일이 방해받지 않고 진행되도록 하기 위해 어떤 조치를 취하고 있나? 여호사밧 왕과 그의 군대는 기적을 보기 위해 전선으로 행진해야 했다.* 우리가 자연스러운 단계를 수행하면서 하나님께 초자연적인 일을 행하시도록 기도할 때, 우리는 기적을 위한 문을 열게 된다.

이 책에 제시된 몇 가지 실제적인 단계가 당신의 삶에서 하나님께서 초자연적인 일을 행할 수 있도록 하는 단계일 수 있을까?

린다: 우리가 각자의 역할에 충실할 때, 하나님의 초자연적인 일이 일어날 수 있는 가능성이 열린다고 믿어요. 그때야말로 누가 영광 받을 자격이 있는지를 분명히 알 수 있답니다. 기적을 목격하면 사람들에게 말할 수밖에 없어요. 바로 내 옆에 하나님이 존재하신다고 말입니다. 그러니 믿음으로 나서서 당신의 역할을 하세요. 그 후 주님의 기적을 지켜보세요.

이 책의 나머지 부분에서는 하나님께서 우리 삶에 초자연적인 일을 행할 수 있는 여지를 마련한 몇 가지 단계를 설명하려 한다. 첫 번째는 관리 자산(AUM)이다.

---

* 흥미로운 점은, 그들이 예배를 시작하자마자 기도에 대한 응답이 왔다.

2장

관리 자산: 두 번째로 중요한 지표*

만일 당신이 다이어트를 해본 적이 있다면, 첫 번째 단계가 체중계에 올라가 몸무게를 확인하는 것임을 알고 있을 것이다. 왜 그럴까? 진행 상황을 측정하기 위해서는 시작 지점을 확인해야 하기 때문이다. 그 후에는 매일 아침 체중계에 올라가 체중의 변화를 체크할 것이다. 왜 그럴까? 자신이 전진하고 있는지 확인하고 싶기 때문이다. 자신의 노력이 어떤 변화를 가져오고 있는지 말이다.

뿐만 아니라, 다이어트의 성공 여부를 몸무게의 변화가 아닌 트레이닝복의 타이트함으로 판단하지는 않을 것이다. 다이어트를 시작한 지 며칠 만에 트레이닝복이 덜 타이트하다고 느끼는 것이 올바른 방향으로 나아가고 있다는 지표는 될 수 있지만, 목표를 측정하는 데에는 불확실한 방법이다.

즉, 돈과 관련해서도 대부분의 사람들은 잘못된 지표로 재정적 진척도를 탐색하고, 목표에 도달하지 못하는 이유를 궁금해한다. 상황에 따라 움직이면

---

* 아니, 당신은 가장 중요한 지표를 놓치지 않았다. 긴장감을 유지하기 위해 3부를 남겨두는 것이다.

전체 그림을 이해하기 어렵다. 당신이 보고 있는 것이 다음 중 어느 것이든, 그것은 전체 그림의 일부분에 불과하다.

- 월말에 자금이 얼마나 빠듯한지 점검하는 것.
- 예금 계좌의 잔액을 점검하는 것.
- 신용 카드의 잔액을 점검하는 것.

각각은 재무 진행 상황을 불완전하게 파악할 수 있는 지표일 뿐이다. 다행히도 훨씬 더 좋은 방법이 있다. 체중 감량의 경우 체중계이다. 재정적 발전을 위해서 이것을 관리 자산(Asset Under Management)이라고 부른다.

> **간단한 통찰**
> 대부분의 사람들은 수입이 많으면 재정적으로 잘하고 있고, 수입이 적으면 파산했다고 생각한다. 하지만 이것은 정답이 아니다.

관리 자산은 재정 상태를 결정적으로 알려주는 하나의 수치이다. 이 수치는 우리가 생각하는(또는 희망하는) 것과는 달리, 실제로 돈에 어떤 일이 일어나고 있는지를 보여준다. 많은 금융 전문가들은 이를 순자산(Net Worth)이라고 부른다.

나는 두 가지 중요한 이유 때문에 관리 자산을 선호한다.

1. 돈과 소유물에 대한 올바른 관점을 유지하는 데 도움이 된다.

구체적으로 말하자면, 돈과 소유물은 내 것이 아니다. 하나님의 목적과 영광을 위해 일시적으로 맡겨진 것을 (청지기로서)내가 관리하는 것뿐이다. 우리가 소유한 모든 것은 하나님의 목적과 영광을 위해 관리되어야 한다.

2. 어떤 숫자가 당신의 '순자산'으로 분류된다는 생각은 모욕적이다.
하나님께서는 우리를 특별한 목적을 위해 복잡하고 사랑스럽게 설계하셨다. 예수님이 우리를 위해 죽으러 오셨을 정도로 많은 가치를 지니고 있다. 그러므로 우리의 가치를 특정한 숫자로 매기면 안 된다. 또한, 그 숫자에 집착할수록 하나님을 등한시하게 될 테니 그 유혹을 떨쳐 내야 한다.

린다: 하나님은 창세 전부터 당신이 태어날 것임을 알고 계셨어요. 당신은 매우 중요하고 의미 있는 존재입니다. 돈과 같은 어려운 일을 헤쳐 나가는 것은, 당신의 영향력을 증가시키는 것입니다. 당신이 겪는 어려움들은 하나님의 큰 계획 속에서 의미를 가지고 있어요. 다시 말해 당신은 이 일을 위해 태어났습니다.

관리 자산이 부채 탐색을 능가하는 이유

재정적 성공을 측정할 때 부채 금액만을 고려하는 사람들이 있다. 그들은 부채가 적을수록 더 나은 성과를 얻을 수 있다고 생각한다. 심지어 '부채가 없다면 성공'이라고까지 생각하는 경우도 있다. 부채를 줄이는 것은 좋은 목표이지만, 부채를 단순히 탐색 도구로만 사용하면 현재나 미래의 재무 상황을 완전히 이해하기 어렵다.

그렇기에 관리 자산을 효과적으로 활용하면 부채를 모두 갚은 후에도 재무 상태를 지속적으로 탐색할 수 있다. 뿐만 아니라, 빚을 갚은 후에도 부유한 재정적인 삶을 살아갈 수 있다는 믿음을 갖는 게 중요하다.

린다: 그래, 그거예요! 너무 좋아요!

뿐만 아니라 관리 자산은 더욱 놀라운 효과를 낼 수 있다. 부채를 갚는 것에만 연연하면 그 결실만을 확인하지만, 다음과 같은 작업을 통해 부채를 갚아나간다면 관리 자산까지 향상시킬 수 있다.

- 신용 카드 또는 자동차 대출금 상환하기.
- 주택 담보 대출금 추가 상환하기.
- 부동산 구입하기.
- 개인연금 적금 자금 조달하기.
- 퇴직 연금 적립하기.
- 추가로 저축하기.
- 인덱스 펀드, 뮤추얼 펀드 또는 배당금 지급 주식 매수하기.
- 지출을 많이 늘리지 않기.

관리 자산을 통해 재정적 개선을 탐색하면 부채를 갚는 것 이상의 더 많은 개선을 시각적으로 확인할 수 있다. 이것은 부채 상환 이상의 성과를 의미한다. 마치 체중계에서 숫자가 낮아지면 옷이 헐렁해지는 변화를 느끼는 것과 비슷하다. 자산 관리를 통해 재정적인 목표에 대한 지속적인 개선을 확인하고 싶다면, 지금부터라도 관리 자산을 탐색해 보기를 권한다.

관리 자산 계산하기

관리 자산을 계산하는 것은 결코 어렵지 않다. 초등학교 2학년 수준의 수학 문제라고 생각하면 된다. 자산(소유하고 있는 것)에서 부채를 빼면 된다. 계산 방법은 다음과 같다.

1. 자산을 합산하라.

먼저, 생각할 수 있는 모든 자산을 나열한다. 집, 차량, 은퇴 계좌, 주식, 저축 계좌, 당좌 예금, 비상금, 보석류 등 현실적으로 팔 수 있는 모든 것이 이 범주에 속한다.

부동산 가치는 국토 교통부 부동산 실거래가 공개 시스템(rt.molit.go.kr)을 이용하면 집의 대략적인 가치를 추정할 수 있다. 자동차는, bobaedream. co.kr 등에서 판매 가능한 가격을 확인한다. 모든 당좌 예금, 저축 예금, 투자 계좌는 온라인으로 잔액을 확인한다. 집 안 곳곳에 있는 물건들은 기타 품목으로 묶어서 판매 가능한 가격을 보수적으로 정한다. 내 경우에는 약 250달러 미만의 물품은 포함하지 않았다. 만약 내 양말을 중고로 판매한다면 살 사람이 있을 수도 있겠지만 일반적인 경우만 포함시키도록 하자. 예상 가치와 함께 모든 품목을 나열한 다음, 총액을 합산한다.

> **당신의 빠른 시작**
> 이 도전을 빨리 마치고 싶은가?
> 자세한 내용은 121페이지로 이동하라.

2. 부채를 합산하라.

자산의 총액을 합산했다면 그 아래에 모든 부채를 나열한다. 주택 담보 대출, 자동차 대출, 신용 카드, 학자금 대출, 의료비 부채, 할머니에게 빌린 돈 등 모든 부채가 여기에 해당한다. 위와 동일하게 각 부채의 잔액을 확인한 다음, 부채를 합산하여 부채 총액을 구한다.

3. 자산에서 부채를 빼라.

이제 자산 총액에서 부채 총액을 뺀다. 짜잔! 관리 자산이 완성되었다. 날짜를 기입하고 저장하라.

4. 어디에든 작성하라.

종이를 좋아한다면 종이에 적어라. 또는, 다음과 같은 간단한 작업 표를 사용하여 계산할 수 있다.

자산

	차	$10,000
	집	$195,000
	저축	$5,000
	개인연금적금	$10,000
	합계	**$220,000**

부채

	자동차 대출금	$5,000
	주택 담보 대출금	$160,000
	학자금 대출금	$10,000
	신용 카드	$5,000
	합계	**$180,000**
	관리 자산(AUM)	**$40,000**

우리의 시작점

린다와 내가 처음으로 관리 자산을 계산했을 때는 -13,843.84달러였다. 부채가 많다는 것은 알고 있었지만, 마이너스일 줄은 몰랐다.

그 결과를 보고 처음에는 낙심했다. 바닥 저 밑에서 위를 쳐다보고 있는 것 같았다. 하지만 점점 돈으로 멍청한 짓을 조금씩 덜 하기 시작하자, 매달 관리 자산이 늘어나는 것을 느꼈다.

1년 후에는 746달러가 됨으로써 1만5천 달러가 증가했다. 비록 800달러에 못 미쳤지만, 우리는 더 이상 마이너스 관리 자산이 아닌 것에 무척 흥분했었다. 그리고 계속 노력하면서 관리 자산은 증가했다.

> ### 간단한 통찰
> 마이너스 관리 자산으로 시작하는 것이 일반적이다. 이 시도를 하는 사람들 중 일부는 학자금 대출이나 집을 마련하기 위한 대출로 인해 6자리의 적자를 기록하기도 한다. 하지만 현재 상황은 중요하지 않다. 자신이 처한 상황의 진실을 인정하는 게 중요한 것이다. 초기 관리 자산이 얼마든지 간에 재정적 증언의 시작점이라고 생각하라.

나는 보통 1년에 한두 번 정도 관리 자산을 확인한다. 하지만 열심히 노력하고 있고 변화하는 숫자를 보는 게 즐겁다면 더 자주 확인해도 좋다.

당신의 관리 자산이 얼마가 되든 이제 시작이라고 생각하라. 불필요한 지출을 줄이거나 부채를 줄인다면 그것만으로도 관리 자산은 증가할 것이다.

하나님과 당신의 관리 자산

관리 자산은, 하나님이 행하시는 자산 관리의 진행을 측정하는 도구일 뿐이다. 훌륭한 관리자는, 자신이 책임지고 있는 것에 주의를 기울인다. 관리 자산을 해야 하는 이유는 간단하다. 결코 우리 자신이 기분 좋기 위해, 다른 사람에게 깊은 인상을 주기 위해, 우리의 가치를 결정하기 위해서가 아니다.

린다: 예수님은 이 땅에 오셔서 죄 없는 삶을 사시고 십자가에서 죽으심으로 우리의 가치를 증명하셨습니다. 우리의 가치는 숫자로 나타낼 수 없지만, 예수님의 희생만으로 충분히 증명되었습니다. 이 진리를 진정으로 이해할 때, 관리 자산은 우리의 진행 상황을 측정하고 예수님의 신실함을 나타내기 위한 도구로 여겨질 수 있어요. 또한, 그때서야 중요성을 나타내는 숫자로만 보이지 않게 될 겁니다.

중요한 것은 이것이다. 나는 하나님께서 우리의 재정 상황을 정확하게 아시기를 원한다고 믿는다. 그래야 하나님께서 우리의 재정에서 기적을 행하실 때, 우리가 그분의 영광을 보고 말할 수 있기 때문이다.

모세는 홍해가 갈라지기 전에 그 가장자리에 있었던 것처럼, 하나님께서는 우리가 마주한 극복하기 어려운 장애물을 회피하지 않고 직시하기를 원하신다. 이렇게 함으로써 하나님의 기적의 크기를 더 잘 이해하고, 그분의 신실함을 후대에 전할 수 있을 것이니 말이다.

당신의 상황과 무관하게, 관리 자산을 계산하고 시작점을 찾아보라. 앞으로 몇 년 동안 하나님이 당신을 얼마나 멀리 인도하실지 상기시켜 줄 것이다. 그리고 하나님이 당신의 재정 생활에서 이루시는 모든 기적들이 당신의 이야기를 훨씬 더 부유하게 만들어줄 것이다.

3장

절대 100 규칙

마이크 타이슨(Mike Tyson)을 기억하는가? 복싱 헤비급 세계 챔피언으로, 에반더 홀리필드와의 시합에서 귀를 물어뜯는 사건으로 유명하다. 1997년, 그 악명 높은 시합에서 타이슨은 3라운드 만에 실격당하고 3천만 달러를 받았다. 3천만 달러![1] 십 분도 채 안 되는 경기로 그 금액을 받다니! 게다가 그것은 딱 한 번의 시합이었다.

그는 선수 생활 동안 4억 달러 이상을 벌었다.[2] 하지만 타이슨은 그토록 많은 돈을 벌었음에도, 그것을 모두 쓰고 추가로 2,300만 달러를 더 쓴 후 파산 신청을 했다. 그는 대체 무엇이 문제였을까?

평생 동안 4억 2,300만 달러를 쓴다는 게 가능할까? 평범한 중산층의 사람이라면 이해하기 힘든 범위이기는 하다. 다음과 같은 경우도 살펴보자. NBA 선수의 평균 연봉은 약 750만 달러이다.[3] 그리고 NFL 선수의 평균 연봉은 약 270만 달러이다.[4] 타이슨의 재산은 차치하고서라도, 270만 달러의 연봉으로 무엇을 할 수 있을지 당신은 상상할 수 있나?

린다: 뭔가 직감할 수 있을 것 같아요.

흥미로운 사실이 하나 있다. NBA와 NFL 선수 대부분이 은퇴 직후 파산한다는 사실이다. CNBC에 따르면, "전직 NBA 선수의 약 60%가 리그를 떠난 지 5년 이내에 파산하고, 전직 NFL 선수의 78%가 은퇴 후 2년 만에 파산하거나 재정적 스트레스를 받는 것으로 보고되었다."[5]라고 전했다.

이 기사에서 모순을 찾아내고는 놀랄 수밖에 없었다. 그들은 수백만 달러를 손에 쥐고 있음에도 불구하고 재정적으로 어려움을 겪었던 것이다. 수입이 넉넉하면 재정적으로 더 나아질 수 있기에 편히 잠들 수 있는 것이 아니었나?

대부분의 사람들은 돈에 관련된 문제는 돈으로 해결할 수 있다고 믿고 싶어 한다. 하지만 중요한 것은 벌어들이는 금액이 아니다. 그 돈으로 무엇을 하느냐이다.*

절대 100 규칙 설명

프로 운동선수들뿐만 아니라 전체 미국인의 절반은 재정적 실수를 저지르고 있다.[6] 그들은 매달 수입의 100%(또는 그 이상)를 지출한다. 그 결과, 항상 월말이 되면 그들에게는 남는 게 전혀 없다.

이미 알고 있는 사실일 수도 있다. 하지만 나와 같은 실수를 저지르는 경향이 있다면(예를 들면, 인상분이 내 월급에 나타나기도 전에 지출하는 것), 수입에 관계없이 무언가를 남길 수 있도록 한 가지 규칙을 공유하고자 한다.

---

* 절대 100 규칙을 지키지 않는다면, 더 많은 돈을 벌수록 문제를 증폭시키게 될 뿐이다. 마이크 타이슨이 2,300만 달러의 빚더미에 앉게 된 것도 바로 이 때문이다.

나는 이를 '절대 100 규칙'이라고 부른다. 간단히 말해, "월수입의 100%를 절대 지출하지 마라."

나는 수입의 변동이 아무리 심해도 그 달 수입의 100%를 절대 지출하지 않기 위해 최선을 다한다.

이 규칙을 따르면 인생에서 재정적으로 성공할 수 있는 최고의 기회를 스스로에게 제공하는 것이다. 동시에 대부분의 미국인과 프로 운동선수들이 겪는 재정적 어려움을 피할 수 있는 확률을 크게 높일 수 있다.

반면 이 규칙을 따르지 않으면, 아무리 많이 벌어도 결국 파산하게 될 것이다. 이 반증은 마이크 타이슨이다. 이 규칙의 단순함에 속지 마라. 수입이 많든 적든, 평생 돈을 현명하게 관리했든 엉망으로 관리했든(린다와 내가 그랬던 것처럼) 이 규칙은 효과가 있다.

매달 더 많은 돈을 저축하는 방법, 수입을 늘리는 방법, 저축 및 투자하기 좋은 것에 대한 자세한 설명이 넘쳐나지만, 당신이 월 소득의 105%를 지출하고 있다면 이러한 조언들은 전혀 중요하지 않다. 재정적으로 성공하고 싶다면 절대 100 규칙부터 시작해야 한다.

로널드 리드 소개

로널드 리드(Ronald Read)는 버몬트 출신의 주유소 주유원이자 청소부였다. 그는 수입이 많지 않았지만 절대 100 규칙을 꾸준히 따랐다. 그 덕분에 92년 생애 동안 파산하지 않았고, 자신보다 10~100배 더 많은 수입을 올리는 수많은 프로 운동선수들이 겪는 재정적 스트레스를 피할 수 있었다. 이 이야기는 정말 믿기 어려울 만큼 놀랍지만, 사실이다.

말단 청소부였던 그는 수입이 적었지만 월급을 모두 지출하지 않았다. 그는 매달 꾸준히 저축하고 투자했다. 그래서 평생 동안 800만 달러가 넘는 돈을 모았고, 이를 기부했다.[7] 그는 평생 절대 100 규칙을 성실하게 따랐다.

몇 년만이라도 NFL 연봉을 받는다면 재정 문제가 모두 해결될 것 같지만, 막상 그 돈을 받으면 다른 방식으로 사용할 가능성이 높다. 당신은 어떠한가? 은퇴한 78%의 NFL 선수들처럼 되지 않을 자신이 있는가?

안타깝게도, 현재 가진 것을 잘 관리하고 있지 못하다면 앞으로 그럴 가능성이 농후하다. 급여가 1,000% 인상되든 2% 인상되든 그것은 중요하지 않다. 우리가 감당할 준비가 되어 있지 않으면, 인상 폭이 크든 작든 우리에게 아무런 도움이 되지 않는다.

위기 상태에 있을 때

많은 사람들이 위기 상태에 처해 매달 수입의 100% 이상을 지출하고 있다. 의도치 않은 실직, 집 구매, 아이들의 교육비까지 탈출구가 없는 것처럼 보일 수 있다. 우리는 언젠가 상황이 저절로 해결되기를 바라며 점점 더 많은 돈을 빌린다.

하루하루 살아가는 것만으로도 벅차서 저축과 기부는 생각조차 할 수 없다고 느끼는 사람들이 많은 것은 당연한 일이다.

린다: 현재의 어두운 상황에서 희망이 보이지 않을 때, 그 마음을 이해해요. 그렇게 느끼고 있다면, 저와 밥이 당신을 위해 기도하고 있다는 것을 잊지 마세요. 분명한 것은 탈출구가 있어요. 그것을 알고 믿는 것이 이 책의 목적이에요. 많이 기도하고, 마음을 열고, 계속해서 읽어 나가세요. 안도감이 찾아올 겁니다.

린다와 나도 재정적으로 어려움을 겪었지만, 일어설 수 있는 힘을 얻었다. 당신 역시 포기하지 않는다면 불가능은 없다. 이 상황이야말로 하나님이 가장 잘 일하시는 곳이라는 사실을 잊지 않기 바란다.

진정으로 부유한 삶을 살고 싶다면, 자연스러운 발걸음과 하나님의 초자연적인 능력이 모두 필요하다. 하나, 대부분의 사람들은 둘 중 하나에 기울어져 있다. 수입을 지혜롭게 사용하고 있다고 생각하여 기도하지 않거나, 기도는 하되 수입을 지혜롭게 사용하지 못하고 있다. 다시 한번 말하지만, 부유한 삶은 두 힘을 모두 필요로 한다. 성경에 제시된 시대를 초월한 재정적 지혜를 따르고, 기도로 나가는 것은 하나님께 기적을 행할 기회를 드리는 것이다.

그러니 믿음을 가지고 하나님을 당신의 상황으로 초청하라. 그리고 절대 100 법칙을 시작하여 월수입의 100%를 소비하지 않는 재정적 지혜를 사용하라. 기도하며 하나님의 방식대로 담대히 행하려고 노력할 때, 그분은 개입하신다.

절대 100 규칙의 실제 적용

그렇다면, 절대 100 규칙을 어떻게 따르면 되는지 4단계 계획에 대해 공유하려 한다. '일직선-A'라 내가 부르는 이 전략은 우리의 재정 생활을 완전히 변화시켰다. 3년 만에 담보 대출을 갚는 데 가장 큰 도움을 준 전략이다.*

다른 일과 마찬가지로, 약간의 노력이 필요하다. 단순하다고 해서 마술처럼 해결되진 않지만 그만한 가치가 있다. 일직선-A 전략은 네 가지 단계를 실

---

* 당신이 생각하고 있는 게 맞다. 다음 장에서 이 작업을 수행하는 방법에 대해 자세히 설명할 것이다.

천하는 것이다. 그 내용은 다음과 같다.

1. **주의**
2. **자동화**
3. **조정**
4. **책임감**

당신의 수입 금액이 프로 운동선수, 직장인, 청소부, 또는 그 어디에 속하든 '일직선-A 전략'은 장기적으로 성공할 수 있는 최상의 기회를 제공한다. 이 전략은 돈이 원하는 목적에 쓰이도록 보장하며, 생각보다 빨리 재무 목표를 향해 나아갈 수 있도록 도와준다.

4장

주의: 성과가 측정되면 개선된다

가장 초기의 화폐 형태가 바로 가축이다.[1] 화폐가 없던 시절 소, 양, 염소, 닭을 비롯한 많은 동물들은 당시의 화폐로 쓰였다. 사람들은 귀금속을 사용해 물건을 사기 전에도 닭과 염소를 사용했다.

창세기 13:2 "아브람에게 가축과 은과 금이 풍부하였더라."라는 구절에서 이를 확인할 수 있다. 즉, 아브라함의 부는 은과 금이 아니라 가축으로 먼저 측정되었다.

이 사실을 알면 목자와 농부에게만 해당된다고 생각했던 구절이 더 명확해진다. 잠언 27:23 "네 양떼의 형편을 부지런히 살피며 네 소 떼에게 마음을 두라."[2]라는 구절이 대표적이다. 이것은 단순히 농부들을 위한 현명한 조언이 아니다. 돈을 다루는 방법에 대한 가르침이기도 한다.

만약 현재 가축이 화폐의 한 형태이고, 양떼를 소유하고 있다고 생각해 보자. 그러면 매일 밤 그 수를 파악하고 지키는 일은 중요할 것이다. 늑대가 양을 잡아먹을 수도 있으니 말이다. 집 안에 편히 앉아서 창밖으로 들판에 서 있는 양떼를 바라보기만 하는 사람은 거의 없을 것이다.

충격적이겠지만, 현실에서는 이런 사람들이 존재한다. 창밖으로 들판을 바라보며 "양이 몇 마리인지, 건강한지, 늑대가 잡아먹었는지는 모르겠지만 양이 있는 것 같긴 하다."라고 말하는 농부와 같다.

메시지(The Message) 성경 버전 23, 24절에서는 "양들의 이름을 알고 양떼를 주의 깊게 돌보아라(당연하게 여기지 마라. 소유물은 영원하지 않으니까)."라고 더욱 명확하게 설명한다.

잠언은 우리에게 재정 상태를 파악하라고 가르칠 뿐만 아니라, 우리가 항상 지금처럼 많은 돈을 가지고 있지 않을 수도 있다고 경고한다. 모든 청구서를 지불하고 원하는 것을 살 수 있다고 해서 항상 그렇게 될 것이라는 의미가 아니다.

여기 묘목이 있다

내가 당신에게 묘목과 간단한 임무를 맡겼다고 상상해 보라. 당신의 유일한 임무는 묘목을 키우는 것이다. 당신을 비롯하여 5세 이상의 어린이라면 이 임무를 성공적으로 수행하기 위해 다음이 필요하다는 것을 이해할 것이다.

- 옷장 안에 넣어놓지 않기.
- 주의를 기울이고 필요할 때 물을 주기.

뒤뜰 정원사로서 나는 그동안 많은 식물을 죽였다. 거의 모든 희생은 식물에 주의를 기울이지 않았던 결과였다. 정원 가꾸기를 좋아한다고 사람들에게 말하면 종종 이런 말을 듣는다. "나는 초록색 엄지손가락이 없어서 심는 모든 식물을 죽여 버려요." 묘목을 살리는 것이 그렇게 간단하다면 왜 그렇게 많은 사람들이 갈색 엄지손가락을 가지고 있을까?

열에 아홉은 식물에 충분한 주의를 기울이지 않고 물을 주는 것을 잊어버리기 때문이다. 그 후, 이유도 모른 채 그저 자신은 식물을 잘 다루지 못한다고 생각한다.

많은 사람들이 돈에 대해서도 똑같은 실수를 범하곤 한다. 돈에 충분한 주의를 기울이지 않고 원하는 대로 일이 진행되지 않으면 "나는 돈을 잘 다루지 못하는구나."라고 인식해 버린다. 하지만 그들에게 필요한 것은, 양떼를 돌보는 것뿐이다.

이것은 재정적인 성공의 핵심임에도 불구하고 과소평가되는 부분이다. 재정적 성공을 위해서 주의를 기울이고 현재의 재정 상황을 알아야 한다. 아직 습관을 들이지 않았다면, 오늘부터 시작하라. 시작은 미약하지만 **빠르게 성장할 것이다.**

미래의 자신(정말 멋져 보이는)은 당신의 재정을 보고 얼마나 많은 발전을 이루었는지 놀라게 될 것이다. 월급날마다 반복되는 생활에서 벗어나 저축을 하고, 여유가 생기며, 현재 수준 이상으로 넉넉하게 기부할 수 있게 될 것이다.

폭풍이 올 때

인생에서 모든 것을 올바르게 하더라도 폭풍은 여전히 온다. 예수님도 직접 말씀하셨다.[3] 그렇다면, 정원 관리 고수는 폭풍이 올 때 식물을 어떻게 처리할까? 식물을 무시하는 것이 아니라 더 많은 관심을 기울이는 것이다. 계속해서 물을 주고, 부러진 가지는 가지치기하고, 필요한 경우에는 지지대도 세운다.

재정적 폭풍이 닥쳤을 때, 해답은 재정을 무시하는 것이 아니라 더 많은 시간과 에너지를 집중하는 것이다. 즉, 직장을 잃거나 통신이 끊 긴다면 예산을 무시하는 것이 아닌 위협이 사라질 때까지 더 많은 시간 을 집중하는 것이다.

린다: 그저 무시하고 모든 것이 잘될 것처럼 행동하고 싶은 나 같은 사람이 있을 겁니다. 하지만 힘내세요. 당신은 혼자가 아니 에요. 우리를 창조하신 하나님이 우리 삶에 대한 그분의 부르심을 완수할 수 있도록, 더 관심을 기울이기로 약속해요.

정원사는 나무가 힘들어할 때 나무를 버리지 않는다. 오히려 나무 가 다시 건강해질 때까지 더 많은 시간과 관심을 집중한다. 돈을 관리 하는 방법도 마찬가지이다. 재정적 폭풍이 닥쳤을 때, 모래 속에 머리 를 파묻고 상심하고 있는 게 아니라 기도하는 마음으로 모든 힘을 다해 잘 이겨내야 한다.

돈에 신중하게 주의하라

19세기 칼 피어슨(Karl Pearson)은 피어슨의 법칙을 처음 발견한 수학자이 다. 두 변수에 대해 서로 어떤 관계를 가지고 있는지 분석하는 방법에 대해 증 명했다. "성과를 측정하면 성과가 향상된다.", "성과가 측정되고 보고되면 개 선 속도는 더욱 빨라진다."[4]

첫 번째 "성과가 측정되면 성과가 향상된다."부터 살펴보자.

나는 24년 이상 거의 매일 자동차를 운전하면서 고속도로에서 경찰을 볼 때마다 즉시 속도를 줄였다고 자신 있게 말할 수 있다. 매번 어느 정도의 속도를 줄였는지는 기억하지 못하지만, 항상 속도는 줄였다. 하지만 내 속도가 어땠는지를 아는 건 중요하지 않다. 경찰관이 내 속도를 측정하고 있다는 사실을 알기 때문에 즉각적으로 더욱 잘할 수 있는 것이다.

린다: 배우자가 보기 전에 배송 온 택배를 숨긴 적이 있나요? 무슨 마음으로 그랬을까요? 바로, 배우자에게 자신의 '성과'를 평가받고 싶지 않았기 때문이죠. 저도 그랬어요. 저는 밥에게 스타벅스 중독을 숨기려고 노력하곤 했거든요. 그가 카드 명세서를 보지 못하도록 항상 미리 버리거나 감췄지요(당신은 저를 볼 수 없지만 저는 제 자신의 눈을 굴리고 있어요).

어느 날, 밥이 그 증거를 보았어요. 제가 영수증을 쓰레기통에 버리려고 하자, 그는 웃으며 이렇게 말했죠. "당신이 매달 스타벅스에서 200달러 정도를 지출하는 걸 알고 있어? 1년이면 2,400달러야." 그때 제 대답은 "몰랐어."였어요. 관심 없는 척했지요. 하지만 그의 질문은 제 호기심을 끌기에 충분했어요. 그동안 제가 원하는 것을 얻는 게 왜 힘든지 궁금했거든요. 한데 밥의 질문으로 인해 모든 돈이 스타벅스로 흘러 들어가기 때문이라는 결론을 내릴 수 있었어요. 스타벅스에 소비하고 있는 정확히 수치는 알고 싶지 않았지만, 제가 무엇을 바꿀 수 있고 무엇을 바꿔야 하는지는 생각하지 않을 수 없었죠.

분명히 말하지만, 밥은 저에게 바꾸거나 그만두라고 한 적이 없어요. 밥은 아무런 판단 없이 정보만을 제시했을 뿐이에요. 그러니 배우자의 소비 습관에 대해 대화의 문을 열고 싶다면 비난이나 판단 없이 사실만을 전달해 보세요. 단, 배우자가 정보를 제대로 알 수 있도록 이 악물고라도 전달하세요.

시도하지 않고도 더 적게 지출하기

별것 아닌 구매에 시도도 하지 않고 돈을 덜 쓰고 싶은가? 우리 모두 그렇지 않나? 바로 이 부분이 바로 '일직선-A' 전략의 일부이다.

재정에 영향을 미칠 수 있는 다양한 방법과 영향이 있지만, 첫 번째 단계는 지출에 주의를 기울이는 것이다. 이를 위해 모든 구매 내역을 기록해 보라. 이 방법은 정말 효과적이다. 나는 이 방법만으로 지출을 억제하지 않고도 지출을 최대 50%까지 줄인 사람들의 이야기를 읽었다.

> **당신의 빠른 시작**
> 이 도전을 빨리 마치고 싶은가?
> 자세한 내용은 127페이지로 이동하라.

하지만 나는 가능한 한 단순하게 유지하는 것을 선호하기 때문에 적은 노력으로도 많은 이점을 얻을 수 있는 몇 가지 쉬운 방법을 공유하려 한다. 바로, 범주별로 지출 내역을 자세히 분석해 주는 퍼스널 캐피털(Personal Capital, 책을 발행할 당시 내가 개인적으로 가장 좋아했던 앱)*과 같은 앱을 사용하는 것이다.

방법은 다음과 같다. 먼저 PersonalCapital.com에서 무료 계정을 만든 다음, 지출 계정(신용 카드, 은행 계좌 등)을 연결하면 몇 달 치의 과거 거래 내역을 가져온다. 뱅킹 > 현금 흐름 > 비용 메뉴에서 구매 내역이 자동으로 분류되지만, 정확성을 위해서는 직접 분류하는 게 좋다. 그러면 단 몇 분 만에 지난 몇 달 동안 어디에 돈을 썼는지 정확히 확인할 수 있다. 예를 들어, 매달 식료품에 지출한 금액이 얼마인지 구체적인 데이터를 얻을 수 있다.

---

* 국내 유사 앱은 '똑똑 가계부', '편한 가계부' 등이 있지만, 금융 기관과 연동 기능은 없다.(역자 주)

린다: 이런 기능이나 앱을 사용하는 학생들과 이야기를 나눠보면 수백 달러를 절약하는 경우를 종종 경험합니다. 그때마다 너무 놀라워요.

일직선-A 전략의 이 부분이 정말 흥미로운 이유는, 지출을 변경하기 위해 시도할 필요가 없다는 것이다. 그저 측정하고 주의를 기울이기만 하면 된다. 그렇게만 하면 자동으로 개선된다.

여기서 멈추지 말고 한 단계 업그레이드하라

이번에는 두 번째 "성과가 측정되고 보고되면 개선 속도는 더욱 빨라진다."를 살펴보자.

핵심은 성과에 대해 지속적으로 업데이트를 하면, 더 많은 성과를 더 빠른 속도로 개선하는 데 도움이 된다는 것이다. 예를 들어, 농구 경기의 전광판을 생각해 보라. 모든 선수는 팀으로서의 총체적인 성과를 지속적으로 상기하게 된다.

따라서 이전 사례를 되돌아보면서 우리는 성과를 탐색하고 보고할 수 있는 방법을 찾으면 진행 속도를 높일 수 있다. 나는 고속도로에서 운전할 때 제한 속도보다 5mph를 초과하면 경고음이 울리는 와즈(Waze) 앱을 사용한다. 마찬가지로, 린다는 스타벅스에서 50달러를 지출하면 알려주는 민트(Mint) 앱에서 SMS 지출 알림을 설정해 놓았다.*

당신에게 재무 습관을 바꾸라는 압박을 가하는 것이 아니라 단지 탐색하고 정기적인 피드백을 받으라는 것이다. 이것을 실행하면 변화를 시도하지 않

---

* 국내 은행, 카드사 앱에도 지출 알림 설정 기능이 있다.(역자 주)

고도 더 나은 성과를 낼 수 있다.

우리의 학생 중 한 명인 로렌 칸토니는* 지출 습관을 바꾸는 게 아닌 지출에 주의를 기울이기 위해 나와 함께 이 도전에 참여하였다. 두 달 후, 그녀는 "매달 지출을 800달러 이상 줄였고, 그 어느 때보다 돈을 더 잘 통제할 수 있게 되었다."라고 말했다.

행동에 실질적인 변화를 시도하기 전에 재정 전광판처럼 진행 상황을 보고할 수 있는 시스템을 만들어야 한다.

머니 게임

실행의 4가지 원칙(The 4 Disciplines of Execution)에서 전광판의 중요성을 잘 보여주는 허리케인 카트리나의 이야기를 공유한다.

"지난 금요일 밤, 지역 고등학교 팀이 중요한 풋볼 경기를 치르고 있었다. 예상대로 관중석은 꽉 찼고 킥오프가 시작되기 전에는 평소처럼 흥분된 분위기였다. 하지만 경기가 진행되자 뭔가 이상한 점이 보였다. 아무도 응원하지 않았다. 경기에는 전혀 관심을 기울이지 않는 것 같았다. 관중석에서 들리는 유일한 소리는 나지막한 대화뿐이었다. 무슨 일이 있었던 걸까?

전광판은 허리케인으로 인해 날아갔고 아직 수리되지 않은 상태였다. 그래서 팬들은 숫자를 볼 수 없었다. 점수가 얼마인지, 몇 점 차로 뒤처졌는지, 심지어 경기 시간이 얼마나 남았는지 아무도 알 수 없었다. 경기가 진행 중이

---

* 로렌 칸토니는 현재 리얼 머니 메소드(Real Money Method) 수강생들이 지출에 대한 주의를 기울이고 보고를 받을 수 있도록 코치로 돕고 있다.

었지만 아무것도 모르는 것같았다."⁵

당신도 재정을 이런 식으로 다루고 있나?

우리 모두는 머니 게임을 하고 있으며, 이는 중요한 게임이다. 하지만 안타깝게도 많은 사람들이 무슨 일이 일어나고 있는지 전혀 알지 못하며 그 결과 우리는 아래와 같은 어려움을 겪고 있다.

- 재정적 스트레스가 증가한다.
- 결혼 생활에 어려움을 겪는다.
- 넉넉함이 저하된다.
- 하나님의 부르심을 따르는 능력이 방해를 받는다.

이 모든 것이 단순히 우리가 재정에 주의를 기울이지 않았기 때문일까? 만약 그렇다면 어찌해야 하는가?

지출 행동을 바꾸려고 노력하지 않더라도 탐색과 보고를 통해 얻을 수 있는 긍정적인 효과를 상상해 보라. 당신의 재정적 스트레스를 줄이고, 결혼 생활을 더욱 돈독히 하고, 넉넉함을 키우고, 하나님의 부르심을 따르는 능력이 방해받지 않음을 알 수 있다. 성과를 탐색하고 측정하면, 재정적 발전과 긍정적인 영향은 무한하다.

5장

자동화: 의지력에 절대 의존하지 마라

2008년, 금융회사 직원이었던 나는 내 사업을 운영하기 시작했다. 그때 가장 놀랐던 것은 세금을 내야 한다는 사실이었다.

그동안 세금을 내왔지만 그저 월급 명세서의 한 항목에 불과했지, 실제로 '체감'한 적은 처음이었다. 이제 나는 사업주로서 1년에 네 번 국세청에 실제 수표를 작성하여 제출해야 했다.

세금 납부가 현실이 된 것이다. 힘들게 번 돈의 상당 부분을 IRS(미국 국세청)에 보내면서 은행 잔고가 반으로 줄어드는 것을 지켜보았다. 그 첫해에 납부한 세금(금액 및 소득 비율 기준)은 그 어느 때보다 적었지만, 그보다 훨씬 큰 상처를 받았다.

그동안은 왜 체감하지 못했을까? 직원으로서 세금을 낸다는 행위는 자동적이었다. 실제로 계산을 해본 적도, 직접 낸 적도 없기 때문에 그 숫자를 가늠해 본 적이 절대 없었다. 하지만 사업주가 되자 세금에 대해 생각하지 않을 수 없었다. 은행 잔고에 미치는 직접적인 영향을 내 눈으로 보고 느껴야 했다. 그리고 그것은 고통스러웠다.

세금 징수

제2차 세계대전 중 미국 정부는 가장 현명한 소득 창출에 대한 결정을 내렸다. 그 이전의 미국 시민은 지금 내가 사업주로서 하는 것과 비슷하게 직접 세금을 납부해 왔다. 그러나 전쟁 비용을 충당하기 위해서, 납세자가 소득세를 3개월마다 직접 납부하는 대신 정부가 통제하기 시작했다.

1943년 7월 1일, 정부는 전국의 직원 급여에서 자동으로 세금을 원천징수하기 시작했다.[1] 이는 두 가지 중요한 이유에서 매우 획기적인 일이었다.

1. 소득세 징수를 효율적으로 만들 수 있다.

납세자의 돈을 쫓아다니지 않아도 되기 때문에 더 적은 노력으로 더 많은 돈을 거둘 수 있다. 세금을 잊어버리거나 늦게 납부하는 납세자를 더 이상 상대할 필요가 없다. 한 번 설정해 놓으면, 시민들에게서 소득세를 손쉽게 징수할 수 있다.

2. 납세자들은 크게 눈치채지 못할 것이다.

인간의 적응력은 놀라울 정도로 뛰어나서 시간이 조금 지나면 새로운 규범을 받아들이게 된다. 처음에는 급여 명세서에 적힌 소득세 항목이 마음에 들지 않을 수도 있지만, 이내 "원래 그런 거니까."라고 받아들였을 가능성이 높다. 사실, 소득세에 대해 전혀 생각하지 않았을 수도 있다.

세금 납부를 자동으로 처리함으로써 미국 정부는 세금을 더 적은 노력으로 더 빨리 징수할 수 있게 되었다.

승리를 위한 자동화

현실을 직시해야 한다. 재정적으로 성공하는 데 있어 자신감은 최악의 적이다. 대부분의 경우, 우리는 무엇을 해야 하는지 알고 있지만 실제로 실행하는가가 문제이다. 만약 돈으로 성공하는 것이 의지력이나 자기 훈련과 아무 관련이 없다면 어떨까?

각 분야에서 성공한 사람들은 대부분 자기 규율에 대한 의존을 없애려고 노력한다. 그리고 가능한 한 가장 중요한 작업은 자동으로 처리하려고 노력한다.

《아주 작은 습관의 힘》의 저자 제임스 클리어(James Clear)는 이를 이렇게 설명한다. "더 나은 결과를 원한다면 목표 설정은 잊어버려라. 대신 자신의 시스템에 집중하라. 당신은 목표의 수준으로 올라가지 않는다. 시스템의 수준으로 떨어질 뿐이다."[2]

재정에도 같은 원칙이 적용된다. 돈을 잘 다루는 사람들은 항상 좋은 재정적 결정을 내리기 위해 더 많은 자제력을 발휘하지 않는다. 오히려 그들은 좋은 재정적 결정을 자동적으로 실행할 수 있는 시스템을 구축한다.

재정적으로 성공한 사람들은 의지력이 중요한 게 아니라 중요한 재정적 결정을 자동으로 실행하거나 가능한 단순하게 실행하는 게 중요하다고 여긴다는 것을 꼭 기억하라.

린다: 저는 정리정돈을 잘 못하고, 절제력이 없는 것에 대해 매번 죄책감을 느낍니다. 하지만 가장 체계적이고 절제된 것이 중요한 게 아니라는 것을 깨달았어요. 당신이 모니카든 피비든, 성공을 위한 준비를 할 수 있음을 잊지 마세요.

돈은 개울과 같다

우리 집 뒷마당에는 물이 거의 차지 않은 개울이 있다. 어느 날 폭우가 내리면 개울은 거의 성인 남성의 키까지 차오른다. 하지만, 며칠 후면 개울물은 이내 거의 말라 버린다.

나는 그 개울이 내 돈 같다는 생각을 했다. 매달 내가 벌어들인 돈이 들어오고, 내가 쓴 돈이 나간다. 모든 돈은 내 손을 지나가고 있다. 시간이 사라지면 돈도 사라진다.

개울물이 가득 차면 양동이를 들고 물을 쉽게 퍼낼 수 있다. 화분에 물을 주거나 세차하는 등 필요한 모든 용도로 사용할 수 있을 것이다. 하지만 이 작업들을 하지 않아도 개울물은 어느새 감쪽같이 말라 버린다.

좋은 아이디어가 떠올랐다. 개울에서 정원까지 도랑을 파고서 물 분배를 자동화시키면, 개울에 물이 가득 찰 때마다 정원까지 자동으로 물이 흘러가겠구나 하는 아이디어였다. 손가락 한 번 까딱하지 않고도 과일과 채소를 생산할 수 있었다. 또한, 작은 연못까지 수로를 만들어 물을 모아서 세차를 하거나 개에게 물을 쉽게 챙겨줄 수 있었다.

우리에게 들어오는 돈 역시 가장 중요한 곳에 자동으로 흘러갈 수 있도록 수로를 만들기를 권한다. 그렇지 않으면, 개울물처럼 들어갔다 나왔다 하다가 이내 사라져 버릴 테니 말이다.

단순 자동화

첫째는, 중요한 금융 업무를 자동으로 처리하는 방법이다. 은행의 청구서 납부 서비스를 이용해 매월 1일에 청구서 납부, 저축, 기부를 자동으로 실행할

> **당신의 빠른 시작**
> 이 도전을 빨리 마치고 싶은가?
> 자세한 내용은 122페이지로
> 이동하라.

수 있다.

특히, 기부는 자동에 가까운 습관으로 만들자. 린다와 나 역시 매월 첫째 주 일요일이면 자동적으로 교회에 10%를 헌금한다.

은행 앱의 예약이체 메뉴를 사용하여 저축 계좌로 돈을 이체할 수도 있다. 매월 정해진 금액이 당좌 예금에서 저축 계좌로 이체되면 별도의 노력 없이도 다음 휴가를 위해 자동으로 저축할 수 있다.

직장에서 퇴직 연금에 불입하여 은퇴 계좌에도 동일하게 할 수 있다. 또는 자녀를 위한 대학 학자금 저축을 위해 자동으로 적립되는 개인연금 적립을 설정할 수도 있다. 이렇게 하면 체계적이고 손쉽게 자신에게 중요한 재정 목표를 성취하고 도달할 수 있다.

격려의 말을 덧붙이자면, 나는 재무 자동화의 힘을 활용하기 전에 재정 관리에 관한 책을 수십 권 읽었다. 5분 정도밖에 걸리지 않는 이 간단한 조정이 그렇게 큰 변화를 가져올 것이라고 생각하지 않았기 때문에 계속 미뤄두었던 것이다.

장담하건대, 이 기능은 린다와 나에게 획기적인 전환점이 되었다. 사소한 것 같지만 정말 큰 변화였다. 이 한 가지 조치를 취함으로써 우리는 한순간에 기복이 심한 재정 관리자에서 100% 일관된 재정 관리자로 바뀌었다. 그리고 그 일관성을 바탕으로 두 영역 모두에서 엄청난 성장을 이루었다.

그러니 당신도 실제로 이렇게 해보길 권한다. 그렇게 하라는 다른 책을 수십 권 읽을 때까지 기다리지 마라. 지금 바로 시작하라. 미래의 자신이 고마워할 것이다.

6장

조정: 만약 구멍에 빠졌다면 파는 것을 멈추어라

내 상사였던 그 사람은 여태껏 만난 사람 중 가장 친절했다. 그는 스스로 너무 근엄해지려고 노력하지 않았고, 나 같은 말단 직원과도 임원을 대하듯 친절하게 대화하는 오랜 경력의 임원이었다. 그는 재미있고, 이해심이 많고, 친절하며, 그 결과 직원들로부터 최고의 성과를 이끌어냈다. 한마디로, 그는 직원 모두가 바라는 상사의 빛나는 본보기였다.

2007년의 어느 평범한 화요일 아침, 그가 부서 전체를 회의실로 소집했다. 아침 일찍 회의를 진행하는 게 그리 드문 일은 아니었지만, 그가 웃지 않고 농담을 하지 않는다는 사실은 매우 이상했다. 모두가 회의실로 입장하자 그가 천천히 문을 닫았다. 그때 보았다. 그의 눈에는 눈물이 고여 있었다.

이게 무슨 일인가 싶어서 당황스러운 찰나, 그가 난감한 표정으로 "여러분, 이 말을 쉽게 전달할 방법이 없네요."라고 말했다. 그러곤 이어서 그날 회의실에 있던 27명 모두가 몇 달 안에 일자리를 잃게 될 것이라고 말했다.

책의 2부에서 이 이야기에 대해 더 자세히 설명하겠지만, 이때의 심정을 전달하자면 정리해고에 이르기까지의 몇 달은 너무 두려운 시기였다. 그때가 대불황이 시작될 무렵이었고 가계 수입이 60% 정도 감소할 것을 알고 있었다. 또한, 수입이 언제쯤에야 이전 수준으로 회복될지는 전혀 알지 못했다.

린다와 나는 하나님께서 재정 상황을 움직여 우리의 필요를 채워주시기를 기도했다.[1] 60%의 수입 감소에도 불구하고 우리는 최선을 다해 절대 100 법칙을 지키려고 노력했다. 실패한 달도 있었지만, 나는 수입의 105% 지출을 150%보다 훨씬 더 오래 유지할 수 있었기 때문에 수입의 100%를 절대 지출하지 않는 것에 최대한 가까워지고 싶었다. 그래서 새로운 (그리고 바라건대 일시적인) '보통'을 처리하기 위해 모든 것을 하향 조정했다.

지출 조정하기

수입을 늘리거나 사업이 순조롭게 진행될 때라면 당신이 지출을 조정하는 데 어려움이 없을 것이다. 항상 린다는 스스로 그것에 세계 최고의 전문가 중 한 명이라고 생각했다. 하지만 나는 이런 식이었다. 상사가 나에게 승진과 인상이 있을 거라고 말한다. 그러면 집에 가서 린다에게 이 소식을 전한다. 그러면 그녀는 환한 웃음을 지으며 추가 수입을 가장 빨리 쓸 수 있는 방법을 자유롭게 토론하기 시작했다. 그 내용에는 휴가를 가서 축하하고, 오래된 옷장을 교체하고, 그 안을 채울 새 옷을 사고, 심지어는 새로운 동료들과 어울릴 수 있도록 차를 업그레이드하기도 했다.

하지만 두 달이 지나자 전보다 더 빠듯하게 느껴지기 시작했다. 급여 인상으로 숨통이 트일 줄 알았는데, 왜 반대의 상황이 일어났지? 이유는 당연하게도, 우리가 너무 빨리 급여 인상에 맞춰 지출을 조정했기 때문이다.

반대로, 수입이 줄어든 경우에는 왜 지출을 조정하기가 꺼려질까? 우리 모두는 그 이유를 너무도 잘 알고 있다. 지출을 줄이는 행위는 전혀 즐겁지 않기 때문이다.

하지만 절대 100 규칙을 성공적으로 지키기 위해서는, 수입이 줄어들면 당연히 지출도 줄여야 한다. 수입이 늘었을 때는 도움이 그다지 필요 없다. 그러니 수입이 감소할 때에 집중해야 한다.

만약 당신의 재정 생활에 무지개가 가득하고 이미 절대 100 규칙을 완파했다면, 다음 장으로 넘어가면 된다. 하지만 그렇지 않다면, 다음의 내용을 잘 살펴보아야 한다.

무직 또는 불완전 고용 상태인 경우

이 책을 읽는 사람들 중에는 수입이 없거나 생계를 유지할 만큼 충분하지 않을 수도 있다. 만일 그게 당신이라 할지라도 나 역시 그런 경험이 있다는 것을 알면 좋겠다. 그것이 얼마나 힘든 일인지 잘 알고 있으므로, 내가 할 수 있는 최고의 조언을 알려주겠다.

호수 한가운데에서 구멍이 여러 개 뚫려 물이 가득 찬 카누에 앉아 있다고 상상해 보라. 수위가 계속해서 상승함을 깨닫자마자 보트의 물을 퍼내기 시작한다.

여섯 개의 구멍을 모두 막기가 어렵겠지만, 두세 개 정도를 최대한 막아서 피해 속도를 늦출 수 있다. 그것인즉, 그대로 가라앉을 것인가와 구멍을 최대한 막은 후 노를 저어 육지에 도착할 것인가의 차이일 수 있다. 문제 전체를 해결하는 것이 목표가 아니라 문제를 덜 악화시키는 것이 목표다.

통제할 수 있는 것은 통제할 수 있는 대로 하고, 통제할 수 없는 것은 기도하고 하나님께 맡겨야 한다. 기억하라. 아무리 상황이 나빠 보

> 여도 '우리 가운데서 역사하시는 능력대로 우리가 구하거나 생각하는 모든 것에 더 넘치도록 능히 하실 이에게'[2] 맡겨라.

생존 예산

지난 15년 동안, 우리는 소득이 크게 감소한 후 하향 조정할 수 있는 몇 번의 '기회'를 가졌다. 수입이 급감할 때마다 우리는 같은 실행을 했다. 즉시 생존 예산을 세우기.

만드는 데 10분 정도 걸리지만, 그 부가가치는 엄청나다. 목표는 얼마나 적은 금액으로 일시적으로 생존할 수 있는지 확인하는 것이다. 만약 모든 것을 일시적으로 줄여야 한다면 얼마나 적은 금액으로 생활할 수 있을까?

그래서 나는 예산 견본을 들고 필요한 최소한의 비용이라는 렌즈를 통해 모든 비용을 연결한다. '최소한의 필요'에 대한 정의는 사람마다 다르겠지만, 일반적으로는 꼭 필요한 항목만 포함해야 한다.

간단한 통찰

대부분의 사람들에게 음식은 가장 큰 영향을 미친다. 외식을 줄이고, 낭비를 없애고, 더 저렴한 식료품점에서 쇼핑하고, 쿠폰을 사용하는 것까지 음식과 관련해서는 절약할 수 있는 돈이 많다.

이 과정을 진행하면서 모든 지출에 대해 의문을 제기하여 제거하거나 줄일 수 있는 방법이 있는지 찾아보라. 예를 들어, 나와 린다는 정리해고 기간 동안 생존 예산을 세웠을 때 집에서만 식사를 하고, 가장 저렴한 식료품점에서 쇼핑하고, 간식거리를 피했다. 또한, 거의 모든 유흥비를 줄이고, 신용 카드 결제를 월 최소 금액으로 줄였으며, 개인 지출을 거의 없앴고, 심지어 자동차 할부금을 없애기 위해 자동차를 파는 것도 고려했다.

이것은 미친 연습처럼 들릴 수 있지만 효과가 있었다. 생존 예산을 세울 때 다음 두 가지 핵심 사항을 기억하라.

1. 예산을 나열한다고 해서 그 예산대로 살 수 있는 것은 아니다. 목표는, 필요한 경우 얼마나 더 낮출 수 있는지 알아보는 것이다.
2. 설령, 그렇게 살아야 한다고 해도 이는 일시적인 계획이다. 지속될 수 있는 계획이 아니다.

	보통 예산	생존 예산	
기부	$300	$300	기부는 절대 협상해서는 안 된다.
외식	$300	$0	모든 외식을 줄이고 집에서 만들어 먹는다.
식료품	$300	$400	집에서 더 많은 요리를 만들기 위해 증가시켜라. 단, 가장 저렴한 가게에서 구입하고 간식거리를 피하라.
오락	$100	$0	모든 오락을 일시적으로 중지한다.

교통편	$350	$350		만일 교통편이 필수적이라면, 계속 유지한다. 그렇지 않다면 비필수적인 지출을 줄인다.
커피	$100	$20		커피 역시 집에서 만들어 마신다.
스마트폰	$100	$100		
운동	$100	$0		헬스장 회원권 및 피트니스 수업을 일시 중지하고 집에서 운동한다.
옷	$150	$0		옷 구매를 일시 중지한다.
보험	$250	$250		
주택	$800	$800		
은퇴자금	$300	$0		은퇴자금 저축을 일시 중시한다.
신용 카드	$200	$100		필요한 최소한의 금액만 결제한다.
월간 합계	$3,350	$2,320		
연간 합계	$40,200	$27,840		

마지막으로 예산 책정에 대해 이야기할 때, 이것은 일반적으로 권장하는 것과는 정반대이다. 보통은 예산에 필수적이지 않은 것(일명 즐거운 것)이 포함되어 있어야 한다. 그래야 일이 잘 풀리기 때문이다. 하지만 이 단계에서는 그 반대이다.

린다: 좋아요. 이 규칙을 가지고 배우자에게 달려가서 "밥이 방금 외식도 그만하고, 넷플릭스도 해지하고, 차도 팔아야 한다고 했어!"라고 말하지 마

세요. 이것은 단지 연습일 뿐이며, 어쩔 수 없이 그렇게 살아야 한다면 일시적인 해결책일 뿐이에요. 그리고 제대로 사용하면 두려움이 아닌 안도감을 가져다주어야 합니다.

어둠 속에서 소망 찾기

나는 두려움이 그림자 속에 숨어 있다는 것을 알았다. 두려움은 모호함 속에서 커진다. 하지만 빛을 비추면 두려움은 덜 위협적이다. 이 연습을 할 때는 본질적으로 최악의 시나리오에 빛을 비추는 것이다. 미지의 상황 속에서 용기를 얻을 수 있는 곳이기도 하다.

내가 2008년에 해고되었을 때 한 달에 2,300달러 정도면 어느 정도는 편안하게 버틸 수 있다고 생각했다. 최악의 경우에는 스타벅스에 취직하면 쉽게 생활비를 충당할 수 있을 거라는 결론을 내렸다. 물론 좋지 않은 상황이었지만, 생존에 필요한 것이 얼마나 적은지 정확히 아는 데 도움이 되었다. 눈을 뜨게 되었고, 스트레스가 많이 해소되었고, 어려운 상황에서도 할 수 있다는 소망을 가지게 되었다.

린다: 밥이 직장을 잃었을 때 저는 퇴거당하거나 자동차를 압류당할지도 모른다는 최악의 두려움이 밀려왔어요. 그때 밥이 제게 숫자를 제시하며 현실을 설명해 주었고, 그 덕분에 할 수 있다는 확신을 가질 수 있었죠. 생존 예산을 계산하는 연습을 통해 전체 계획을 볼 수 있었기에 두려움이 진정되었어요.

하나님은 우리의 상황이 좋지 않거나 무척 힘든 순간에 기적을 행하신다는 것을 기억하세요. 우리는 하나님을 신뢰하기 때문에 우리의 영혼이 성장할 수 있는 기회를 얻습니다. 그리고 우리가 그곳에 갈 때마다 하나님은 우리가 생각지도 못한 일을 행하십니다.

한 번은 자원이 넘쳐난 적이 있어요. 한 번은 시간이 좀 걸렸지만 계속 열심히 일했고 삶과 마음에서 인내의 열매를 보았어요. 한 번은 은행 계좌에 출처를 알 수 없는 돈이 들어왔을 때도 있었죠. 이것은 빵과 물고기의 기적이었어요. 하나님의 온전한 역사를 허용한다면 다른 방법으로는 얻을 수 없는 열매를 당신의 삶에서 보게 될 것입니다.

7장

책임감: 실패하기 어렵고, 성공하기 쉽게 만들어라

몇년 전, 나는 친한 친구 네 명과 함께 테네시주의 산으로 하이킹을 갔다. 남자들만의 주말을 보내며 올해의 목표에 대해 야심차게 의견을 나누던 중 기발한 아이디어가 떠올랐다. 작심삼일이 되지 않도록 서로의 파트너가 되어 지켜봐 주자는 것이었다. 각자의 목표를 구체적으로 말하고, 기간은 한 달로 정했다. 그리고 만약 목표를 지키지 못하면 벌칙이 따르기로 했다. 우리는 서로를 잘 알기에 동기 부여가 될 벌칙을 만들기가 쉬웠다.

나는 운동하는 습관을 되찾고 싶었기 때문에 한 달 동안 매일 운동을 하기로 결심했다. 만약에 실패하면 일주일 동안 매 끼니를 맥도날드에서 먹어야 하는 벌칙을 받기로 했다. 나는 건강에 신경 쓰는 편이라서 패스트푸드를 안 먹은 지 10년이 훨씬 넘었다는 것을 친구들은 알고 있었다(칙필에이에서 몇 번 먹은 것을 제외하면). 30일 동안 맥도날드만 먹으면 어떤 일이 벌어지는지에 대해 경종을 울리는 다큐멘터리 '슈퍼 사이즈 미(Super-size Me)'를 시청한 적이 있다. 난 이 벌칙이 나에게 적합할 것 같다고 판단했다.

린다: 밥에게 이 얘기를 전해 들었을 때 절대 안 된다고 말했어요. 그렇게 하면 일주일 내내 아플 거예요. 뿐만 아니라, 당신이 형편없는 내기에서 졌다고 혼자 육아를 할 수는 없어요.

벌칙은 매우 끔찍했지만, 나에게 충분한 동기 부여가 되어줄 것을 알았다. 하지만 만약 실패한다면? 그들이 어떻게든 나에게 벌칙을 행할 것이다.

여행이 끝나고 집에 돌아와서 이 약속의 현실을 깨닫기 시작했다. 일주일에 3일씩 원하는 날에 운동하는 것은 꽤 쉽지만, 31일 연속으로 한 번도 빠지지 않고 운동하는 것은 엄청 어렵다.

첫째 주는 나쁘지 않았다. 운동을 하면서 한 달은 버틸 수 있을 거라고 확신했다.

둘째 주는 여행 중이었기에 상황이 조금 까다로워졌다. 어느 날은 완전히 지친 상태에서 밤 11시에 아무도 없는 체육관에 가야 했다.

셋째 주(1월)는 엄청나게 추워서 벽난로 옆에 앉아서 쉬고 싶다는 생각뿐이었다. 정말 운동하고 싶지 않았다. 하지만 일주일 내내 빅맥만 먹는 게 더 끔찍했기에 운동을 할 수밖에 없었다.

넷째 주가 가장 힘들었다. 몸이 아팠다. 독감이었는지 감기였는지 기억나지 않지만, 운동하기 위해 침대에서 아픈 몸을 억지로 일으켜 세워 체육관으로 향했었다. 한 달 동안 매 순간이 싫었지만, 그 벌칙의 고통에 비하면 그만한 가치가 있었다.

린다: 평소 같으면 아프니까 침대에 누워 있으라고 말했을 텐데, 그 끔찍한 벌칙이 떠오르자 당장 일어나서 그냥 끝내 버리라고 말했어요.

내 인생에서 처음으로 진정한 책임감을 느꼈다. 기분이 어떠하든, 어디에 있든, 어떤 일이 있든 나는 계속했다. 마침내 미친 계획은 성공했다. 하나님의 은혜로 한 달 내내 목표를 성취하는 데 성공했다. 하지만 진정한 책임감(일명 7일간의 빅맥)이 없었다면 성공할 확률이 낮았을 거라고 생각한다.

책임감과 재정

많은 사람들은 책임감과 재정은 예산의 핵심이라고 생각할 것이다. 그리고 어느 정도는 맞다.

나는 13년 넘게 다양한 예산 책정 방법을 시험해 보았다. 나는 재정에 있어서 괴짜이다. 수십 가지의 앱, 도구, 접근 방식, 소프트웨어 등을 사용해 보았다. 이 모든 것을 끊임없이 실험하는 여정에 함께한 린다에게 신의 축복이 있기를 바란다.

하지만 모든 방법이 동일한 문제를 가지고 있다는 사실을 발견하고 슬펐다. 그것은 속이기 쉽다는 것이다. 당신도 그런 경험이 있었을 것이다. 린다와 나는 화면에서 각 달러를 '지출 범주'에 신중하게 할당하여 예산을 만들었다. 지출은 특정 범주의 금액으로 제한되었다. 지출을 초과하면 숫자가 빨간색으로 바뀌었지만, 빨간색으로 표시된 것을 무시하거나 변명하기는 쉬웠다. 이는 책임감을 회피하는 것이지, 실질적으로 통제하지는 못했다. 우리가 시도한 어떤 예산 책정 방법도 실질적인 책임감을 부여하지 못했다.

이렇다 할 통제나 실질적인 책임이 없었기 때문에 저항이 가장 적은 방법을 따랐다. 돈의 경우, 그것은 실제 장벽이 우리를 멈추게 할 때까지 우리가 가진 모든 것을 지출하는 것을 의미했다. 우리에게는 장애물이 필요했다.

단일 범주 예산

80/20 법칙에 대해 들어본 적이 있나? 80%의 효과는 20%의 행동에서 나오는 경우가 많다는 조사 결과에서 탄생한 법칙이다. 예를 들어, 많은 비즈니스에서 매출의 80%가 단 20%의 제품에서 발생한다는 사실을 발견할 수 있다.

나는 이 패턴이 우리 블로그에서 어떻게 나타나는지 궁금해서 몇 가지 수치를 실행해 보았다. 그 결과 트래픽의 80%가 블로그 게시물의 20%에서 발생했다. 그런 다음 자금 관리와 예산 책정을 살펴보기 시작했다. 거기에도 같은 패턴이 있었을까? 20%의 작업만 수행해도 80%의 결과를 얻을 수 있다면 어떨까?

개인 재정을 살펴보고 일부 학생의 세부 사항을 평가하면서 동일한 80/20 패턴이 실제로 작동하는 것을 보고 매우 기뻤다. 예산 책정 노력의 약 20%로 약 80%의 결과를 얻을 수 있었다. 이 발견을 계기로 실패한 예산 담당자들에게 단일 범주 예산이라고 부르는 것을 소개하기 시작했다.

먼저 지출에서 가장 통제하기 어려운 한 가지 영역을 파악하는 것부터 시작한다. 대부분의 사람들에게는 다음과 같은 항목이 해당되는 경향이 있다.

- 외식
- 식료품
- 무작위 아마존(온라인 쇼핑몰) 구매
- 의류
- 엔터테인먼트
- 취미

> **간단한 통찰**
>
> 당신이 확실하지 않은 경우, 우리가 도와주겠다. 이 영역을 정확하게 파악할 수 있도록 4장의 '주의 기울이기' 지침을 따르라.

스스로에게 지출을 통제하는 데 가장 어려움을 겪는 영역이 어디인지를 물어보라. 이 영역이 실제로 통제하려고 노력하는 하나의 범주, 즉 초점이 되는 단일 범주 예산이 될 것이다. 이 범주에 집중하면 노력에 대한 보상을 가장 많이 받을 수 있다.

예를 들어, 제리는 식료품 구매를 통제하는 데 어려움을 겪고 있다고 가정해 보자. 그는 한 달에 500달러를 지출하고 싶지만 계속해서 600달러 또는 700달러를 지출하는 자신을 발견한다. 그는 다음 세 가지 보기 중 하나를 선택할 수 있다.

1. 해당 범주에만 지출할 수 있는 별도의 당좌 예금 계좌를 개설한다.

월 초에 제리는 기본 당좌 예금에서 새로 만든 계좌로 500달러를 이체하고 새로 만든 직불 카드로만 식료품을 구입한다.

2. 해당 범주의 재충전 가능한 기프트 카드를 구입한다.

월 초에 제리는 지역 식료품점에서 충전식 기프트 카드를 구입하여 500달러를 넣는다. 그 후 매월 급여를 받을 때 이 카드를 채우고 식료품을 구입할 때만 쓴다.

3. 월초에 현금을 인출하여 해당 범주에만 사용한다.

월급을 받는 월초에 현금 500달러를 인출하면 다음 달까지 식료품에 사용할 수 있는 금액은 이 금액이 전부이다.

이 세 가지 보기 중 하나를 선택하면 식료품 지출을 탐색할 가능성이 훨씬 더 높아진다. 또한, 지속적으로 과소비를 하는 한 가지 범주에 집중함으로써 예산 관리에 가장 적은 노력을 기울이면서도 가장 많은 비용을 절감할 수 있다.

한 범주에 지출에 대한 장애물과 멈춤을 만들면 초과 지출이 발생했을 때 예산 앱에서 빨간 숫자를 보는 것보다 훨씬 더 책임감을 가질 수 있다. 또한, 이 접근 방식은 큰 차이를 만들지 못하는 범주에 시간이나 에너지를 집중하지 않고 가장 큰 영향을 미치는 한 가지 범주에만 집중할 수 있다는 점에서 좋다.

> **당신의 빠른 시작**
> 이 도전을 빨리 마치고 싶은가?
> 자세한 내용은 123페이지로 이동하라.

업무는 줄고 결과는 급증한다. 이것이 내가 가장 좋아하는 점이다. 단일 범주 예산은 내가 본 것 중 가장 빠르고 효과적으로 지출을 통제할 수 있는 방법이다.

이미 예산을 세우고 있고 효과가 있는 방법이 있다면 더할 나위 없이 좋다. 자신에게 맞는 방법을 계속 사용하라. 하지만 예산이 없거나 새로운 접근 방식이 필요하다면, 단일 범주 예산을 사용해 보라. 약 20%의 작업으로 80%에 가까운 결과를 얻는 데 도움이 될 것이다.

결론은, 실패하기 어렵고 성공하기 쉬운 돈 관리에 대한 접근 방식을 찾아야 한다는 것이다. 진정한 책임감을 가질 때 우리는 소득 수준에 관계없이 돈을 절약하고, 아낌없이 기부하고, 미래를 준비하는 사람이 될 수 있다.

8장

사랑하는 것에 더 많이 소비하는 방법

브랜든은 어릴 때부터 비행기를 좋아했다. 엄마는 브랜든을 공항에 데려가 비행기를 구경시켜 주었고, 아빠는 브랜든과 함께 모형 비행기를 만들곤 했다. 그는 항상 비행하는 법을 배우는 꿈을 꾸었다. 하지만 몇 년이 지나 성인이 되자 그의 꿈은 되레 멀어지는 듯했다. 주택 담보 대출, 대학 학자금 대출, 예기치 않은 수술로 인해 그는 돈을 모으지 못했다. 항상 무언가가 가로막고 있는 느낌이었다.

어느 날, 그는 (4장에서 이야기한 것처럼) 자신의 지출을 탐색해 보았다. 그러곤 예상치 못한 사실을 발견했다. 그와 그의 아내는 케이블 TV 요금으로 한 달에 150달러를 지불하고 있었고, 스트리밍 서비스에는 한 달에 20달러를 추가로 지불하고 있었다. 케이블 TV 시청은 누구나 다 사용하기에 브랜든 역시 그랬지만, 부부가 즐기는 프로그램은 거의 넷플릭스에서 시청하고 있음을 깨달았다. 그리고 며칠 후, 브랜든은 항상 꿈꿔왔던 비행 강습을 시간당 약 150달러에 받을 수 있다는 사실을 알게 되었다.

다음 날, 브랜든은 케이블 회사에 전화를 걸어 즉시 구독을 취소했다. 그리고 절약한 150달러는 비행 레슨 계좌로 바로 입금하였다. 몇 달 후, 브랜든은 설렘으로 가득 찬 첫 비행 레슨을 받으며 조종석에 앉았다. 어린 시절의 꿈이 눈앞에 다가온 것이다. 브랜든은 자신이 하는 일에 집중할 수 있도록 불필요한 지출을 줄이고 정리만 하면 되었다.

현명한 지출은, 박탈감까지 느껴가며 한 푼이라도 아끼라는 것을 의미하지 않는다. 오히려 자신이 가장 사랑하는 것에 집중함으로써 부유한 삶을 추구할 수 있는 자유를 준다. 좋아하는 일에 죄책감 없이 지출할 수 있다면 기분이 어떨까? 이를 실현하기 위해 무엇을 기꺼이 포기하겠나?

> 현명한 지출은 자신이 가장 사랑하는 것에 집중함으로써 부유한 삶을 추구할 수 있는 자유를 준다.

가장 사랑하는 물건은 무엇인가?

정리 정돈의 첫 번째 단계는 자신이 가장 사랑하는 것을 결정하는 것이다. 자금이 무한정 공급된다고 상상해 보라. 어디에 돈을 쓰겠나? 집 꾸미기, 여행, 사진 촬영, 극장에서 영화 관람을 좋아할 수도 있다. 아니면 새 옷, 독서, 커피, 외식을 좋아하나?

사랑하지만 돈이 부족하여 지출을 많이 하지 않는 것에 대해 아래의 공간에다 글을 쓰거나 그림을 그리거나 자유롭게 토론하라.

> 내가 사랑하는 것

　이렇게 정리했다면, 이제 지출의 불필요한 부분을 제거할 차례이다. 꼭 필요하지 않거나 관심을 가지지 않는 물건에 매달 지출하는 돈은 낭비라는 사실을 기억하라. 대신 이 돈은 자신에게 정말 중요한 일에 사용해야 한다.
　냉동식품 저녁 식사로도 충분히 만족할 수 있는데도 항상 배달 앱에서 주문하고 있을 수도 있다. 여행이 스트레스를 주는데도 매년 의무적으로 휴가를 떠날 수도 있다.
　어떤 사람들은 자동차에 열광한다. 다른 사람들은 자동차를 장소를 이동하는 수단으로만 여긴다. 후자의 성격이라면 자동차를 유리하게 활용하라. 최신형 자동차를 소유하는 것도 좋지만, 그다지 흥미롭지 않다면 흥미를 유발할 수 있는 다른 것에 집중하라. 그 차를 판 후, 상태가 좋고 가성비 좋은 차를 구입하라. 전문가나 주변 사람들이 뭐라고 말하든 가치 없는 것에 돈을 낭비하지 마라.

린다: 만약 당신이 골프를 치거나, 매주 토요일에 도넛 먹는 것을 좋아한다면 그 자유를 누려보세요. 사랑하는 것에 소비할 수 있는 자유 말이죠. 불필요한 지출 방식을 변경하는 게 귀찮겠지만, 이후에 오는 기쁨과 혜택이 두 배 이상 크다는 것을 잊지 마세요.

당신 중 일부는 이렇게 생각할 수도 있다. "밥, 내가 지출하는 모든 돈은 생필품과 나에게 중요한 것에 쓰여요." 그럴 수도 있다. 하지만 매달 구매하는 물건 중 일부는 다른 물건보다 나에게 더 중요할 가능성이 훨씬 더 높다. 재정 전문가인 라밋 세티(Ramit Sethi)는 이를 '돈의 다이얼(Money Dial)'이라고 정의하고 이렇게 설명했다.

"내 자신이 지출하고 싶은 영역이 있다는 것을 인식하는 것은 좋다. 뿐만 아니라 사람마다 머니 다이얼이 다르기 때문에 다른 사람들이 내 지출에 대해 어떻게 생각하는지는 신경 쓰지 마라! 단지 우선순위가 다를 뿐이다. 다시 말해, 자신이 중요하게 여기는 것과 다른 사람이 중요하게 여기는 것은 다를 수 있다. 누군가는 여행을 떠나는 데 큰 지출을 하고, 다른 누군가는 아이폰을 사는 데 큰 지출을 할 수 있다. 그것은 지극히 정상적이고 당연한 일이다.

우리 자신과 우리의 머니 다이얼이 무엇인지에 대해 진실하고 솔직해져 보자. 그러면 우리에게 행복을 가져다주는 것에 더 많은 돈과 에너지를 쓸 수 있을 뿐만 아니라, 불필요한 지출을 줄였기에 원하는 곳에 소비를 해도 전혀 죄책감이 없다.

겁이 나면서도 동시에 자유로워진다. "이봐, 나에게 이건 중요하고 저건 중요하지 않아."라고 말할 수 있다."[1]

린다: 당신이 결혼했다면 서로가 원하는 것과 돈을 써야 하는 것을 고려해

야 돼요. 밥과 저는 무엇이 더 중요한지에 대해 끊임없이 의견을 주고받지만, 둘 다 확실히 자신의 의견을 가지고 있답니다.

이제 당신의 차례이다. 당신은 불필요한 것에 돈을 쓰고 있나? 아래의 공란에 불필요한 소비를 나열하거나 그림으로 그리거나 자유롭게 토론하라. 좋아하는 일에 더 많은 지출을 하기 위해 무엇을 제거할 수 있을까?

제거할 잡동사니

만일 당신이 "생각해 보면 여기에 추가할 내용이 없다. 나는 내가 사는 모든 물건을 사랑한다."라고 생각한다면, 88페이지의 1일차 도전 과제로 넘어가서 지출 탐색을 시작하라. 지출이 복잡하게 얽혀 있는 경우가 많다는 것을 알 수 있을 것이다.

취미를 전략적으로 선택하라

13살 때 나는 번 돈을 모두 골프에 썼다. 일주일에 2~3번씩 골프를 치면서 내 나이에 비해 꽤 잘 치는 골퍼가 되었다. 골프를 좋아하긴 했지만 가장 좋아하는 스포츠는 아니었다. 하지만 많은 사람들의 기대로 인해 나는 골프를 계속 칠 수밖에 없었다.

나이가 들면서, 소질이 있다거나 어렸을 때부터 해왔기 때문에 취미에 많은 소비를 하는 것은 위험하다는 것을 알았다. 그래서 쉽지 않았지만 내 인생에서 골프를 내려놓게 되었다.

그리고 몇 년이 지난 후, 다음과 같은 질문으로 인해 내게 새로운 취미가 생겼다.

- 비용이 많이 들지 않는 취미를 선택하면 어떨까?
- 더 건강해질 수 있는 취미를 선택하면 어떨까?
- 수입 창출에 도움이 되는 취미를 선택하면 어떨까?

이러한 질문들을 가지기 시작하면서 취미를 다른 시각으로 바라보게 되었다.

라운드당 50달러를 내고 골프를 치는 대신 무료로 테니스를 치면 장비에 대한 지출도 줄고 운동 효과도 높일 수 있겠다는 생각이 들었다. 그리고 어린 시절의 분재 나무에 대한 집착(가라테 키드에서 유래한 것일까?) 대신 채소밭 가꾸기에 집중할 수 있었다. 더 나은 운동 효과를 얻을 수 있고 내가 먹고 팔 수 있는 음식을 만들 수 있다.

세인트루이스 카디널스의 열성 팬이 되기 위해 1년에 500시간 이상 162경기를 모두 시청하지 않아도 된다면 어떨까? 그 시간 중 일부를 비싼 가격으로 물건을 팔고 '승리'의 짜릿함을 느낄 수 있는 이베이(eBay) 취미를 만드는 데 사용한다면 어떨까? 승리의 짜릿함은 내가 통제할 수 없는 무언가(카디널스)에 기반한 것이 아니라, 내가 어느 정도 통제할 수 있고 금전적 이익을 가져다주는 무언가에 기반한 것이다.

금전적 여유를 위해 당신이 진정으로 사랑하는 것을 내려놓으라고 말하는 게 아니다. 솔직하고 이성적으로 판단하여 분별해 보자는 것이다. 당신의 취미가 진정으로 좋아하는 일인지, 아니면 남의 눈을 의식하거나 해온 시간이 아까워서 포기하지 못하는 것인지 질문해 보라. 답이 후자라면, 그 취미를 내려놓고 새로운 것에 도전하기를 추천한다.

린다: 이 챕터의 제목을 읽고 큰 소리로 웃었어요. 밥은 삶의 모든 것이 가능한 한 효율적이기를 원하는 성격이거든요. 그는 시간을 비효율적으로 사용하기 때문에 슬픈 영화 보는 것을 좋아하지 않는다고 말한 적이 있어요. 그 이유를 듣고 의자에서 넘어질 뻔했죠. 이 말은 그의 성격을 대변해 줄 아주 좋은 예시랍니다.

하지만 이 말이 계속 제 머릿속을 맴돌았어요. 그의 말 덕분에 저의 행동들을 새로운 시각으로 살펴보기 시작했죠. 아, 오해는 마세요. 효율적이지 않다고 해서 제가 좋아하는 일까지 관둘 생각은 없으니까요. 그저 불필요하거나 의무감에 의해 반복하는 일은 없는지 스스로 묻게 되었죠.

당신도 스스로 물어보세요. 혹시 여태껏 느끼지 못해서 절호의 기회를 놓치고 있는 것은 아닌지 스스로 꼭 살펴야 합니다.

불편함을 이용해 지출을 조정하라

좋아하는 것을 파악했으니 이제 불필요한 지출을 정리해 보자. 충동적인 지출이 아닌 계획적인 지출을 위해 불편함을 활용할 수 있다. 원하지 않는 지출은 더 어렵게 만들고, 원하는 지출은 더 쉽게 만들면 된다.

제임스 클리어(James Clear)는 그의 저서 《아주 작은 습관의 힘》에서 이렇게 말했다.

"사람들은 종종 제품이 무엇인지가 아니라 어디에 있는지를 보고 선택한다. 물을 먹기 위해 주방에 들어갔다가 식탁 위에 놓인 쿠키 한 접시를 보았다. 그러면 쿠키를 먹기 위해 주방에 들어간 게 아님에도 몇 개를 집어먹게 될 것이다. 집이 아닌 사무실에서도 마찬가지이다. 공용 테이블 위에 항상 도넛과 베이글이 가득하다면, 가끔씩이라도 도넛을 집어 먹지 않을 수 없을 것이다. 자신이 있는 공간과 눈앞에 있는 신호에 따라 습관은 만들어진다. 즉, 환경은 인간의 행동을 형성하는 보이지 않는 손이다."[2]

이러한 넛지(Nudges-사람들의 선택을 유도하는 부드러운 개입)는 우리 주변 곳곳에 있다. 식료품점 진열대에 놓인 물건부터 기기에 사전 설치된 소프트웨어까지. 우리의 의사 결정은 생각하는 것보다 훨씬 더 큰 영향을 받고 있으며, 사소해 보이는 넛지가 방향을 제시하기도 한다. 따라서 마케터가 소비를 유도하려는 경우, 이를 최소화할 수 있는 몇 가지 차단 장치를 마련해 보겠다. 다음은 몇 가지 제안 사항이다.

- 모바일 기기에서 정기적으로 구매하는 모든 앱을 숨기거나 삭제하라.

- 소매업체의 메일링 리스트(온-오프라인 모두)를 구독 취소하라. 10% 할인 쿠폰을 놓칠 수도 있겠지만, 쿠폰을 보지 않음으로써 훨씬 더 많은 비용을 절약할 수 있다.
- 소셜 미디어에서 무분별한 소비를 유발하는 특정 브랜드나 사람을 팔로우하지 마라.
- 일주일에 하루만 아마존(혹은 쿠팡) 등에서 구매하는 규칙을 만들라. 다음 날까지 기다리다 보면 물건에 대한 욕구가 가라앉는 경우가 많다.
- 어려운 방법이 있다. 아마존(혹은 쿠팡)이나 다른 온라인 소매업체에서 신용 카드 정보를 삭제하라. 그러면 구매할 때마다 수동으로 입력하는 게 번거로워서 소비를 줄이게 된다.

이러한 아이디어가 귀찮고 불편하며 재미를 앗아간다고 생각할 수 있다. 나 역시 그랬다. 하지만 배의 작은 방향타처럼, 작은 마찰이 더해지면 물살을 따라 무의미하게 표류하는 것이 아니라 원하는 방향으로 나아갈 수 있다. 목표는 불편함을 통해, 좋아하지만 사랑하지 않는 것에 대한 지출을 줄임으로써 사랑하는 것에 돈을 쓰는 것임을 기억하라. 좋은 것을 거절하고 큰 것에 "예."라고 말할 수 있어야 한다.

린다: 배우자에게 어떤 지출을 줄이라고 말하는 게 좋지 않은 이유를 이제 알겠지요? 우리는 배우자 위에서 군림하기 위해 결혼을 한 것이 아님을 항상 잊으면 안 됩니다. 돈을 혼자서 관리하더라도 배우자는 당신의 파트너랍니다.

사랑하는 사람과 껄끄러운 상황에 대해 대화할 때는, 비록 본인이 옳다 해도 최대한 겸손한 자세로 다가가세요. 목표는, 원하는 것을 얻는 게 아니라 관계를 견고하게 유지하는 것입니다. 더 많은 지출을 하고 싶은 분야가 있는지 물어보세요. 가족 여행을 원하는지, 마사지 받기를 원하는지, 특정 사역이나 단체를 후원하기를 원하는지 등 말이에요. 불필요한 소비를 줄여서 원하는 분야에 관심을 유지하도록 동기부여를 할 수 있어요. 뿐만 아니라, 두 사람은 같은 목표를 가지고 두 가지 꿈을 모두 이룰 수 있어요.

9장

보다 현명하게 지출하는 방법

수년 전, 여동생이 새 차를 사기 위해 12년 된 타우루스(Taurus)를 자동차 딜러에게 팔려고 했다. 하지만 딜러가 제시한 1,000달러는 너무 낮은 금액이었기에 내가 사겠다고 했다.

당시 린다와 나는 서로 반대편에 위치한 곳에서 일용직으로 일하고 있었다. 매일 약 20마일을 운전해서 출근해야 했기 때문에 각자의 자동차가 있었지만, 두 대 모두 연식이 오래되어 자꾸 문제를 일으켰다.

세 번째의 자동차가 당장 필요하진 않았지만, 가지고 있는 자동차가 고장 나면 새 차를 사기 위해 대출이라도 받아야 할 처지였으니 동생의 타우루스는 우리 부부에게 너무 좋은 기회였다.

> ### 간단한 통찰
> 가능하면 주요 구매에 대해 성급한 결정을 내리지 않도록 노력하라.
> 인내심은 항상 더 좋은 거래를 이끌어낸다.

내 여동생의 타우루스는 좋은 차였다. 정기적인 정비를 받았고 잘 달렸다. 그녀의 타우루스만큼 잘 관리된 중고차를 빠른 시일 안에 찾아내기란 쉽지 않을 거라 생각했다. 게다가 겉모습은 12년 된 오래된 타우루스지만, 성능이 좋아서 아내에게 도움이 될 것이라고 믿었다.

린다: 맞아요, 정말 효과가 있었어요!

단점도 별로 없었다(린다가 그 차를 아주 싫어하는 것만 제외하면). 현재 차 두 대가 있으니 당장은 필요하지 않을 수도 있지만, 감가상각 곡선이 매우 낮았기 때문에 여동생에게 저렴하게 구입해 놓는 편이 나을 듯했다(자세한 내용은 잠시 후에 설명하겠다).

린다: 글쎄, 아주 싫어한다는 말은 강한 표현이네요. 하지만….

하지만, 그 누가 상상이나 했을까. 여태 타고 다니던 차의 엔진이 터져서 차 값보다 훨씬 비싼 수리비가 청구될 줄이야. 길 한복판에서 차가 멈춰 버린 경험을 한 나는 그길로 자동차 수리점 정비공에게 차를 팔고 동생에게 구입한 버블 타우루스를 타기 시작했다.

거짓말은 하지 않겠다. 그 후 몇 년 동안 버블을 타고 시내를 돌아다니면서 애교를 부리는 여성들을 밀어내는 것이 힘들었다. 유명 가수 저스틴 비버(Justin Bieber)는 항상 이렇게 피곤하겠구나, 경험해 볼 수 있는 기회였다.

린다: 제가 마지막으로 확인했을 때, 비버는 크록스(Crocs)를 신고 있었어요.

저스틴 비버와 달리 나는 다음 차를 현금으로 살 수 있을 만큼 돈을 모으는 데 4년이 걸렸다. 그리고 모으자마자 낡은 타우루스를 중고차 판매 딜러에게 팔았다. 얼마에 팔았을까? 바로 1,000달러이다. 엄청나지 않은가?

린다: 밥이 동생의 차를 사고 싶다고 했을 때, 저에게 대신 1,000달러만 주면 안 되냐고 말했던 것 같아요. 돈이 아깝고, 필요 없을 거라고 생각했기 때문이죠. 하지만 4년 후 실제로 1,000달러를 받고 나니 그동안 제가 잘못

생각하고 있었음을 인정할 수밖에 없었지요. 그 일은 정말 그를 거부할 수 없게 만들었어요!

자동차를 좋아하는 사람들은 연식이 오래된 차를 운전하는 게 별로 안 내키겠지만, 나는 자동차를 그저 이동수단으로만 여기기에 상관없었다. 덕분에 새 차를 구입하는 지출을 줄여서 내게 필요한 지출을 할 수 있었다.*

상상할 수 있나? 4년 넘게 그 차를 몰고 다니면서 자동차 할부금을 한 번도 내지 않았고, 제 값에 팔았다. 스포츠센터에 금전적 성공에 대한 하이라이트 영상이 있었다면 이 이야기도 포함될 것이다. 극단적인 예이지만 중요한 점을 짚어주고 있다. 감가상각 곡선을 활용하면 엄청난 비용을 절약할 수 있다.

오해: 새 차만 믿을 만하다?

자동차가 고장 나서 수리하게 되면 기본적으로 들어가는 금액이 크기 때문에, 주행거리가 10만 마일(16만 킬로미터)에 도달하면 새 차를 구입해야 한다고 배우며 자랐다. 하지만 자동차 저널리스트 더그 드무로(Doug DeMuro)는 이 통념을 반박했다.

"60~70년대만 해도 자동차는 10만 마일을 넘길 수 없을 것이라고 생각했다. 80~90년대에 자동차가 개선되기 시작했지만 많은 자동차 구매자들은 여전히 10만 마일이라는 수명을 마음속에 새기고 있었다. 사람들은 최근에야 자동차를 제대로 관리하면 20만 마일을 넘길 수 있

---

* 약속했듯이 이것은 나를 위한 이론이 아니다. 나는 이런 걸 실천하고 있다!

다는 사실을 깨닫기 시작했다. 일부는 30만 마일(48만 킬로미터)을 달릴 수도 있다."[1]

기본적으로 장착된 혼다 핏(Honda Fit)으로 아무런 문제 없이 15만 마일 이상 운전했다. 앞으로 20마일을 충분히 넘길 수 있을 것이라고 확신한다.

내가 더블 타우루스를 판 이유는 성장하는 자녀를 위해 더 나은 장비를 갖춘 혼다 파일럿(Honda Pilot)을 구입하기 위해서였다. 엔진이나 변속기에 큰 문제 없이 25만 마일 이상을 운전했지만, 아이의 성장에 맞춰 또 다른 '업그레이드'가 필요했다. 믿을 수 있는 차를 구입하고(이것이 핵심), 합리적으로 관리한다면 10만 마일을 훨씬 넘어도 안전하게 운전하는 데 아무런 문제가 없을 것이다.

2~3년 주기로 새 차에서 벗어나는 데 도움이 된 몇 가지 깨달음을 더 알려주겠다.

1. 이제 자동차는 당신을 고립시킬 가능성이 적다.

자동차는 그 어느 때보다 훨씬 더 발전했다. 이러한 발전은 새로운 문제점을 수반하지만, 사실 오늘날의 자동차는 길가에 고립될 가능성이 적다.[2]

2. 휴대폰이 있다.

아무도 길가에서 고장나는 것을 원하지 않는다. 하지만 99%의 사람들에게는 지나가는 운전자에게 손을 흔들거나 낯선 사람의 집까지 걸어가 휴대폰을 사용하는 것이 50년 전보다 훨씬 덜 무서운 일이 되었다.

3. 차량 공유(호출) 서비스가 있다.

데리러 와줄 친구를 찾을 수 없더라도 일반적으로 10분 이내에 도착하는 서비스를 이용할 수 있다.

우리는 21세기에 살면서 과거와는 다른 안전한 환경에서 오래된 자동차를 운전하는 축복을 받았다. 그러나 아직도 많은 사람들이 부모가 차 고장으로 인해 고립되는 것을 두려워하여 새 자동차를 구매하는 결정을 내린다. 대부분은 오래된 차를 운전하고 싶지 않아한다. 하지만 기쁜 소식은 5~10년 된 차량 중에서도 외관이 새 차와 다름없고 매우 안정적이며 가격은 새 차의 1/4 수준인 차량이 수두룩하게 존재한다는 것이다.

차량에 대한 인식을 변화시킴으로써 가장 큰 비용 절감 기회를 얻을 수 있다. 신뢰할 수 있는 차를 오래 운전함으로써 '2~3년마다 새 차 교체 주기'를 벗어나면 연간 수천 달러를 절약할 수 있는 기회가 열린다.

감가상각 곡선

감가상각이라는 용어를 처음 접하는 사람들을 위해 간단히 설명해 드린다. 감가상각은 시간이 흐름에 따라 물건의 가치가 감소하는 현상을 의미한다. 예를 들어, 새로운 차를 구매하고 출고하는 순간, 해당 차의 가치가 1,000달러 이상 감소한다는 것을 알고 있는가? 이것이 바로 감가상각이다.

감가상각은 우리가 소유한 대부분의 물건 가치를 떨어뜨리는 조용한 살인자라고 생각하면 된다.

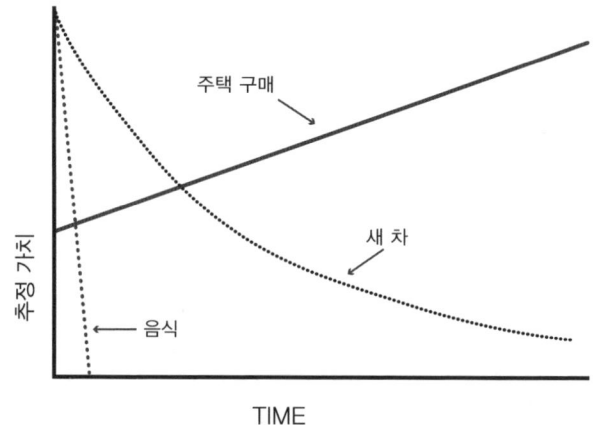

당신이 레스토랑에 가서 생선 타코를 주문한다고 가정해 보자. 15달러를 지불하면서 그만한 가치를 느꼈을 것이다. 그럼 다 먹은 후에는 가치가 얼마나 될까? 안타깝게도 그 타코는 이미 소비되었고 다시 먹을 수 없기 때문에 가치를 지니지 않는다. 더 이상의 소비 없이 그 가치는 없어진 셈이다.

비슷한 맥락에서, 만약 당신이 오늘 20,000달러짜리 새 차를 구입하고 내일 판매한다면 운이 좋다면 19,000달러를 받을 수 있을 것이다. 그러나 3년 후에는 그 가치가 12,000달러로 줄어들 수도 있다. 그리고 결국에는 오래된 차를 팔 때처럼 감가상각이 더 이상 크게 일어나지 않아서 같은 가격에 사고팔 수 있을 것이다.

이제 집을 구입하는 경우를 생각해 보자. 부동산의 가치는 항상 상승하는 것은 아니지만, 안정된 시장에서는 상승하는 경우가 많다. 요점은 어떤 품목에 지출한 1달러가 1개월, 1년, 10년 후에는 그 가치가 크게 변할 수 있다는 것이다. 감가상각이 발생하는 품목에 지출을 줄이면서 가치가 상승하는 품목에 투자할 수 있는 기회를 얻을 수 있다. 이것이 바로, 자산을 효과적으로 관리하고 부를 쌓는 열쇠이다.

감가상각이 발생하는 품목에 대한 지출을 줄임으로써 가치가 상승하는 품목에 투자할 수 있는 기회를 얻을 수 있으며, 이것이 바로 관리 자산(AUM)을 늘리고 부를 쌓는 열쇠이다.

이러한 사실을 깨닫고 이를 구매 결정에 반영하는 것은 매우 중요하다. 그래서 나는 항상 지금부터 1년 후에 이 품목의 가치가 얼마나 될지에 대한 질문을 던지고, 끊임없이 반복한다. 좋은 점은 월급을 받을 때마다 이런 질문을 통해 지출의 우선순위를 결정할 수 있다는 것이다.

우리 대부분은 중산층과 서민층에 속해 있어 소득의 80%를 부동산과 성장하는 투자에 할애할 수 있는 선택권이 부족하다. 그러나 감가상각이 느린 물건을 살 수는 있다. 이것은 관리 자산을 효과적으로 늘리기 시작하는 가장 간편하고 영향력 있는 방법 중 하나이다.

린다: 다시 말하지만, 감가상각이 되는 물건은 절대 사지 말라는 게 아니에요. 그건 비현실적이고 불가능하죠. 우리는 물건을 구입해야 합니다. 하지만 가능하면, 감가상각이 느린 물건을 사려고 노력하라는 겁니다. 그럴 때마다 미래의 주머니에 더 많은 돈이 쌓이게 되고, 그 혜택이 당장 눈에 보이지 않더라도 언젠가는 분명 돌아올 겁니다. 그리고 그만한 가치가 있을 겁니다.

오래된 물건만 사라는 뜻이라고 생각해서 화를 내며 책을 내려놓지 마라. 결코 아니다. 내 목표는 감가상각 곡선을 유리하게 활용하는 방법을 이해하고, 그에 따라 지출의 우선순위를 정하는 것이다. 이를 위한 또 다른 좋은 방법은 항상 가격보다 총가치를 선택하는 것이다.

가격보다는 총가치를 생각하라

우리는 품목의 가격에만 집중할 때는 단기적인 사고방식으로 생각하는 경향이 있다. 반면에 품목의 총가치를 고려할 때는 장기적인 관점에서 품목의 겉모습을 넘어 현재와 시간이 지남에 따른 가치를 본다.

물론 때때로 프리미엄으로 더 많은 비용을 지출하는 것을 의미할 수도 있다. 예를 들어, 나는 지난 15년 동안 애플(Apple) 제품만 사용해 왔다. 애플 제품은 일반적으로 품질이 좋고 신뢰할 수 있기 때문에 그 가치를 더 오래 유지하는 경향이 있기 때문이다. 그래서 휴대폰, 노트북, 시계 등을 다 쓰고 나면 반드시 이베이(eBay)에 가서 판매했고, 다른 브랜드의 제품들에 비해 꽤 좋은 가격을 받을 수 있었다.

> **간단한 통찰**
>
> 유명 브랜드의 중고품을 구매할 때 가장 좋은 가치를 얻을 수 있다. 유명 브랜드의 새 제품보다 중고품을 훨씬 저렴한 가격에 구입할 수 있다. 또한, 유명 브랜드의 중고품은 그렇지 않은 브랜드보다 가치가 더 잘 유지되기 때문에 몇 년 후에도 더욱 가치가 있다.

감가상각이 느린 품목을 어떻게 알 수 있나?

감가상각 데이터는 쉽게 구할 수 없는 경우가 많기 때문에 품목의 장기적인 가치(대체품보다 감가상각이 느린 품목)를 파악해 놓으면 좋다. 가장 추천하는 방법 중 하나는 중고 온라인 스토어를 살펴보는 것이다. 내가 가장 자주 이용하는 곳은 이베이(eBay)이다.* 세계 최대의 중고품 마켓플레이스인 이베이는 많은 품목의 현재 실제 가치를 파악할 수 있기 때문에 편리하다. 특정 품목의 가치를 확인하는 방법은 다음과 같다.

1. Ebay.com을 연다.
2. '고급 검색'을 클릭한다.
3. '판매된 목록' 상자를 선택한다.
4. 품목을 검색한다.

여기에서 해당 아이템이 최근 판매된 정확한 가격을 확인할 수 있다. 스크롤을 내리면 해당 아이템의 실제 가치를 빠르게 파악할 수 있다. 이 방법은 거의 모든 품목에 적용된다. 물론 예외적인 경우도 있지만, 일반적으로 물건의 실제 가치를 판단하는 가장 좋은 방법이다.

이 총가치 중심은 다양한 분야에서 사용할 수 있지만, 가장 큰 효과를 발휘하는 분야는 바로 자동차이다. 이러한 정보는 이미 많이 수집되어 온라인에서 무료로 이용할 수 있다.

---

* 국내 온라인 오픈 마켓의 중고품 카테고리나 당근 마켓 등을 활용하면 된다.(역자 주)

Edmunds.com에서는 다양한 자동차에 대한 총 소유 비용(TCO-True Cost to Own) 수치를 제공한다.*

총소유 비용은 감가상각, 보험, 유지 보수 및 수리, 세금 및 수수료, 연료비 등의 비용을 고려한다. 이 모든 데이터가 하나의 쉬운 수치로 합산되어 3~4대의 차량을 쉽게 비교할 수 있다.

예를 들어, 2020년형 혼다 시빅(Honda Civic)과 포드 퓨전(Ford Fusion)을 비교하면 표면적으로는 가격이 거의 비슷하다. 하지만 총소유 비용을 살펴보면 3,841달러 차이가 난다. 이 분석을 통해, 향후 5년 동안 시빅을 소유하는 것이 퓨전보다 3,841달러 더 저렴하다는 것을 알 수 있다.[3]

2020년형 퓨전 SE 4-도어 세단 (1.5L 4싸이클 CVT)		2020년형 시빅(Civic) 스포츠 4도어 세단 (2.0L 4사이클 CVT)	
보험료	$3,941	보험료	$4,000
유지비	$3,509	유지비	$3,394
수리비	$792	수리비	$612
세금과 공과	$1,860	세금과 공과	$1,624
융자	$4,176	융자	$4,154
감가상각비	$11,909	감가상각비	$9,486

* 국내에서는 'KB 차차차', '헤이딜러' 등의 중고차 매매 사이트가 있으나 총소유비용을 고려하는 사이트는 찾지 못했다. 하지만 국내 몇몇 자동차 관련 커뮤니티나 자동차 회사에서 총 소유 비용을 중시하고 있기는 하다.(역자 주)

유류비	$5,904	유류비	$4,980
총소유 비용	$32,091	총소유 비용	$28,250
구매 가격	$22,970	구매 가격	$22,851

만일 다른 모든 요소가 동일하고 어떤 차를 선택할지 결정할 수 없다면 나는 앞으로 몇 년 동안 3,841달러를 절약할 수 있는 차를 선택하겠다!

> ### 간단한 통찰
>
> 이 글을 쓰는 시점에서 몇몇 브랜드는 경쟁사에 비해 가치를 유지할 수 있는 자동차를 만든다. 초기에는 더 많은 비용을 지불하게 될 수도 있지만, 나중에 판매할 때는 다른 대안보다 훨씬 더 빨리 그리고 훨씬 더 높은 가격에 판매할 가능성이 높다.

모든 결정이 금전적인 것은 아니다

구매 결정에서 돈만 고려하는 것은 아니라는 점이 중요하다. 휴가를 위해 지출한 돈은 금방 가치가 떨어지지만, 휴식과 추억을 통해 얻을 수 있는 혜택도 고려해야 할 중요한 요소이다.

또는 수업을 듣거나 책을 읽는 경우(이번 사례처럼)에는 실제 물건이 아니라 그 물건이 나를 어떻게 변화시키는가에 가치가 있다. 내 경우에는 처음에 책값을 지불한 것보다 100배 이상의 효과를 본 책이 많았다. 이 책도 당신에게 같은 효과를 줄 수 있기를 바란다.

린다: 이 장을 처음 읽었을 때, 제가 무슨 생각을 했는지 알고 싶지 않나요? "자산의 감가상각이 인생을 즐겁게 만드는구나!" 정말 그래요. 문제는 제 '즐거움'이 자칫 어리석게 느껴질 수 있다는 것이에요.

두 가지 모두를 위해 돈을 모으는 것이 중요합니다. 돈을 낭비하지 않는 것도 중요하지만, 인생은 살기 위한 것이니까. 성격 유형에 따라 이 두 가지 중 한 가지를 따라야 해요. 저는 돈을 낭비하지 말라는 말을 따르고 싶고, 밥은 조금 더 잘살기 위한 영감을 따르고 싶어 하죠. 그래서 하나님은 우리에게 서로가 필요하다는 것을 알고 계셨을 겁니다. 우리는 MFEO(Made For Each Other-서로를 위해 만들어진)이랍니다(이런 영화 이름을 지어주세요!).

추가 구매: 성장하는 품목을 구입하라

내가 배운 가장 중요한 재정적 교훈 중 하나는 지출한 모든 달러는 가치가 증가하거나 감소한다는 것이다. 이 말은 당연하고 간단하게 들리지만 이 교훈을 돈의 지출 방식에 적용하는 것의 심오한 힘을 깨닫는 사람은 그리 많지 않다.

이 장의 대부분을 자동차, 전자제품, 옷, 음식과 같이 가치가 감소하는 것에 초점을 맞춰 설명했다. 감가상각으로 인해 손실되는 금액을 줄이는 것이 재정적 발전을 위한 엄청난 기회임에도 불구하고 이 부분은 종종 간과된다.

하지만 관리 자산이 증가하는 것을 실제로 보고 싶다면 감가상각이 전혀 발생하지 않고 시간이 지남에 따라 증가하는 품목에 돈을 지출하기 시작하라. 몇 가지 일반적인 예는 다음과 같다.

- 주택 담보 대출 추가 상환하기.
- 퇴직금 또는 개인연금에 불입하기.
- 주식, 채권 또는 부동산에 투자하기.
- 단순히 저축을 추가하기.

간단한 통찰

(5장에서 설명한 것처럼) 성장하는 것에 대한 투자를 자동화하라. 저축이나 다른 투자 계좌에 넣을 수 있도록 은행 계좌에서 자동으로 100달러가 인출되도록 설정하라. 그러면 지출 계좌에서 충동적인 아마존 구매에 사용할 수 있는 100달러가 줄어든다.

이와 같은 작은 단계를 대수롭지 않게 여기는 경향이 있다. 그런 거짓말을 믿지 마라. 나는 스가랴의 이 말씀을 좋아한다. "작은 일의 날이라고 멸시하는 자가 누구냐. 사람들이 스룹바벨의 손에 다림줄이 있음을 보고 기뻐하리라. 이 일곱은 온 세상에 두루 다니는 여호와의 눈이라 하니라."[4]

그래서 당신이 달러를 지출할 때마다 스스로에게 물어보기 시작하라. "이 돈이 1년 후에 얼마의 가치가 있을까?" 이 습관을 들이면 대부분의 사람들이 주머니에서 돈을 빼가는 지출이 얼마나 큰 비중을 차지하는지 알 수 있을 것이다. 그리고 성장하는 물건을 살 수 없을 때에도 감가상각이 느린 물건을 구입하는 것을 기억하라.

10장

숨겨진 실험

집을 떠나 고풍스러운 카페로 향한다고 상상해 보자. 문 앞에서 환영을 받고 자리에 앉아 메뉴판을 들여다본다. 네 가지 메뉴가 놓여 있고, 그중 한 가지 메뉴만 주문할 수 있다.

이번에는 상상할 수 있는 모든 음식을 제공하는 레스토랑을 상상해 보자. 무한리필 뷔페이다. 눈앞에 펼쳐진 산해진미를 원하는 만큼 접시에 담을 수 있다. 원하면 집까지 배달해 주니 멀리 운전해서 갈 필요도 없다.

1950년대에 신용 카드가 도입되면서 이런 일이 벌어졌다.* 구매할 수 있는 품목의 범위가 상대적으로 제한적이었는데, 신용 카드의 도입으로 인해 확장된 것이다. 즉, 무한리필 뷔페처럼 적정량보다 더 많이 먹게 될 가능성이 높아졌다. 무슨 말인지 알 것이다.

지난 60여 년 동안 우리는 '간편 신용'이라고 부르는, 우리의 능력 범위 내

---

* 우리나라는 신용 카드가 1969년에 도입되었다.(역자 주)

에서 생활하는 데 막대한 지장을 초래한 실험에 동참해 왔다.

실험 결과

우리가 알고 있는 최초의 신용 카드는 1950년대 후반에 등장했다. 신용과 부채의 개념은 수천 년 동안 존재해 왔지만, 신용 카드로 인해 모든 것이 바뀌었다.[1] 신용 카드가 도입되기 전에는 사람들이 돈을 빌려 집이나 자동차, 말을 사기도 했으나 특정 상품을 판매하는 판매자로부터만 대출을 받을 수 있었기 때문에 대출은 제한적이었다.

하지만 1950년대 어딘가에서 은행들은 "사람들이 원하는 곳에서 원하는 물건을 살 수 있도록 돈을 빌려주면 어떨까?"라는 질문을 던지며 이 실험을 시작했다. 그리고 무슨 일이 일어났는지 보라.

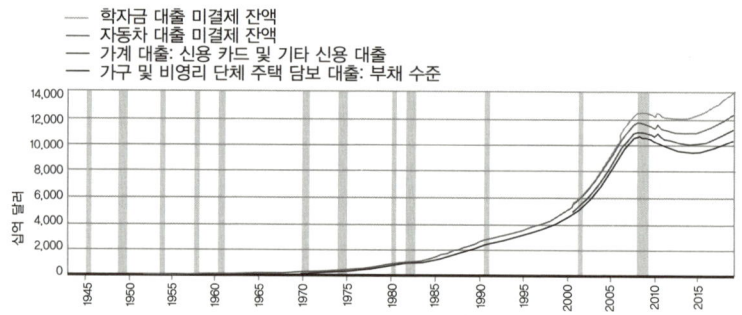

1950년대에 사실상 0에 가까웠던 미국 소비자들의 가계 부채가 2021년에는 14조 달러가 넘었다.[2] 14조 달러는 0이 몇 개가 붙는지 재미삼아 보여주겠다.

14,000,000,000,000달러*

미국의 0달러였던 가계 부채가 이 정도까지 커졌다. 불과 몇 세대 만에 말이다.

그 후의 거짓말

간편 신용 실험을 전체적으로 보면, 은행의 입장에서 이 실험은 대성공을 거두었다. 신용 카드가 이 실험의 핵심이었기 때문에 신용 카드가 이 퍼즐의 가장 파괴적인 부분이라고 생각하기 쉽다.

하지만 나는 그렇게 생각하지 않았다. 이 실험의 가장 파괴적인 결과는 훨씬 더 미묘한 것이라는 생각이 들었다. '부채가 정상이라는 믿음.' 21세기에는 막대한 빚을 지는 것이 '당연한 일'이라는 믿음이 팽배해 있다. 미국 밀레니엄 세대(1980~1990년대 중반에 태어난 세대)의 86%가 빚을 지고 있을 정도로 빚을 지는 것이 당연한 것으로 받아들여지고 있다.[3]

이 단순한 거짓말의 위험은 부채가 정상적이고 누구나 하는 일이라고 생각하면 부채가 필수가 된다는 것이다. 막대한 빚을 지는 것이 21세기에 살기 위한 유일한 방법이 된다. 그러나 이것은 결코 우리를 향한 하나님의 의도가 아니다.

린다: "빚은 정상이다."라는 말에 "이미지가 전부다!"라는 거짓말을 덧붙이

---

* 우리나라의 가계 부채는 2023년 3분기 기준 1,875조 원(약 1조 6천억 달러-달러 환율 1,200원 적용)이다.(역자 주)

고 싶네요. 우리는 다른 사람들이 모두 그렇게 하고 있기 때문에 최근 것을 가져야 한다고 생각합니다.

몇 년 전, 여동생과 길을 가다가 쇼윈도 너머로 마음에 드는 옷을 발견했어요. 저는 여동생에게 "우와, 우아한데! 한번 입어봐!"라고 말했죠. 하지만 그녀는 "글쎄, 오늘은 안 돼."라고 대답했어요. 저는 순간 그녀가 돈이 빠듯해서 거절했다는 생각이 들어서 미안하다고 말했어요. 그러자 그녀는 어깨를 으쓱하며 "음, 난 저 옷을 입어도 안 입어도 똑같아."라고 말했죠. 저도 눈을 크게 뜨며 "그래, 이 옷이 없어도 넌 똑같아!!"라고 말했습니다.

몇 년이 지난 지금에도 전 여동생의 말을 반복해서 생각한답니다. 새 옷장이나 최신 기술 기기 등에서 자신을 찾으려 한다면 결코 만족할 수 없을 거예요. 저를 온전히 알고 사랑받는 존재가 되었을 때 비로소 새 셔츠가 그다지 중요하지 않음을 알게 됩니다. 그것은 단지 즐거움을 위한 것이지, 검증을 위한 것이 아니니까요.

다른 주인

예수님은 우리를 죄의 속박에서 벗어나 또 다른 주인에게 빚을 지고 노예가 되게 하려고 구원의 사명을 가지고 이 땅에 오신 것이 아니다.

작가 크레이그 힐(Craig Hill)은 이를 다음과 같이 설명한다.

"하나님이 우리 교회에 직접 육신의 모습으로 나타나셔서 교회가 선교 프로젝트에 재정적으로 참여하라고 요청한다 해도, 대부분의 사람들은 원하든 원하지 않든 그렇게 할 수 없을 것이다. 월수입의 100%가 이미 부채 상환에 할당되어 있기 때문이다. 그들은 먼저 만족시켜야 할 다른 많은 '주인들'이 있기 때문에 현실적으로 주인에게 순종할 수 없다."[4]

> 예수님은 우리를 죄의 속박에서 벗어나 또 다른 주인에게 빚을 지고 노예가 되게 하려고 구원의 사명을 가지고 이 땅에 오신 것이 아니다.

우리가 빚의 노예가 되면 하나님이 인도하시는 일을 할 수 있는 완전한 자유를 얻지 못한다. 빚은 하나님께 쓰임 받는 우리의 능력을 방해할 수 있고, 종종 방해한다.

목사인 친구가 교회에서 직원으로 일하도록 부름을 받았다고 느낀 한 성도의 이야기를 들려주었다. 그들은 기분 좋게 시작했지만, 급여가 생각보다 높지 않자 직원은 무너졌다. 그는 매달 빚을 갚아야 하는 금액이 수천 달러에 달했던 것이다. 그는 자신이 그 직책에 부름을 받았다는 것을 알았지만, 사역을 위해 상당한 급여를 삭감하는 것은 불가능하다는 것을 깨달았다.

나는 이런 이야기를 수없이 들었다. 진정한 주인인 하나님의 부름을 받았지만, 빚 때문에 많은 다른 주인에게 얽매여 하나님이 부르신 곳으로 갈 수 없는 사람들의 이야기 말이다.

문제의 근원

하나님은 당신을 빚에서 벗어나게 해줄 수 없다. 대담한 선언처럼 들리겠지만, 우리의 자유 의지가 제거되지 않는 한 그분은 단순히 그렇게 할 수 없다. 하나님께서 아무리 초자연적으로 우리를 빚에서 벗어나게 해주신다 해도, 우리에게는 자유 의지가 있기 때문에 다시 옛 습관으로 돌아가 수입보다 더 많이 지출하고 다시 빚을 지게 될 수 있다. 빚에서 벗어나려면 먼저 빚의 근본 원인을 해결해야 한다.

하나님께 20파운드를 감량해 달라고 기도했는데 다음 날 20파운드가 더 가벼워졌다는 사람을 만난 적이 있나? 하나님이 그렇게 해줄 수 있을까? 우리가 체중 감량을 위해 기도를 한다는 것은, 체중 감량으로 이어지는 생활 습관의 변화를 도와주실 가능성이 높다는 것을 당연히 알고 있다고 생각한다.

그리고 모든 빚을 갚으라는 수표를 우편으로 받을 수도 있지만(물론 그렇게 되기를 바란다!), 나는 하나님께서 빚으로부터 자유로워질 수 있는 생활 방식의 변화를 도와주실 가능성이 훨씬 더 높다고 생각한다.

비밀로 가득 찬 신발 상자

린다가 나의 청혼에 승낙한 후 우리는 서로의 진실을 공유하기 시작했다. 서로의 재정 상황에 대해 말하는 중에 그녀가 신발 상자를 나에게 건네주었다. 그 당시, 우리 둘 다 재정 상황이 좋지 않았지만, 린다의 상황이 어느 정도인지 전혀 가늠하지 못했다. 나에게 건넨 신발 상자를 열어보니 그 안엔 무언가로 꽉 차 있었다.

100달러짜리 지폐가 가득 들어 있나? 우리의 신혼여행을 위한 돈인가? 아마 강아지를 구입하고 싶었을지도 모르지. 그것도 흥미있겠군.

하지만 그 안엔 봉투들이 들어 있었고, 자세히 보자 모두 신용 카드의 이름이 적혀 있었다. 씨티은행, 디스커버, 체이스였다. 100달러 지폐가 가득 들어 있을 거라는 내 상상과의 정반대였다. 물론, 내 상황도 별반 다르지 않았기에 우리는 돈에 대해 본격적으로 대화를 시작했다.

제일 먼저, 결혼 생활에 가져올 빚을 모두 털어놓았다. 그리고 이 빚을 갚기 위해 함께 노력하기로 약속했다. 더 이상 아내의 빚과 나의 빚이 아니라 우리의 빚이 되었다.

린다: 죄책감 없이 재정에 대처하는 법을 배운 첫 번째 교훈이었어요. 저는 제 재정 상황이 얼마나 무질서하고 혼란스러웠는지 너무 부끄러워서 밥에게 제 엉망진창인 상황을 보여주기가 두려웠죠. 하지만 막상 보여주고 나니 (밥이 제 '서류 정리 시스템'을 어처구니가 없어 했지만) 혼자가 아니라는 사실을 깨달았어요. 우리가 힘을 합쳐 이 문제를 해결할 수 있다는 것을요. 더 이상 수치심에 지배당하지 않고 사랑이 주는 자유를 누릴 수 있다는 사실에 너무 감사하고 안도했습니다.

부채 눈덩이

산더미처럼 쌓인 빚 앞에서 한 치 앞을 내다보기 어렵고 무너져 내리는 기분이 들기 쉽다. 때로는 극복할 수 없을 것 같지만, 하나님의 은혜가 있다면 부채 산을 포함한 어떤 장애물도 극복할 수 있다. 빚을 갚기 위한 실용적인 전략 중 하나이자 내가 가장 추천하는 방법은, 부채 눈덩이이다.

간단히 말해, 가장 높은 이자율에서부터 작은 이자율 순서로 부채를 갚는 것이 아니라 잔액이 가장 적은 부채에서부터 잔액이 가장 큰 부채 순서로 갚는 것이다. 나처럼 숫자에 문외한인 사람에게는 가장 높은 이자율부터 갚는 것이 가장 합리적이다. 하지만 눈덩이 접근법은 더 빠른 목표에 우선순위를 둔다. 그리고 실제로 이 방법이 다른 방법보다 효과적이라는 것을 입증하는 연구 결과도 있다.[5]

당신의 첫 번째 부채를 갚았을 때 만족감을 느낄 수 있다는 것은 정말 기분 좋은 일이다! 하지만 최고 이자율에 집중하다 보면 첫 이정표에 도달하기까지 몇 달 또는 몇 년이 걸릴 수도 있다. 당신은 가시적인 격려 없이 그렇게 오래 버틸 수 있을 만큼 인내심이 있는가? 작은 목표가 되는 이정표에 우선순위를 두는 것은 본질적으로 스스로의 치어리더 역할을 하는 것이다.

부채 눈덩이를 실행하려면 잔액이 가장 적은 부채(부채 A라고 하겠다)를 제외한 모든 부채에 대해 최소한의 금액만 지불하는 것부터 시작하라. 부채 A에 최대한 많은 금액을 갚아라. 그다음에, 부채 A에 지불하던 모든 금액을 그다음으로 작은 부채에 지불하라. 이 과정을 부채 목록의 아래로 계속 진행한다. 갚을 때마다 상환액이 커지고, 부채가 더 빨리 상환되며, 그 추진력이 눈덩이처럼 움직이기 시작하기 때문에 '부채 눈덩이'라고 이름을 붙였다.

예를 들어, 만일 당신이 매달 부채를 상환할 추가적인 300달러를 가지고 있다고 가정해 보자.

부채	잔액	최소 지불 금액	이번 달에 지불할 수 있는 금액
부채 A	$1,000	$100	100+300=$400
부채 B	$4,000	$250	$250
부채 C	$3,000	$50	$50

부채 A를 상환하기에 성공했다면, 부채 C를 상환하기 시작한다.

부채	잔액	최소 지불 금액	이번 달에 지불할 수 있는 금액
부채 A	$0	$0	$0
부채 B	$4,000	$250	$250
부채 C	$3,000	$50	50+100+300=$450

가장 큰 동기 부여

이 신발 상자 대화를 통해 우리 부부는 매달 신용 카드 회사에 수백 달러의 이자를 지불하고 있다는 사실을 알게 되었다. 하나님의 부르심에 시간을 바칠 수 없었던 성도들처럼, 우리도 하나님이 마음에 두신 대의나 상황에 기부할 수 없다는 것을 알게 되었다. 기부하고 싶었지만, 우리는 다른 주인에게 묶여 있었다.

카드 명세서를 살펴보니 몇 년 전에 구매하고는 잊어버린 물건의 할부 이자로 매달 수백 달러를 지불하고 있었다. 그 탓에 친구, 단체, 가족 등 도움이 필요한 곳에 기부할 수 있는 금액은 10달러 정도에 불과했다. 우리는 도움을 줄 수 없다는 사실에 좌절하고 가슴이 아팠다.

그러던 중, 신용 카드를 대금을 갚으면 매달 수백 달러를 즉시 확보할 수 있다는 사실을 깨달았다. 생활 수준에는 전혀 영향을 주지 않으면서 우리 마음과 가까운 곳에 기부할 수 있는 돈이었다. 우리는 개인 지출을 전혀 줄이지 않고도 비자카드(우리가 신경 쓰지 않는)에 지불하던 수백 달러의 이자 비용을 줄여서 우리의 신념인 기부 단체에 이 돈을 이체할 수 있었다. 이것은 게임 체인저였다.

빚 없는 삶을 상상해 보라. 매달 수백 달러의 여유 자금이 생긴다고 상상해 보라. 이 돈으로 무엇을 하겠나? 매달 300달러가 추가로 생긴다면 어떻게 하겠나? 500달러는 어떨까? 1,000달러는 어떨까?

부채의 반대편에 무엇이 있는지 알게 되면 재정 여정에 동기를 부여하는 요소를 발견하게 될 것이다. 그 한 가지 동기가 당신을 모든 고난과 역경을 헤쳐 나갈 수 있게 해줄 것이다.

내 꿈은 당신이 재정적으로 자유로워져서, 하나님께서 당신이 사업을 시작하도록 이끄시거나 선교 여행을 가거나 기부를 하거나 당신을 인도하는 다른 일을 하시도록 할 때, 준비되어 있고 "예."라고 말할 수 있는 것이다.

11장

신용 카드를 마스터하기 위한 3가지 규칙

신용 카드는 전기톱에 비유될 수 있다. 전기톱은 매년 많은 사람들이 다치는 위험한 전동 공구이다. 하지만 내가 큰 나무를 잘라야 할 때는 조심스럽고도 책임감 있게 사용하여 많은 도움을 받을 수 있다. 주의를 기울여 조심히 사용한다면 전기톱은 우리에게 유익함을 주겠지만, 그렇지 않으면 해를 끼칠 수도 있다. 그렇다면 전기톱을 책임감 있게 사용할 수 있을지 모를 사람에게 이 도구를 선뜻 내어줄 수 있겠나? 전혀 그렇지 않다. 신용 카드도 마찬가지이다.

신용 카드의 잠재적인 해로움 때문에 사람들은 신용 카드를 악하다고 생각한다. 하지만 주택 담보 대출 회사, 신용 조합, 학자금 대출보다 악하지 않다.* 신용 카드는 우리가 이용할 수 있는 다양한 금융 도구 중 하나일 뿐이다.

---

* 미국의 학자금 대출 이자는 5% 고정이고, 우리나라는 2023년에 1.7%로 그 차이를 고려해서 이해해야 한다.(역자 주)

전기톱을 포함한 모든 도구는 삶을 개선하는 데 도움이 되어야지 해가 되어서는 안 된다. 신용 카드를 사용하여 재정 상황을 개선할 수 있다면 계속해서 현명하게 사용하라. 그렇지 않다면 신용 카드를 없애고 다른 도구를 사용하라.

만일 당신이 신용 카드를 사용하기로 결정했다면, 책임감 있게 사용하도록 돕는 세 가지 규칙을 알려주겠다.

린다: 제스 코널리(Jess Connolly)가 본인이 가진 특정한 습관이 하나님께서 기적을 행할 여지를 남겨두지 않는다고 말하는 것을 들은 적이 있어요. 저는 규칙이 없는 신용 카드가 동일한 것이라고 생각해요. 신용 카드는 과다 지출이 가능하므로 많은 사람들에게 습관이 되어버렸죠. 갚을 수 있을 거라는 막연한 믿음으로 하나님보다 신용 카드를 더 신뢰하기 시작했어요. 맙소사!

그러나 적정선을 긋고 신용 카드 사용에 엄격한 규칙을 적용하기로 결정하면 어떻게 될까요? 우리 자신을 제한하면, 우리 재정에서 일하시는 하나님의 무한한 능력을 볼 수 있습니다.

우리의 세 가지 규칙

린다와 나는 대부분의 일상적인 지출에 직불카드를 사용한다. 신용 카드를 사용하게 된다면 책임감 있게 사용한다. 현재 우리는 100% 빚이 없는 상태(주택 담보 대출금 상환 포함)이고, 나의 목표는 나머지 생애 동안 이자를 한 푼도 내지 않는 것이다.

이 규칙들은 신용 카드가 제공하는 혜택을 얻으면서도 그 목표에 도달하는 데 도움이 되고 있다.

1. 재량 지출에 사용하지 마라.

진실은, 현금을 사용할 때보다 신용 카드를 사용할 때 더 많은 지출을 하게 될 가능성이 높다는 것이다. 이를 방지하는 비결은, 그렇게 하지 않도록 시스템을 만드는 것이다.

이를 위한 한 가지 방법은 재량 지출에 신용 카드를 사용하지 않는 것이다. 재량 지출은 필요 이상으로 지출하도록 유혹하는 항목이다. 우리 가정에서는 외식, 의류(린다의 경우), 로우스(식료품 마켓, 나의 경우), 식료품 또는 생활용품 등이 이러한 비용에 포함된다.

우리는 인터넷 요금, 보험료, 기타 공과금 등 재량권이 없는 비용에만 신용 카드를 사용한다. 우리가 이렇게 하면, 필요 이상의 지출을 하고 싶은 유혹을 받지 않기 때문에 지출을 통제할 수 있다.

간단한 통찰

공기업들의 청구서를 확인해 보면 대부분의 비재량 지출이 매달 거의 동일한 경향이 있다는 것을 알 수 있다. 따라서 매달 은행에서 신용 카드로 자동 결제되도록 예약하는 것이 매우 쉽다.

---

2. 절대 잔고를 가지고 다니지 말라.

호신술 고수들에게 싸움을 이기는 가장 좋은 방법은 어떤 대가를 치르더라도 싸움을 피하라는 규칙이 있다. 잔고 없이 신용 카드를 사용하는 것이 힘들다면 그냥 도망쳐서 싸움을 피하라. 직불카드를 사용하라. 신용 카드는 지갑에서 꺼내서 옷장 어딘가에 숨겨두라. 그래도 유혹이 느껴진다면 가위로 잘라 버리라!

린다와 내가 결혼했을 때, 이것이 바로 우리였다. 우리는 제1 규칙이 없었고 지출을 통제할 수 없었다. 그래서 신용 카드를 모두 해지했다. 모든 비용을 현금이나 직불카드로 지불했다. 7년 동안 신용 카드 없이 살았다. 그리고 재정적으로 좀 더 탄탄해지고 조금 더 성숙해졌을 때 다시 시도하기로 결정했다. 하지만 계좌를 개설하기 전에 단 한 번이라도 잔고를 완납하지 못하면 계좌를 해지하기로 약속했다. 그 약속을 한 후에야 세 번째 규칙으로 이끄는 좋은 멤버십 카드를 개설할 수 있었다.

3. 자신에게 맞는 신용 카드를 만들라.

대부분의 사람들은 평균적인 보상 프로그램과 좋은 보상 프로그램 사이에 얼마나 큰 차이가 있는지 이해하지 못한다. 2배가 아니라 10~50배 정도 차이가 난다. 1년 내내 카드를 사용하면서 50달러의 보상을 받는 것과 1,600달러의 보상을 받는 것의 차이와 같을 수 있다. 캐시백부터 마일리지까지, 좋은 멤버십 카드의 혜택은 엄청날 수 있다. 그렇지 않다고 말하는 사람들은 올바르게 카드를 사용하고 있지 않을 뿐이다.

대부분의 카드가 제공하는 사기 보호 서비스는 특별한 혜택이다. 또한, 많은 회사들이 연장 보증 및 보험과 같은 소비자 구매 보호 서비스를 제공한다.

신용 카드를 사용할 예정이라면 누가 가입하라고 공짜 티셔츠를 준다고 해서 그냥 사용하지 마라. 공부를 해서 좋은 신용 카드를 찾아보라. 신용 카드를 찾을 때 내가 고려하는 몇 가지 기준은 다음과 같다.

- 연회비: 모든 것이 동일하다면 0달러를 선호하지만, 연회비 99달

러를 지불할 가치가 있을 정도로 훌륭한 보상을 제공하는 서비스도 있다.

- 연이율: 이것은 당신의 이자율이다. 일반적으로 낮을수록 좋지만, 절대 잔고를 보유하지 않는 규칙을 준수한다면 크게 상관없다. 또한, 일부 카드는 신규 구매 및 잔고 이체 시 더 낮은 초기 연이율(예: 12개월 동안 0%)을 제공하는 경우도 있다.
- 잔고 이체 수수료: 한 카드에서 다른 카드로 잔고를 이체할 때 지불해야 하는 금액이다. 잔고가 5,000달러인 카드에 24%의 연이율이 부과되는 카드가 있다고 가정해 보겠다. 12개월 동안 잔고 이체 시 0%의 프로모션 혜택을 제공하는 또 다른 카드를 찾았다면, 12개월 동안 0% 이자율을 적용받기 위해 3%의 잔고 이체 수수료($5,000x3%=$150)를 지불하는 것이 합리적일 수 있다.
- 적립률: 이것은 보상이 적립되는 비율이다. 1달러 지출당 1포인트가 적립되는 것이 일반적이다. 포인트의 가치는 매우 다양하지만 일반적으로 많을수록 좋다.
- 가입 보너스: 많은 카드가 큰 보너스를 제공한다(나는 10만 포인트 가입 보너스까지 본 적이 있다). 보너스를 받으려면 일반적으로 지출 요건(예: 3개월 이내에 카드로 2,000달러를 사용)이 있다. 우리는 보너스로 10일간 호텔 숙박비를 모두 충당했으니, 여기에는 많은 잠재력이 있다.

언급할 만한 다른 몇 가지 사항

1. 신용 카드가 없어도 신용을 쌓을 수 있다.
신용 카드를 매달 갚아나가는 것이 신용 기록을 쌓는 방법 중 하나이긴 하지만, 이것이 유일한 방법은 아니다. 학자금 대출, 자동차 대출, 신용 대출, 임대료(신고된 경우), 그리고 때로는 공과금으로도 당신의 신용을 쌓을 수 있다.

2. 자동차를 빌리는 데 신용 카드가 필요하지 않다.

몇 년 전만 해도 직불카드를 사용할 수 있는 렌터카 회사를 찾기가 어려웠기 때문에 신용 카드를 사용할 수밖에 없었다. 다행히도 이제는 더 이상 그렇지 않다. 거의 모든 주요 렌터카 업체에서 직불카드를 사용할 수 있다.

3. 긴급 상황에서도 신용 카드가 필요하지 않다.

대담한 발언이라는 것을 안다. 하지만 이것이 바로 나를 포함한 많은 금융 코치들이 비상 저축 펀드를 추천하는 이유이다. 현금으로 지불하는 것이 빚을 지는 것보다 훨씬 더 흥미있다(결코 재미있지는 않지만, 더 흥미는 있다).

500~2,000달러의 비상금을 저축하는 것이 좋은 시작점이 될 수 있다. 그래서 비상사태가 발생했을 때 적금이나 신용 카드로 달려가지 말 것을 기억하라. 대신, 진정한 공급자이신 하나님께 달려가 기도하는 마음으로 그분이 어떻게 처리해 주실지 물어보라.

빠른 시작 - 1부

이제 엘리야처럼 망토를 허리춤에 집어넣고 자연스러운 발걸음을 내딛어 하나님께서 초자연적인 일을 방해받지 않고 행하실 수 있도록 도와드릴 때이다.

1. 당신의 지출 탐색을 시작하라.

(복습을 위해 52~60페이지를 다시 읽어보라.)

당신의 지출 내역을 아직 탐색하지 않았다면, 오늘부터 당신이 어디에 (생각한 곳이 아니라) 돈을 쓰고 있는지 정확히 알아보라. 퍼스널 캐피탈(PersonalCapital.com*)을 가장 추천한다. 또는 모든 구매 내역을 직접 기록할 수도 있다. 시간이 조금 더 걸리겠지만, 두 가지 방법 모두 실제로 지출 상황을 파악하는 데 도움이 된다.

○ 도구를 선택하여 지출 탐색을 시작하라.

---

* 국내 유사 앱은 '똑똑 가계부', '편한 가계부' 등이 있다.(역자 주)

2. 관리 자산(AUM)을 계산하라.

(복습을 위해 38~45페이지를 다시 읽어보라.)

이번 도전은 관리 자산(AUM)에 관한 것이다.

○ 2장에 설명된 지침을 사용해서 개인 관리 자산을 파악하라.
○ 캘린더에 알림을 설정(또는 시리, 알렉사 또는 구글에 알림을 요청)하여 6개월마다 이를 업데이트하거나 확인하여 진행 상황을 확인하라.

3. 자동으로 만들어라.

(복습을 위해 61~65페이지를 다시 읽어보라.)

아래의 공란을 사용하여 자동화할 수 있는 모든 작업의 목록을 작성하라. 다음은 실행에 옮길 수 있는 몇 가지 아이디어이다.

○ 은행의 청구서 납부 서비스를 사용하여 월별 청구서나 기부금을 자동으로 송금하라.
○ 은행에 자동 이체를 예약하여 매달 저축 계좌로 돈을 이체하라.
○ 인사팀과 협력하여 급여의 일부를 직장의 은퇴 플랜에 적립하라.

_____

_____

이제 목록에서 한 가지 항목을 선택하여 자동으로 설정하라. 한 가지만 자동화하라. 나중에 이 목록으로 돌아와서 나머지를 자동화할 수 있다. 하지만 지금은 작은 한 걸음을 앞으로 나아가는 것만으로도 승리이다.

4. 책임감에 대해 솔직해져라.
(복습을 위해 74~79페이지를 다시 읽어보라.)

몇 가지 어려운 질문을 해보겠다. "당신의 자금 관리 방법(예산, 지출 계획)에 어떻게 책임을 지고 있나? 실패를 방지하기 위해 어떤 통제가 있나?"

만일 당신이 책임감을 갖고 재정 목표를 성취하는 데 도움이 되는 예산이나 지출 계획이 있다면, 내가 하이파이브를 하고 있고 당신은 이 하이파이브에 대한 무료 입장권을 받는다고 상상해 보라. 하지만 그렇지 않다면 단일 범주 예산을 설정해 보라.

목표는 실제로 책임을 지는 돈 관리 방법을 찾는 것이다. 어떤 시스템을 사용하든 실패하기는 어렵고 성공하기는 쉬워야 한다.

- 현재 하고 있는 일이 자신에게 책임을 지게 하는지 판단하라.
- 그렇지 않다면, 당신의 지출에 대한 책임감을 만들기 위해 단일 범주 예산을 설정하라.

5. 이유를 찾아라.
(복습을 위해 80~89페이지를 다시 읽어보라.)

"살아야 할 이유가 있는 사람은 거의 모든 방법을 견딜 수 있다"[1]는 말을 들어본 적이 있다. 재정적인 삶도 마찬가지이다. 재정적으로 변화하려는 큰 동기를 부여하는 이유가 필요하다.

   오늘 우리는 백일몽을 꾼다. 진지하게. 15분 타이머를 설정하고 우주의 하나님이 당신의 재정 생활에 어떤 일을 할 수 있을지 상상해 보라. 큰 꿈을 꾸라. 결국 우리는 큰 하나님을 섬기고 있다. 어려움을 겪고 있다면 몇 가지 질문을 통해 도움을 받아라.

- 이 책을 구입한 이유는 무엇인가?
- 당신의 재정적 상황 때문에 앞으로 나아가지 못하는 꿈은 무엇인가?
- 재정 생활에서 어떤 변화를 보고 싶은가? 만일 결코 변화가 없다면 무엇이 위태로운가?

○ 오늘, 당신의 이유를 명확히 해보라. 아래의 공란에 동기를 적어라.

_____

_____

_____

○ 추가 크레딧: 당신의 동기를 적은 문서를 출력하라. 잘 보이는 곳에 붙여두면, 매일 이 작업을 계속하면서 왜 하는지 이유를 스스로에게 상기시킬 수 있다.

2부
할 수 있는 모든 것을 벌어라

(하나님의) 자녀들의 손에서 (돈은) 배고픈 자에게는
양식이 되고, 목마른 자에게는 음료가 되며, 헐벗은 자에게는 의복
이 된다. 그것은 여행자와 나그네에게 머리를 둘 곳을 제공한다. 그
것으로 우리는 과부에게 남편의 자리를,
아버지 없는 자에게 아버지의 자리를 제공할 수 있다.
우리는 억압받는 자의 변호인이 되고,
병든 자의 건강 수단이 되며,
고통받는 자의 안식처가 될 수 있다.
눈먼 자에게는 눈이 되고,
절름발이에게는 발이 되어
죽음의 문에서 끌어올려 주는 존재가 될 수 있다!

-존 웨슬리(John Wesley)

22살 때 나는 금융 서비스 기업 본사의 초급 사원으로 입사했다. 비록 말단 사원이었지만 10년 안에 이 초고층 빌딩의 전망 좋은 사무실을 차지하겠다는 목표를 세웠다. 나에게 있어 전망 좋은 사무실은 전형적인 기업 성공의 상징이었다. 그런 사무실을 차지한다는 것은 내가 성공했다는 증거였다. 내 자신과 내 일이 중요하다는 증거였다. 나는 야심차게 시작했지만, 속도는 더디기만 했다.

나는 헨리 포드의 조립 라인 모델 부서에 소속되었다. 모든 팀원들은 매일 8시간씩 한 가지 작업을 반복해서 수행했다. 그게 너무 힘들고 매 순간이 싫었다.

처음에 생각했다. "그냥 열심히 일해야겠다. 나는 열심히 일하는 걸 잘하거든. 그냥 열심히 일하면 되겠지. 열심히 일하면 더 좋은 자리로 승진할 수 있고, 10년 후에 내 목표를 성취할 수 있을 거야."

하지만 몇 달 동안 나는 내 계획에 몇 가지 중요한 문제점을 발견했다. 첫 번째 결점은, 인정하기 고통스럽지만 일에 능숙해지지 않았다. 매일 주문이 들어오는 40~50개의 신청서 데이터를 컴퓨터에 입력해야 했다. 너무 지루하지 않겠는가? 데이터를 타이핑하다가 꾸벅꾸벅 졸기도 일쑤였다. 신청서를 고작 세 개 정도 입력하고 나면 마음이 방황하곤 했다. "노키아 휴대폰에서 지금 당장 콜드플레이(Coldplay)의 새 앨범 스네이크(Snake)를 몇 분만 재생하면 집중할 수 있지 않을까 싶다. 그러나 CD를 차에 두고 왔다. 집중해, 밥! 다시 일해, 이제 42개만 더 하면 퇴근할 수 있어." 그리고 계속 그렇게 했다. 세 살짜리 아이에게 교회에서 8시간 동안 아무 소리도 내지 말고 가만히 앉아 있으라고 부탁하는 모습을 상상해 보라. 그게 나였다.

내 계획의 두 번째 결점은, 다음 승진을 위한 경쟁자가 10년, 20년 동안 이 일을 해왔다는 것이었다. 그들은 모든 질문에 대한 해답을 알고 있었고, 그 시나리오도 많았다. 베테랑들은 10년 이상 이 일을 해왔기 때문에 나보다 훨씬 더 빨랐다. 무엇보다도 그들 대부분은 나처럼 반짝이는 물건 증후군에 시달리지 않는 것 같았다.

당신이 상사라면, 일 처리가 서툴고 느리고 산만하기 짝이 없는 신입 사원과 모든 답을 알고 있고 집중력과 효율성이 뛰어난 10년 이상 경력의 베테랑 중 누구를 승진시킬까? 아주 쉬운 결정이다.

나의 터닝 포인트

1년 동안 열심히 일하고 고군분투한 끝에 나는 작은 승진에 성공했다. 하지만 이 회사에서 전망 좋은 사무실을 차지할 가능성은 여전히 희박했다. 커리어를 발전시키려면 더 많은 성장 기회가 있는 다른 곳으로 옮겨야겠다고 결심했다.

다행히도 경영학 학사 학위를 거의 마쳤을 때였고, 이것이 도움이 될 것이라고 생각했다. "액자에 양각으로 새겨진 이 5만 달러짜리 종이를 손에 넣자마자 인사부에서 고액 연봉의 일자리 제안이 날아올 거라고."

대학을 졸업했으니 이제 '진짜' 돈을 벌어야 할 때였다. 기분이 좋았다! 영화 '스테잉 얼라이브(Staying Alive)'의 존 트라볼타처럼 멋지게 돌아다니며 채용 담당자 여러 명에게 내 이력서를 건넸다. 하지만 놀랍게도 내 대학 학위에는 아무도 신경 쓰지 않았다. 내가 지원한 모든 부서는 대학 학위보다도 실제 실무 경험에 더 관심을 기울였다.

여러 부서에 지원했고, 낙방을 반복하다가 다행히도 새로운 곳에서 일하게 되었다. 아이비리그 졸업생들이 조끼 달린 정장을 입고 복도를 활보하는 모습이 신나고 재미있으면서도 엄청나게 수익성이 좋아 보였다. 초봉은 이전 직무에 비해 그다지 좋지 않았고, 기본적으로 수평 이동이었기 때문에 상당히 실망스러웠지만 긍정적으로 생각하려고 노력했다. 결국 성장할 수 있는 여지가 훨씬 더 많아 보였기 때문에 이곳을 계속 유지하기로 결정했다. 하지만 곧 내가 생각했던 부서가 아니라는 것을 깨닫게 되었다. 같은 층에 있었지만 각 그룹에 대한 사회적 낙인과 기회는 매우 달랐다.

1~2년 정도 지나고 나자 이 부서에서는 승진하는 경우가 거의 없다는 것을 알게 되었다. 대부분의 동료들이 수년 또는 수십 년의 경력자였기 때문에 승진할 여지가 거의 없는 막다른 골목이었던 것이다. 설상가상으로, 나는 이 일을 정말 잘하지 못한다는 사실도 알게 되었다. 막다른 골목에 제대로 갇힌 기분이었다.

운이 좋은 어느 날, 우연히 완벽한 일자리를 알게 되었고, 즉시 지원했다. 급여가 40%나 인상되고, 승진의 가능성도 높은 곳이었다. 이것이 바로 내가 오랫동안 기도하고 믿어왔던 돌파구였다.

두 번의 면접을 성공적으로 마쳤다. 나는 다른 지원자들보다 대학 학력도 높고 경력도 풍부했다. 내 생각에는 내가 그 직책에 적합한 유일한 지원자였다. 측정 가능한 모든 지표가 나를 가리키고 있었다. 나는 확신했고, 린다와 나는 인상된 급여를 어떻게 사용할지 이미 계획하고 있었다.

나는 아직도 그날의 정확한 시간, 책상 위에 쌓여 있던 서류, 심지어 그날 오후 상사로부터 내 동료의 합격을 축하하는 대량 이메일을 받았을 때 하늘에 구름이 몇 개였는지까지 기억한다. 무인도에 갇힌 것 같았고 몇 년 만에 본 비행기가 방금 지나간 것 같았다.

망연자실했다. 내가 싫어하고 잘하지 못하는 일을 계속해야 할 운명처럼 느껴졌다. 돌파구를 기다리며 계속 기도했지만, 아무런 변화가 없는 것처럼 느껴졌다. 여러 번 떠나고 싶었지만, 하나님이 항상 나를 그곳에 두시려는 것처럼 느껴졌다. 말이 되지 않았다. 한 해가 지나고 한 달이 지날수록 나는 더욱 잊혀지고 갇힌 느낌을 받게 되었다. 그리고 전망 좋은 사무실에 대한 꿈은 먼 기억이 되었다.

린다: 배우자가 모든 소망을 잃었을 때, 배우자를 믿어주는 것이 매우 중요합니다. 말로 격려하고 용기를 북돋아주고 기도의 전사가 되는 것을 잊지 마세요. 때로는 밥이 너무 침울해서 어떤 말도 도움이 되지 않을 수도 있어요. 하지만 그를 위해 기도로 싸우는 것이, 제가 할 수 있는 가장 도움이 되는 일이라는 것을 저는 알아요.

경력 실패에서 벗어나 쉴 필요가 있었다. 나는 일에 대한 목적을 찾아 고민하다가 돈에 대한 내 경험을 공유하기 위해 블로그를 시작했다. 쓴 글을 읽는 독자는 처음에는 엄마와 할머니뿐이었지만, 그를 통해 내 삶에 대한 목적을 더 깊게 고민하게 되었다.

하나님의 터닝 포인트

2007년 가을, 팀원들을 회의실에 소집한 상사는 합병으로 인해 우리 부서가 해체될 예정이라고 알렸다. 우리 모두의 눈물이 회의실에 가득 찼다. 그때의 나는 새로운 시작을 할 수 있는 젊은 나이였지만, 이곳에서 오랜 시간을 일해서 다른 일자리를 찾기 어려운 동료들도 많았다.

수입이 끊길까 봐 걱정했지만, 더 이상 내려갈 곳이 없다는 느낌이 들었다. 이 마지막 타격은 쓰러지려는 내 자신을 일으켜 세우기에 충분했다. 쓰러져 있을 여유 따위는 없었다.

새로운 일자리를 찾기 위해 애썼지만, 마음 한구석은 항상 불안했다. 그때 갑자기 주님의 뜻은 다르다는 깨달음이 찾아왔다. 주님은 내가 블로그에 풀타임으로 일하는 길을 선택하도록 인도하셨다. 2007년 당시에는 블로그 자체가 잘 알려지지 않았고, 돈을 벌기 어려웠다. 블로그로 일주일간 20달러를 벌었고, 린다는 아주 낮은 임금의 일자리를 갖고 있으면서 가계 부채 46,000달러를 갚으려고 노력했던 시절이었다.

모세가 지팡이를 들어 홍해를 가르는 순간 어떤 기분이었을지 궁금할 때가 종종 있었다. 그가 "하나님, 지팡이로 바다를 가리키면 우리가 탈출할 수 있는 길이 열리나요?"라고 생각했을까? 그가 어떻게 느꼈는지는 모르겠지만, 나에게는 그때가 홍해의 순간과 마찬가지로 비논리적으로 느껴졌다. 하지만 나는 이미 오래전에 하나님은 말씀하시는 그대로 이시거나 그렇지 않으시거나 어느 하나로 여겨야 했다. 하나님을 따르는 데 올인하거나 아니면 그만두어야겠다고 결론을 내렸었다. 그 중간은 없었다. 린다에게 말할 때가 되었다. 하나님께서 나를 어디로 이끄시는지 그녀와 공유했다. 내가 미쳤다고 생각할 줄 알았다. 그런데 놀랍게도 린다도 그것이 옳은 일이라고 느꼈다.

하나님께서 도와주실 거라는 확신을 가지고 존 트라볼타같이 매일 담대한 믿음으로 걸어갔다고 말할 수 있다면 좋겠지만, 사실은 많은 날들이 힘들었다. "다음에는 어떻게 될까? 어떻게 집세를 내고 식료품을 살 수 있을까?"

블로그 수입은 내 직장을 대체하기는커녕 전기세를 겨우 낼 정도였다. 나는 쓰러질까 봐 두려웠다. 실패하면 사람들이 어떻게 생각할지 두려웠다.

하지만 하나님을 믿기로 선택하면서 린다와 나는 하나님이 기적을 베푸시는 것을 경외심에 가득 차서 지켜보았다. 불과 9개월 만에 내 블로그는 이전 직장보다 더 많은 수입을 창출했다. 그 후 6개월이 지나자 수입이 두 배로 늘어났다는 사실을 깨달았을 때 나는 깜짝 놀랐다.

수입 증가는 케이크 위에 얹은 장식에 불과했다. 내 인생에서 처음으로 내가 하는 일이 정말 마음에 들었다. 재능이 있고, 흥미롭고, 성취감을 느끼는 일을 하면서 맛보는 기쁨과 만족감은 매우 낯설었지만, 내가 받을 수 있는 가장 큰 축복 중 하나였다.

무엇보다도 만족스러웠던 것은, 린다와 내가 우리의 수입으로 다른 사람들을 축복할 수 있다는 것이었다. 목사님 한 분이 절실히 필요로 했던 자동차를 구입할 수 있도록 도움을 주었다.

하나님의 축복으로 이전에는 꿈만 꾸던 많은 나눔의 기회들이 이제 현실이 되었다. 하나님께서 내 마음속에 품게 하신 꿈을 좇은 것이 결실을 맺었다. 그리고 내가 상상할 수 있는 모든 것을 뛰어넘는 부유한 결실을 맺었다.[1]

지금도 나는 승진을 원한다는 그때의 내 기도에 하나님께서 응답해 주시지 않은 것에 대해 너무 감사하게 생각한다. 당시에는 그 길이 최선인 것처럼 보였지만 하나님께서는 나에게 훨씬 더 좋은 길을 주셨다.

사업을 운영한 지 1~2년이 지난 후 집을 나와 사무실 공간을 임대할 때가 되었다고 결정했다. 완벽한 건물을 찾았다. 자전거를 타고 갈 수 있을 만큼 집과 가까웠고, 아름다운 호수가 내려다보이는 데다가 필요한 모든 편의시설이 갖춰져 있었다. 게다가 마침 임대 가능한 사무실이 하나 남아 있었다. 공인중개사를 만나서 확인해 보니 소유권 변경으로 인해 50% 할인된 가격에 제공한다고 알려주었다.

"와우", 생각했다. "점점 더 좋아지는구나." 그는 나를 복도로 안내하고 문을 열더니 "한 번 둘러보시고 어떻게 생각하는지 알려주세요."라고 말했다.

사무실 안으로 들어서자 눈물이 쏟아지기 시작했다. 전망 좋은 사무실이었다. 승진하여 전망 좋은 사무실을 차지하는 게 나의 목표였는데, 이 사무실에 서 있는 순간 나에게 너무나 다른 의미로 다가왔다. 그것은 하나님의 신실하심과 은혜를 상징했다. 나는 더 이상 전망 좋은 사무실을 갖는 것에 연연하지 않았다. 그저 내가 좋아하는 일을 할 수 있다는 사실에 너무 기뻤고, 측량할 수 없는 성취감을 느꼈다.

하나님께서는 나의 흔들리는 믿음과 순종을 취하셔서 꿈을 이루기 위해 사용하셨다. 소득 창출 능력을 높이기 위해 기도할 때 쉽지 않을 수도 있지만, 강인함을 유지하고 하나님께 순종하며 그분이 하시는 일을 지켜보라. 우리가 보지 못할 때에도 하나님은 일하고 계신다!

올바른 마음가짐

각 요소가 함께 작용하여 특정 결과를 얻는 방법은 마찬가지이다. 방법의 일부를 바꾸면 결과가 달라질 수 있다. 이 책에서도 마찬가지로 저축하기, 벌기, 기부하기, 즐기기라는 네 가지 요소가 함께 작용하며 결과를 형성한다.

"할 수 있는 모든 것을 벌어라."의 이면에 있는 기능을 이해하는 것이 중요하다. 돈을 얻기 위한 목적이 아닌, 하늘나라의 영향력을 극대화하기 위해 돈을 벌고 있는 것이다. 예를 들어, 승진에 대한 욕구가 잘못 정렬되어 있었고, 전망 좋은 사무실을 원하는 것은 다른 사람들에게 나의 중요함을 증명하고 싶어서였다. 하지만 돈을 버는 이유에 초점을 맞추고 전망 좋은 사무실을 쫓지 않았을 때, 하나님의 개입을 경험하게 되었다.

린다: 저는 우리의 이 이야기가 정말 마음에 들어요. 어떤 영화의 줄거리처

럼 들리거든요. 실제로 사람들에게 일어나지 않을 것처럼 들리는 것은 원치 않지만요. 밥은 자신의 사업을 원했어요. 우리의 계획 역시 밥이 사업을 시작하는 거였죠. 하지만 고군분투하는 모습을 지켜보면서 그의 타고난 선물과 재능이 현재 위치와는 맞지 않다는 것을 알았어요. 그를 도울 방법을 찾고 싶었지만 제 생각은 하나님의 계획에 비하면 형편없었어요.

우리는 각자의 은사를 다른 능력으로 사용하도록 부름을 받았습니다. 하나님께서 우리 각자에게 주신 은사가 세상에 영향을 미치고 그분께 영광을 돌리는 방식으로 드러나는 것을 보는 것은 정말 아름다운 일입니다. 그분은 놀라움으로 가득하시며 그분만이 할 수 있는 일을 어떻게 하실지 당신은 결코 알 수 없기 때문입니다.

돈을 버는 특별한 소명

할 수 있는 모든 것을 버는 것은 인생의 각 단계마다 다르게 느껴진다. 그렇다면 우리가 올바른 길을 가고 있는지 어떻게 알 수 있을까? 나는 여러 목회자, 전업주부, 심지어 의도적으로 수입을 많이 올리지 않는 기업가들도 알고 있다. 그들은 자신의 삶에 대한 하나님의 지시를 따르기 때문에 저임금의 길을 선택한다.

하나님께서 우리를 부르신 목적의 맥락을 알고 나면 우리는 스스로에게 이렇게 질문해야 한다. 어떻게 하면 시간과 재능을 잘 관리할 수 있을까? 어떻게 하면 우리가 손댄 모든 것을 '주님을 위해 진심으로' 일할 수 있을까?[2] 회사원에게는 기업의 사다리에 오르는 것을 의미할 수 있다. 사업가에게는 고객에게 더 나은 서비스를 제공하여 비즈니스 성장으로 이어지는 의미하고, 전업주부에게는 아이들의 오래된 장난감을 이베이에서 판매하는 것만큼 간단한 일일 수도 있다.

요점은 우리 중 일부는 더 노골적이고 전통적인 형태의 사역에 부름을 받았고, 일부는 더 은밀한 형태의 사역에 부름을 받았다는 것이다. 그러나 그것은 모두 사역이다.

우리 모두는 매일 하나님께 쓰임 받을 기회가 있다. 우리는 모두 같은 목적을 위해 함께 일하는 한 몸의 일부이다. 하나님의 나라를 확장하는 데 도움이 되도록 당신의 시간, 재능, 돈을 어떻게 잘 관리하겠는가?

12장

돈은 가혹한 주인이지만 위대한 종이다

1962년 5월, 펜실베이니아주 센트럴리아라는 작은 마을에서 탄광 화재가 발생했다. 불은 광산 터널로 번지기 시작했고 일산화탄소 농도가 높아지자 모든 지역 광산이 폐쇄되었다. 불을 끄려는 수많은 시도가 있었지만, 사방으로 뻗은 좁은 터널은 접근이 어렵고 위험했다. 그래서 탄광 화재는 계속 커져만 갔다.

"몇 년이 흐르면서 도시 밑의 땅은 점점 더 뜨거워져 어떤 곳에서는 화씨 900도를 넘기도 했다. 싱크홀과 가스로 가득 찬 지하에서 연기가 쏟아져 나왔다. 주민들은 건강 문제를 보고하기 시작했고 집이 기울기 시작했다. 1981년 그렉 월터는 피플지에 '죽은 자도 편히 쉴 수 없다.'고 썼다. '마을의 두 공동묘지에 있는 무덤은 그 아래에서 맹렬히 타오르는 불의 심연으로 떨어졌다고 믿어진다.' 그해 초, 12살 소년이 화재로 인해 생긴 갑작스러운 싱크홀에 빠져 간신히 죽음을 모면했다."[1]

결국 당국은 더 이상의 화재 진압 시도는 소용이 없다고 판단했고, 최선의 조치는 거주지를 매입한 후 모든 주택과 건물을 철거하여 유령 마을을 만드는 것이었다.

이 글을 쓰는 지금도 센트럴리아의 지하 수백 피트에서 탄광 화재가 계속되고 있다. 전문가들은 적어도 100년은 더 지속될 것으로 예상했다.

산불의 평균 지속 시간은 37일에 불과하다.[2] 그렇다면 탄광 화재는 왜 그렇게 오랫동안 통제할 수 없을 정도로 타오를 수 있을까? 멈추기가 거의 불가능한 이유는 무엇일까? 몇 가지 중요한 이유가 있다.

1. 접근이 어렵다.

산불을 진압하는 것은 어려운 일이지만, 불에 접근할 수 있다면 분명 도움이 된다. 탄광 화재는 좁은 갱도 지하에서 여러 방향으로 번져 나가기 때문에 접근하여 진압하기가 매우 어렵다.

2. 거의 무제한에 가까운 연료이다.

탄광의 석탄 매장지는 깊고, 멀고, 넓은 경우가 많다. 펜실베이니아에 있는 이 탄광은 모든 석탄이 소진될 때까지 불을 지필 수 있는 석탄이 끝없이 매장되어 있는 것처럼 보인다.

불처럼, 돈처럼

불은 수천 년 동안 도구로 사용되어 왔다. 벽난로에 불을 붙이면 따뜻함이 느껴진다. 촛불의 심지에 불을 붙이면 밝은 빛을 제공한다. 불은 쉽게 제어할 수 있고 선하게 사용할 수 있다. 하지만 적절한 규칙과 안전 조치를 취하지 않으면 불은 모든 것을 앗아간다.

불과 마찬가지로 돈도 위험한 도구이다. 선하게 쓰일 수도 있고, 파괴적으로 쓰일 수도 있다. 그리고 불과 마찬가지로 돈은 비도덕적이다. 선한 사람이 선한 일을 하는 데 사용할 수도 있고, 악한 사람이 악한 일을 하는 데 사용할 수도 있다. 사람들이 돈을 선과 악 모두에 사용해 왔다.

돈을 소유하게 되면, 본인뿐만 아니라 주변 사람에게까지 엄청난 파괴력을 보일 수 있다. '탄광과 마찬가지로!'

사실, 우리 마음은 너무 잘 포장되어 있어서 우리 마음 깊은 곳에 무엇이 있는지조차 모른다. 하나님만이 우리 마음속에 실제로 무엇이 있는지 아신다. 탐욕은 그림자 속에 숨어 있어 꺼뜨리기는커녕 알아차리기도 어려운 경우가 많다.

'또한, 끝이 없는 연료가 있다.' 속담에 "사람의 눈은 결코 만족하지 않는다."[3]는 말이 있다. 우리가 원하는 것에는 한계가 없다. 지구 역사상 가장 부유한 사람 중 한 명인 미국의 석유 사업가 존 록펠러(John D. Rockefeller)가 얼마를 벌어야 충분하냐는 질문에 "조금만 더."[4]라는 대답은 이 진리를 정확하게 반영한다.

돈은 통제되지 않고 마음속에 자리 잡으면 위험해진다. 영국의 정치 평론가인 조나단 스위프트(Jonathan Swift)가 "현명한 사람은 머릿속에는 돈을 가지고 있지만, 마음속에는 돈을 가지고 있지 않아야 한다."[5]고 말한 것처럼 말이다.

그렇다면 어떻게 하면 돈을 마음에서 멀리할 수 있을까? 어떻게 하면 돈을 하나님께 영광을 돌리고 그분의 나라를 발전시키는 도구로 사용할 수 있을까?

돈에 대한 신뢰를 깨라

내가 13살이었을 때 부모님은 나를 여름 캠프에 보내주셨다. 나는 친구들과 또래 아이들이 모두 둘러싸고 있는 높은 단 위로 올라갔던 기억이 난다. 캠프 지도자는 내게 뒤로 돌아서서 몸을 뒤로 젖히고 떨어지라고 지시했다.

그 자리에 서 있는 동안 내 온몸에서 떨어지지 말라고 말하는 것을 느꼈다. 12년 넘게 내 몸은 의식적으로든 무의식적으로든 발을 딛고 서 있을 때마다 넘어지지 않기 위해 노력해 왔다. 그런데 지금 나는 정반대의 행동을 하려고 하고 있었다. 규칙을 바꾸려는 순간 혼란이 내 신경 말단을 휩쓸었다. 규칙을 바꾸는 것뿐만 아니라 나는 내 몸에게 자기 보존의 의무를 완전히 무시하는 일을 하라고 요구하고 있었다.

마음은 온몸을 뒤로 젖혀 넘어지라는 명령을 이해했지만, 몸은 저항하고 있었다. 그들이 나를 잡을 거라는 걸 알았다. 이 캠프에서는 매번 이런 훈련을 진행해 온 것이니 걱정하지 말고 행하라고 내 자신을 설득했다. 저들은 나를 잡을 거야. 저들이 날 받지 않을 이유가 없잖아. 나는 내 자신을 지탱하는 능력을 믿는 대신 그들을 믿어야 했다. 내가 그들을 신뢰하고 있음을 증명하기 위해 내 몸의 온 힘을 빼야 했다.

우리는 종종 돈을 믿으면 어려움이 사라진다고 생각한다. 그래서 우리의 공급자가 아닌 돈을 믿게 된다. 성경학자인 존 파이퍼(John Piper)는 "하나님과 돈을 동시에 믿을 수 없다. 둘 중 하나에 대한 믿음은 다른 하나에 대한 불신이다."[6]라고 말했다.

이제 돈에 대한 우리의 신뢰를 깨뜨릴 때이다. 그리고 그것은 그 캠프에서만큼이나 간단하다. 온몸에 모든 힘을 놓아버리면 된다.

돈에 대한 신뢰를 버리는 가장 좋은 방법은 기부를 하는 것이다. 믿을 수 없을 정도로 효과적인 해독제이다.*

마태복음에 나오는 부유한 젊은 관원의 이야기에서 그 해법을 찾을 수 있다.[7]

이 부자는 모든 것을 다 가졌다. 그는 모든 율법을 따랐지만 돈에 대한 사랑과 신뢰에 묶여 있었다. 치료법은 무엇일까? 예수님은 넉넉함을 처방하셨다.

누가복음에는 예수님이 방문한 부유한 세리장 삭개오가 등장한다.[8]

그는 탐욕으로 인해 멸시를 받았다. 우리는 예수님이 그에게 뭐라고 말씀하셨는지는 정확히 모르지만, 예수님이 떠나신 후 그는 재산의 절반을 가난한 사람들에게 나눠주었다. 삭개오의 돈에 대한 사랑을 깨뜨리기 위해 예수님은 그에게 부잣집 청년에게 주신 것과 비슷한 처방을 내리신 것 같다.

이 두 사례 모두 예수님은 하나님보다 돈을 더 신뢰하는 사람들을 만나셨을 때, 그 해결책으로 기부를 처방하셨다.

린다: 저는 일관되고 지속적인 기부야말로 우리 육신에게 "아니오."라고 말하고 우리 삶에서 진정한 주님이 누구신지 상기시키는 가장 좋은 방법이라고 생각합니다.

솔직해지자. 간단하지만 쉽지 않다. 불편하게 느껴지는 방식으로 기부해야 할 때마다 나는 몇 년 전 그 신뢰의 낙하로 돌아간다. 나는 다시 13살 소년이 되어 놓아주는 것에 대한 똑같은 저항과 자기 보존에 대한 똑같은 욕구를 경험한다.

하지만 6피트 높이에서 자유 낙하하여 부드러운 손길에 깃털처럼 착지하

---

* 이것이 바로 원리의 세 번째 부분(곧 나올 예정)이 중요한 이유이다.

는 것은 내가 경험해 본 것과는 전혀 달랐다. 처음에 나는 통제 불능과 무력감을 느꼈다. 나는 그들이 나를 구해줄 것이라는 희망에만 매달렸다. 그리고 그들이 해냈을 때는 정말 짜릿했다. 내가 믿었던 대로 그들이 나를 떨어뜨리지 않았다는 기쁨과 안도감에 흥분이 솟구쳤다. 다시 줄을 서서 또다시 해보고 싶었다.

그거 아는가? 하나님께서는 내 본능적인 자기 보존 욕구에 반하는 방식으로 기부하도록 나를 인도할 때마다 항상 그렇게 하셨다. 그리고 그때마다 나는 하나님의 부드러운 손길에 깃털처럼 착지할 때와 같은 짜릿한 스릴과 흥분을 느낀다. 그 신뢰의 낙하처럼, 나는 또다시 그 일을 할 수 있는 기회를 간절히 기다리고 있다.

돈을 종으로 만들라

돈을 주인으로 삼는 사람은 많지 않다고 생각하지만, 일과 생계와 관련하여 내가 과거에 내린 결정을 솔직히 되돌아보면 너무 자주 재정적 영향에만 근거해 결정을 내렸던 것 같다.

"이 일자리 제안을 받아들여야 할까?" 대답을 위해 기도해야 했지만, 그 대신 새 직장이 현재 직장보다 더 많은 급여를 주는지에 대한 질문이었을 때가 많았다. 하나님이 아니라 돈이 주인인 것처럼 들리지 않나?

당신이 아는 것처럼, 우리 사회는 돈을 쫓는 데 집착하게 되었다. 세상은 우리에게 더 많은 돈을 벌기 위해 '속임수'와 '고된 일'을 하고 무슨 일이든 하라고 말한다.

> 언젠가부터 우리는 돈이 목적이라는 거짓말을 믿게 되었다.

언젠가부터 우리는 돈이 목적이라는 거짓말을 믿게 되었다. 하나님께서 처음부터 의도하신 것은 단순히 이 땅에서 하나님이 주신 목적을 성취하는 데 도움이 되는 도구일 뿐인데 말이다.

작가 크레이그 힐(Craig Hill)은 이렇게 말한다. "돈이 그들의 종일 때, 그들은 하나님이 주신 소명을 이루기 위해 일을 한다. 하나님이 주인이시기 때문에 돈은 그들의 삶에 대한 하나님의 목적과 소명을 이루기 위해 그들의 종이 된다."⁹

자기중심적인 욕망을 채우기 위해 돈을 쫓는 것은 문제를 일으키는 지름길이다. 대신 하나님의 목적을 위해 수입을 극대화하는 것이 우리의 사명이다. 그분이 그 수입의 증가로 우리가 무엇을 하기를 원하시든.

얼마나 버느냐가 문제가 아니다

"돈을 많이 버는 것이 문제입니까?"라는 질문을 자주 받는다. 내 대답은 항상 같다. 문제가 아니다. 중요한 것은 마음이다.

누군가 거짓말을 하고 속임수를 써서 돈을 많이 번다고 해서 명예로운 사람이 되지는 않는다. 반면에 넉넉한 사람이 더 많이 번다고 해서 인색하거나 탐욕스럽게 변하지 않는다. 돈은 사람의 마음속에 이미 있는 것을 드러내고 확대시킬 뿐이다.

월스트리트 저널의 전 중소기업 칼럼니스트이자 작가인 마이크 미칼로비츠(Mike Michalowicz)는 이를 이렇게 표현했다.

"돈은 당신의 인성을 확대시킨다. 무척이나 간단하다.
돈은 뿌리 깊은 습관을 쉽게 반복할 수 있게 해준다. 강하고 겸손한 성품과 좋은 습관을 함께 키우지 않는다면, 점점 더 많은 돈이 문제가 될 것이다.

예를 들어, 마약 중독(나쁜 습관)이 있고, 많은 돈을 벌면 더 많은 마약을 할 가능성이 높다. 돈은 나쁜 습관을 확대시킨다. 그것은 인성을 확대시킨다.

마더 테레사(Mother Teresa)는 어떤가? 그녀가 엄청난 돈을 받았을 때 무슨 일이 일어났나? 그녀는 그 돈을 더 많은 고아원을 위해 사용했다. 그녀는 그 돈으로 그녀의 좋은 습관인 더 많은 일을 했다. 여기에서도 돈은 인성을 확대시킨다.

돈에는 판단이 없다. 단지 당신이 더 당신다워질 수 있게 해줄 뿐이다."[10]

여정을 위한 연료

2부의 나머지 부분에서는 재정적으로 앞으로 나아갈 수 있도록 많은 연료를 제공하려고 한다. 내가 마지막으로 원하는 것은 당신의 마음에 통제할 수 없는 탄광 불을 지피는 것이다. 그러나 당신이 가족을 따뜻하게 유지하고 하나님의 영광을 위해 다른 사람들과 나눌 수 있는 충분한 장작을 얻을 수 있도록 돕고 싶다.

당신의 마음을 잘 모르지만, 하나님께서는 우리의 마음을 올바른 곳에 두도록 도와주실 수 있다. 그러니 앞으로의 여정을 준비하라. 더 나아가기 전에 잠시 기도의 시간을 갖도록 하겠다.

"하나님, 다윗처럼 나를 살피시고 제 마음을 아시고 제 안에 주님의 마음을 상하게 하는 것이 있으면 지적해 주시고, 제 안에 깨끗한 마음을 만들어주시기를 간구합니다.[11]

당신이 내 인생의 주님이시며, 돈은 내 인생에서 당신의 목적과 소명을 성취하는 종이 될 것임을 확정하기로 선택합니다.

제 은행 계좌에 있는 돈의 많고 적음에 관계없이 항상 주님을 신뢰하기를 바랍니다. 궁핍할 때나 풍요로울 때나, 주님께서 나의 모든 필요를 공급하시는 분임을 항상 인식할 수 있도록 도와주소서.[12]

주님께서 내게 주신 축복에 만족하고 감사하며 깨닫게 하옵소서. 바울처럼 어떤 상황에서도 자족하는 비결을 배울 수 있기를 기도합니다.[13]

모든 선한 일에 풍성함을 주시기를 기도하며, 주님께서 맡겨주신 것을 잘 관리하는 청지기가 될 수 있는 지혜를 구합니다.[14]

예수님의 이름으로 기도합니다.

아멘."

13장

디지털 시대에 돈을 버는 4가지 열쇠

"**일**주일에 몇 번 관계를 하는가?"

나는 린다에게 "우리가 꼭 이것에 대답해야 하나?"라고 물었다. 알고 보니 그렇다. 낯선 사람들이 읽을 수 있는 다른 많은 지극히 개인적인 질문들과 함께 말이다. 밤 9시 45분, 나는 식탁에 앉아 엄청난 양의 서류를 바라보며 오늘 밤의 질문에 대한 답변을 끝내겠다고 결정했다.

우리는 첫 아이를 입양하는 과정에 있었다. 입양은 많은 것을 내려놓아야 하는 겸허한 과정이다. 구식 방식으로 아기를 낳는 것과는 달리, 실제로 아이를 키울 자격이 있는지 확인하기 위해 일련의 긴 테스트와 자격을 통과해야 한다.

린다: 우리는 후회하지 않아요. 입양은 우리가 함께한 가장 아름다운 일 중 하나입니다! 모든 어색한 질문, 지루한 서류, 평가는 아이에 대한 감사함에 비하면 아무것도 아니었어요.

우리는 서류 더미를 뒤적거리다가 입양 전문 변호사를 한 명이 아니라 두 명(각 주에 한 명씩)이나 고용해야 한다는 사실을 알게 되었다. 당시 변호사 한 명당 시간당 400달러 이상의 비용이 청구되었다.

"뭐라고?" 나는 생각했다. "재정 통제권도 포기해야 하는 건가?"

변호사들이 얼마나 많은 시간을 일할지 알 방법이 없었기 때문에 변호사들에게 얼마를 지불할지 통제할 수 없었다. 하지만 다른 선택의 여지가 없었다. 변호사 비용을 지불해야 했으니까. 충격과 불만에 이어 호기심이 생겼다. "시간당 400달러를 청구해도 사람들이 돈을 지불하는 이유는 무엇일까?"

전 직장에서 나는 시간당 17달러를 벌었다. 상사에게 시간당 2달러를 올려달라고 요청하는 것은 무리였을 것이다. 그렇다면 어떤 차이가 있었을까?

물론 다양한 요인이 작용했지만, 가장 큰 차이점은 변호사는 필수 불가결한 존재였지만 나는 그렇지 않았다는 점이다.

린다: 알고 보니 입양 변호사는 고도로 전문화되어 있더군요. 아동 보호에 대해 알아야 할 것이 너무 많고 주마다 법이 다르기 때문이에요. 그리고 국제 입양에는 국가와 그 기준에 따른 자체 법률도 있습니다.

일반적으로 직원, 프리랜서 또는 사업주로서의 수입은 당신의 서비스 또는 제품이 얼마나 필수적인지에 정비례한다. 더 많은 수입을 얻으려면 제품, 서비스 또는 자신이 더 필수적인 역할을 수행해야 한다. 그래서 경험이 없는 경우 합법적이고 고임금의 일자리를 찾는 것은 어렵다. 이는 기본적인 수요와 공급의 관계이다. 경험이 없는 사람들은 많기 때문에 고용주는 그 자리를 채우기 위해 고액을 지불할 필요가 없다. 반면, 고도로 전문화된 입양 변호사는 매우 적으며(우리 주 전체에 소수에 불과), 입양 변호사가 필요한 경우에는 프리미엄을 지불해야 한다.

나는 시간당 400달러의 변호사 수임료에 대한 호기심이 생겨서 수임료를 많이 받는 변호사와 그렇지 않은 변호사의 공통점을 탐색하기 시작했다. 진행하면서 고소득을 올리는 변호사들에게서 네 가지 공통된 특징을 발견했다.

- 열정과 소명을 가지고 활동한다.
- 계속해서 기술을 배우고 연마한다.
- 중요한 문제를 해결하거나 더 나은 것을 만들어낸다.
- 수요가 많은 곳에서 활동한다.

물론 우리가 통제할 수 없는 다른 요인들이 항상 작용하지만, 내가 받은 최고의 경력 조언은 내가 통제할 수 있는 것에 집중하고 나머지는 무시하라는 것이었다.

따라서 항상 예외가 있기는 하지만 대부분의 경우 고소득자는 이러한 특성 중 일부 또는 전부를 공유한다. 이런 특성과 함께 작용할수록 필수 불가결한 존재가 되어 결과적으로 상당한 수입을 올릴 가능성이 높아진다.

행동의 열쇠

처남인 톰 빌스는 현악기 제작자이다. 그는 기타를 만들지만, 그냥 기타가 아니다. 대부분의 사람들이 자동차 한 대를 사는 것보다 더 비싼 최고급 맞춤형 기타를 제작한다. 그는 20년 넘게 이 일을 해오며, 그의 일에 대한 열정과 노력은 세계에서 최고 중 하나로 평가받고 있다.

그는 오랫동안 처음 두 개의 포인트를 잘 관리해 왔다. 훌륭한 기타를 만드는 데 끊임없이 열정적으로 노력하며, 기타 제작에 대한 교육을 스스로 받왔다. 장인들을 찾아다니며 그들로부터 기술을 배우고 자신의 기술을 계속 다듬어 나갔다.

톰의 기타는 한 대당 25,000달러 이상의 가격에 팔리지만, 매년 소수의 기타만 제작할 수 있다. 수익 마진이 비교적으로 낮아 생계를 유지하기 어려운 상황이었다. 뿐만 아니라, 고급 기타 시장은 경기 변동에 따라 변덕스러운 특성을 가지고 있다. 그러나 몇 년 전, 톰은 자신이 간과하고 있던 수요를 발견했다. 그는 자신의 재능과 열정에 부합하는 수요, 즉 초보 기타 제작자들로부터 지속적인 관심을 받아왔다.

톰은 최근에 이러한 수요를 활용하여 온라인 강좌를 개설하여 초보 기타 제작자들에게 자신의 지식을 전하고 있다. 이 교육 프로그램은 높은 수요를 얻으며 그의 가장 중요한 수입원 중 하나로 자리매김하게 되었다. 톰의 이야기를 네 가지 열쇠와 비교해 보면, 톰은 모든 항목에 부합하는 인물이다.

- 열정을 가지고 일했다.
- 자신의 교육과 기술에 투자했다.
- 기타 제작을 배우는 현악기 제작자들을 위해 더 좋고 편리한 방법을 만들었다.
- 수요가 가장 많은 곳을 찾았다.

그러면 현재 업무에서 이러한 열쇠를 갖고 있지 않다면 어떻게 해야 할까? 걱정하지 마라. 이 네 가지를 모두 완벽하게 갖출 필요는 없다. 그러나 가능하면 함께 작동하는 여러 열쇠를 가지는 것이 좋다. 그리고 10년이 지나고 더 나아지면서, 당신은 필수적인 인물로서 수입을 늘리는 데 기여할 수 있는 가능성을 찾게 될 것이다.

특별한 경력으로 가는 두 가지 길

딜버트 만화의 유명한 제작자 스콧 아담스(Scott Adams)는 특별한 사람이 되는 길에는 두 가지가 있다고 말한다. 그의 말에 따르면 두 가지 중 하나를 선택해야 한다.

1. 한 가지 특정 분야에서 최고가 되기.
2. 두 가지 이상에서 아주 잘하는(상위 25%) 사람이 되기.

스콧은 첫 번째는 엄청나게 어렵다고 주장한다. NBA에 진출하거나, 그래미 어워드 후보에 오른 곡을 작곡하거나, 구글에 인수되는 앱을 만든다고 생각해 보라. 비교적 짧은 경력에서 내가 겪은 거의 모든 실패는 가능성이 매우 희박한 분야에서 최고가 되려고 노력한 결과였다.

하지만 두 번째 전략은 훨씬 더 쉽게 접근할 수 있다. 스콧은 설명한다.

"누구나 조금만 노력하면 상위 25%에 들 수 있는 분야가 적어도 몇 개는 있다. 내 경우 대부분의 사람들보다 그림을 잘 그릴 수는 있지만, 예술가는 아니다. 그리고 나는 큰 성공을 거두지 못하는 평균적인 스탠드업 코미디언보다 더 웃기지는 않지만, 대부분의 사람들보다 더 웃긴다. 마법은 그림을 잘 그리고 농담을 할 수 있는 사람이 거의 없다는 것이다. 이 두 가지가 합쳐져서 내가 하는 일이 희귀한 것이다. 여기에 내 비즈니스 배경까지 더하면, 갑자기 나는 극소수의 만화가만이 희망할 수 있었던 주제가 생겼다."[1]

경력 후반에 블로그 활동으로 전환했을 때 나는 나만의 독특한 조합을 만들 수 있는 기술을 발견했다. 나는 돈에 대해 모든 것을 알지는 못했지만 누구보다 많이 알고 있었다. 최고의 작가는 아니었지만 평균적인 사람보다는 더 잘 썼고, 최고의 마케터는 아니었지만 적성이 있었다. 이 세 가지 기술 중 어느 하나도 상위 1%는 아니었지만, 이 세 가지 '예쁜 상품'의 조합은 경쟁 우위를 제공하여 건강한 풀타임 생활을 할 수 있도록 도와주었다. 덕분에 실내에서 먹고 살 수 있게 되었고, 린다는 행복해졌다. 여보, 그렇지?

린다: 저는 캠핑을 좋아하지 않아요. 저는 소위 말하는 '실내형'이거든요.

따라서 한 가지 분야에서 최고가 될 수 없다면 두 가지 이상의 분야에서 독특한 조합을 찾아서 자신을 차별화하라.

14장

소명과 열정: 물고기는 나무에 오르지 않는다

당신을 위해 몇 가지 진실을 말해주겠다. 당신은 두렵고 경이롭게 지음 받았다. 당신은 하나님의 걸작이다.[1] 당신은 동생, 엄마, 소셜 미디어 친구, 일론 머스크 또는 모든 것을 다 갖춘 것처럼 보이는 그 누구와 비교해도 2류 피조물이 아니다.

당신은 하나님이 '정확히' 원하시는 방식으로, 그리고 매우 중요한 목적을 위해 창조되었다. 우리 각자에게는 그분을 섬기고 세상에 영향을 미칠 수 있는 고유한 은사와 능력이 주어졌다. 하나님은 실수하지 않으신다. 다시 한번 말해주겠다. 하나님은 실수하지 않으신다.

실수하는 것은 인간이다. 세상은 우리가 비교 게임을 하도록 속인다. 이 게임에서는 대입 점수, 학점, 직위, 순 자산 등 다양한 인위적인 기준을 통해 우리의 자아 존중과 가치를 측정하려고 한다. 안타깝게도 이런 가짜 기준을 토대로 많은 사람들이 자신과 다른 사람을 평가하곤 한다.

하나님의 형상대로 창조된 인간은 놀랍도록 복잡한 존재인데, 왜 인간이 만든 몇 가지 지표로 자신의 가치(또는 타인의 가치)를 판단할까? 우리 각자가 가진 재능의 폭을 생각하면 알버트 아인슈타인(Albert Einstein)이 남긴 명언이 항상 떠오른다. "모든 사람은 천재다. 하지만 나무에 오르는 능력으로 물고기를 판단한다면, 물고기는 평생 자신이 어리석다고 믿고 살게 될 것이다."[2]

나는 나무에 오르려는 물고기가 된 기분을 자주 느꼈다. 재능이 없는 직장에서 많은 시간을 보냈지만, 그 직장이 내게는 딱히 의미가 없었다. 열심히 일했지만, 결과는 크게 나타나지 않았다. 하나님께서는 나를 다른 사람들과 다르게 창조하셨다는 거짓말에 갇혀 있었다. 하지만 나의 소명을 발견하고 나서는 해방감을 느꼈다. 마치 나무에 오르려는 시도를 그만두고 연못을 발견한 물고기처럼 새로운 길을 찾아 떠났다.

스티브 잡스는 애플에서 해고당한 경험을 회상하며 다음과 같이 말했다. "내가 계속 버틸 수 있었던 것은, 내가 하는 일을 사랑했기 때문이라고 확신한다. 자신이 좋아하는 일을 찾아야 한다. 훌륭한 일을 할 수 있는 유일한 방법은 자신이 하는 일을 사랑하는 것이다. 아직 찾지 못했다면 계속 찾아보라."[3]

당신이 물고기라면 연못을 찾았기를 바란다. 호랑이라면 정글을 찾았기를 바란다. 당신이 새라면 하늘을 찾았기를 바란다. 아직 찾지 못했다면 찾기를 멈추지 마라. 정글을 찾으면 당신의 삶은 예전과 같지 않을 것이다. 그리고 세상은 그것을 하기 위해 창조된 당신을 필요로 한다.

영화 '불의 전차'에는 육상 선수이자 선교사인 에릭 리델(Eric Liddell)이 올림픽을 위한 훈련을 위해 선교 활동을 중단하기로 결심하는 유명한 장면이 나온다. 리델은 자신의 선택을 옹호하면서 "하나님께서 나를 만드신 목적이 있다고 믿는다. 달릴 때 그분의 기쁨을 느낀다. 그것을 포기하는 것은 그분을 경멸하는 것이다. 이기는 것은 단순한 즐거움이 아니라 그분께 영광을 돌리는 것이다."[4]라고 말한다.

다른 사람들이 이해하든 동의하든 상관없이 하나님께서 우리에게 주신 은사로 일하는 것은 그분께 기쁨을 가져다준다. 그것은 우리에게 유익하고, 하나님께 영광을 돌리며, 우리가 세상에 가장 큰 영향을 미칠 수 있는 위치에 서게 해준다.

세상에서 가장 위대한 발전은 대부분 사람들이 하나님이 주신 은사를 최대한 활용함으로써 이루어졌다고 생각한다. 자신의 일을 싫어하고 하루하루를 버티기 위해 노력하는 사람들에게서 나온 것은 분명 아니다.

린다: 하나님은 우리를 천국에 이르도록 창조하셨다고 믿습니다. 이는 우리가 아름답게 느껴지는 부분뿐만 아니라 '결점'까지도 그의 영광을 나타내기 위한 의도적인 것입니다. 몇 년 전, 저는 하나님으로부터 누군가의 도움이 필요한 상황에 대한 분명한 지시를 받았습니다. 그때 마음을 소중히 여기는 사람에게 제 속마음을 나눴더니, 그들이 "당신은 구제자라서 그렇게 느끼는군요."라고 말했습니다. 처음에는 무시당한 기분이 들었고, 그 말이 맞는지 판단하기가 어려웠습니다. 다행히 현명한 목사님은 "만약 당신이 구제자라고 생각한다면 어떨까요?"라고 조언해 주셨습니다. 하나님이 당신에게 그런 능력을 주신 것이며, 이 일이 도움이 되는 특성이면 그분의 목적에 따른 의도적인 계획일 수 있습니다. 이제는 같은 상황을 다르게 바라보고 있습니다. 제가 가진 모든 특성은 하나님의 계획일 것이라고 생각하고 있습니다.

누군가 당신에게 그만두라고 말한 일이 사실 하나님께서 당신을 만드신 가장 중요한 부분이라면 어떨까?

그리고 (하나님께 순종할 때) 내 모든 성격적인 특성은 정확히 그분이 의도하신 대로이다. 다른 사람들이 어떻게 생각하거나 말하거나 내 안에 있는 것은 하나님께서 그 성품을 넣어 주셨기 때문이다. 나는 이런 부분을 어떻게 활용할지 항상 그분께 구할 것이다.

당신에게 같은 질문을 하고 싶다. 만약 누군가 당신에게 그만두라고 말한 일이 사실 하나님께서 당신을 만드신 가장 중요한 부분이라면 어떨까? 우리가 하나님이 창조하신 대로 온전해질 때, 그분께서 우리 마음에 두신 일을 이룰 수 있어서 영광을 받을 수 있다. 친애하는 친구여, 이것이 바로 우리가 여기 있는 이유이며, 이를 통해 하나님께 영광을 돌리기 위해서이다.

소명을 향해 달려가기

자신의 소명을 찾는 것이 때로는 어렵고 오랜 친구처럼 느껴질 수 있다. 열정이 무엇인지 알고 있다면 그것을 향해 나아가라. 돈을 벌 수 없다고 생각해서 포기하지 마라. 어디로 가야 하며 어떻게 가야 하는지 알기 어려운 길일 수 있지만, 그것은 가치 있는 여정이다. 평생을 열정이 없는 일에 허비하지 마라. 또한 자신이 어떤 재능을 가지고 있는지 모르겠다면, 다음 몇 가지 질문이 도움이 될 수 있을 것이다.

- 자신에게 가장 쉽게 다가오는 것이 무엇인가?
- 다른 사람에게는 일처럼 느껴지지만, 나에게는 즐거움이 느껴지는 것이 무엇인가?
- 나에게는 쉽게 다가오는데, 다른 사람들은 왜 잘하지 못하는지 궁금하게 만드는 것이 무엇인가?

우리 중 많은 사람들은 나무를 통해 숲을 보기가 어렵다. 우리는 종종 자신의 재능이나 열정에 너무 가까워서 일상적인 업무에 치여 그것을 보지 못하는 것 같다. 이럴 때는 가까운 친구나 배우자에게 의견을 물어보는 것이 좋다. 당신이 무엇에 열정을 가지고 있다고 생각하나? 그들의 관점은 종종 좋은 단서가 될 수 있다.

또한 지금까지의 여정을 살펴보면 자신이 어떤 열매를 맺을지에 대한 단서를 찾을 수 있다. 초보 정원사라도 수확하기 훨씬 전에 당근, 토마토, 양배추, 호박의 차이를 판단할 수 있다. 우리의 삶도 마찬가지이다.

저서 《일의 예술(Art of Work)》의 저자 제프 고인스(Jeff Goins)는 "소명이란 자신의 삶을 돌아보고 그 삶이 자신에게 무엇을 가르치려고 했는지 이해할 수 있을 때 갖게 되는 것"[5]이라고 설명한다.

자신이 처한 독특한 상황, 극복한 장애물, 끌리는 일의 유형을 고려하면 종종 패턴이 형성되기 시작하는 것을 볼 수 있다. 이것이 바로 하나님께서 당신에게 주신 단서이다.

그래, 하지만…

자신의 재능을 깨닫고 나면 앞으로 나아가는 것이 어려울 수 있다. "그래, 하지만…."이라는 시나리오와 장애물은 끝없이 많다.

- 당신이 작은 마을에 살기 때문에 열정을 추구할 수 있는 가능성이 제한적이다.
- 당신은 시간을 놓친 것 같은 기분이 들 수도 있다. 이제 나이가 많아서 너무 늦었다.
- 당신은 그 과정에 전념할 시간이 없다고 느낀다.
- 미루어야 하는 다른 수백 가지 이유를 적어라.

이해한다. 나도 같은 기분이었다. 아마도 당신의 이야기도 나와 비슷할 것이다. 나는 인정받으려는 사람들의 눈에는 무시당하고, 지나쳐지고, 잊혀지고, 무시당하고, 별 볼일 없는 사람으로 보였다.

열심히 일했지만 아무 성과도 얻지 못했다. 내 직장 생활은 실패의 연속이었고 희망은 산산조각 났다.

제프 고인스는 내 인생의 이 시기를 이렇게 정확하게 묘사했다.

"모든 소명은 무의미함의 계절, 즉 아무것도 이해되지 않는 시기로 특징지어진다. 이는 광야에서 방황하는 시기이며, 외롭고 오해를 받는다고 느끼는 시기이다. 외부인이 보기에 이러한 시기는 허공에 매달리거나 단순히 시간을 낭비하는 것같이 실패처럼 보인다. 하지만 실제로는 이 시기를 잘 활용하면 인생에서 가장 중요한 경험을 할 수 있다."[6]

앞으로 나아갈 길

인생의 어두운 시기를 어떻게 최대한 활용할 수 있을까? 어떻게 하면 절망에서 벗어날 수 있을까? 당신도 나와 같은 처지라면, 인생에서 이 시기를 최대한 활용하기 위해 집중할 수 있는 네 가지 방법이 있다.

1. 사람이 아닌 주님을 위해 진심으로 일하라.

자신의 일이 싫을 때는 게으름을 피우고 최소한의 일만 하려는 경향이 있다. 아무도 알아주거나 신경 쓰지 않을 것이기에 내가 무엇을 하든 상관없다고 느낄 수 있다. 사실 내 상사는 눈치도 못 채고 관심이 없었을지 몰라도 하나님은 눈치채셨다. 하나님은 내가 골로새서 3:23의 시험을 통과했는지 보시기 위해 이 일을 사용하셨던 것이다. "무슨 일을 하든지 마음을 다하여 주께 하듯 하고 사람에게 하듯 하지 말라."[7]

반면에, 느긋하게 쉴 수 있는 여유가 없는 직장에 갇혀서 매 순간이 싫을 수도 있다. 이 어려운 시기에 건강한 태도를 유지하는 것이 더 큰 과제일 수 있다. 사람들은 종종 '마음을 다해라'는 말이 '열심히 일한다'는 뜻으로만 생각하곤 한다. 하지만 그것이 훨씬 더 많은 것을 의미한다는 것을 깨달았다. 눈에 보이지 않을 때에도 자신의 일이 하나님께 영광을 돌리고 있다는 것을 알고 즐거운 마음으로 열심히 일하는 것이다.

상사가 좋든 나쁘든, 보수가 적든 많든, 일을 좋아하든 싫어하든, 상사가 아니라 하나님을 위해 기쁜 마음으로 부지런히 일하라는 부름을 받았다. 그 생각을 깨달았을 때 평안이 찾아왔다. 억압적인 상사가 있어도 주님을 위해 일하면 모든 일이 잘 풀릴 것이라는 것을 알았다. 상사의 기분을 좋게 하기 위해 눈치를 보거나 수백 개의 굴레를 뛰어넘을 필요가 없었다. 나는 열심히 일하고 나머지는 하나님께서 알아서 해주실 거라고 믿기만 하면 되었다.

2. 기도하고 소망을 붙잡아라.

우리는 하나님께서는 그분을 사랑하는 자에게 선을 이루실 것이라는 확신을 가지고 있다.[8] 불가능해 보이고 모든 것이 포기하고 싶을 때에도 희망을 붙잡아라. 그리고 낙심이 밀려올 때 말씀과 기도로 맞서 싸우라.

나는 이 시기에 일찍 출근해 차에 앉아 20~30분 동안 기도하고 성경을 읽었다.* 이것이 우리가 전쟁을 치르는 방식이다. 그렇지 않나? 문제를 하나님 발 앞에 내려놓고 견딜 수 있는 은혜와 힘을 달라고 기도했다.

---

* 내가 자주 묵상하는 구절은 시편 37편이다. 가장 약했던 날에 나를 지탱해 준 강력한 장이다.

3. 감사하는 마음을 유지하라.

부정적인 것에 집중하기 쉽다. 직장, 상사, 동료 등이 얼마나 나쁜지에 대해 이야기하기 쉽다. 하지만 그게 정말 도움이 될까? 암울한 시기에 나는 데살로니가전서 5:18의 "범사에 감사하라. 이는 그리스도 예수 안에서 너희를 향하신 하나님의 뜻이니라."는 말씀에서 도움을 얻었다. 이 구절을 마음에 새기고 매일 하나님께 문자 그대로 감사하기 시작했다. "하나님, 제가 실직자 줄에 서 있지 않음을 감사합니다. 하나님, 출근할 수 있는 차를 주셔서 감사합니다. 하나님, 제 차가 도난당하지 않게 해주셔서 감사합니다." 감사할 수 있는 모든 것을 진지하게 찾았다. 그리고 내 태도가 완전히 바뀌었다.

매우 부정적인 상황에서도 감사하는 마음을 유지하고 긍정적인 면을 보는 것은 매우 어려운 일이지만, 이것이 내가 버틸 수 있었던 중요한 열쇠 중 하나였다고 확신한다.

4. 새로운 것을 적극적으로 시도하라.

빵 다섯 개와 물고기 두 마리를 가진 소년은 예수님이 그것으로 무엇을 할 수 있을지 상상할 수 없었을 것이다.[9] 하지만 그는 주님을 섬기고 싶었기 때문에 자신이 가진 것을 가지고 예수님이 그분의 일을 하시도록 하였다.

내 인생에서 이 어려운 시기에 블로그를 시작하기로 결심했다. 그것은 그저 시련에서 벗어나기 위한 것이었다. 무슨 일이 일어날지 전혀 몰랐지만 어쨌든 블로그를 시작했다. 블로그를 시작하면서 믿음을 실천하지 않았다면,[10] 아마 여전히 어딘가에서 싫어하는 일을 하고 있었을 것이다.

적극적이라는 것이 당신에게 어떤 의미인지 모르겠다. 부업으로 사업을 시작하는 것일 수도 있고, 경력을 쌓기 위해 공부하고 준비하는 것일 수도 있고, 고용주에게 더 가치 있는 자산이 되기 위해 수업을 듣는 것일 수도 있고, 기타 여러 가지가 있을 수 있다. 하지만 그것이 무엇이든 자신의 신념에 따라

> **당신의 빠른 시작**
> 이 도전을 빨리 마치고 싶은가?
> 자세한 내용은 194페이지로
> 이동하라.

계속 행동하라.

당신이 열정을 찾는 데 어려움을 겪고 있고 삶에 갇혀 있다고 느낀다면, 하나님께서 함께하기를 원하신다는 사실을 기억하라. 돌이켜보면 내 상황 속에서 그분의 손길이 보이고 그분의 영광이 온전히 드러난다. 당신이 허락한다면 하나님께서는 당신의 이야기에도 적극적으로 개입하시기를 원하신다. 그분은 당신의 어두운 시절을 통해 일하시며 그분이 얼마나 장엄한 분인지 보여주시기를 원하신다. 하지만 우리가 나가야 한다.

쉽지 않은 일이다. 사실, 계속 전진하는 것만으로도 엄청나게 어렵다. 하지만 당신이 내릴 수 있는 가장 중요한 결정 중 하나이다.

이 놀라운 여정의 첫걸음을 내딛을 때 하나님이 할 수 있다고 믿고 의도적으로 나아가라.

제프 고인스의 또 다른 생각을 전하겠다. "때때로 어려운 결정을 내리는 데 필요한 것은 진실이라고 알고 있지만, 여전히 들어야 할 것은 긍정의 목소리다."[11]

오늘 내가 당신에게 그 긍정의 목소리가 되어 주겠다. 하나님은 당신의 상황보다 더 크시다. 당신의 삶은 당신이 생각하는 것보다 훨씬 더 중요하다. 그리고 그분은 아직 당신을 위해 포기하지 않았다. 함께 가자.

린다: 혹시 당신의 배우자가 이런 일을 겪고 있지는 않은지 확인해 보세요. 그렇다면 격려를 멈추지 말고요. 결혼 생활에서 제가 가장 좋아하는 것 중 하나는 밥이 눈이 멀어도 볼 수 있다는 점이에요. 이런 순간에 저는 밥에게 하나님이 그를 어떤 사람으로 창조하셨는지 상기시켜 줍니다.

당신의 배우자, 가장 친한 친구, 부모 또는 형제자매가 이런 상황에 처해 있을 수 있어요. 당신은 그들의 머릿속에서 "넌 충분하지 않아. 탈출구는 없어. 이건 절대 끝나지 않을 거야."라는 거짓말에 대항하는 목소리가 될 수 있어요. 인생이 만들어놓은 모습이 아니라 하나님이 창조하신 자신의 모습을 계속 알려주세요.

기도하고, 성경 말씀을 들려주고, 격려하세요! 그리고 자녀가 낙심하는 모습을 볼 때마다 사랑으로 격려해 주세요. 당신에게는 상황을 바꿀 수 있는 힘이 있습니다.

15장

교육: 계속 배우고 기술을 연마하라

2010년, 미국의 게이머이자 유명인인 리처드 타일러 블레빈스(Richard Tyler Blevins)는 대학에 재학 중에 패스트푸드점에서 일하고 있었다. 8년 후, 그는 온라인 게임으로 한 달에 거의 백만 달러를 벌고 있었다.[1]

대부분의 부모님들은 아이들이 온라인 게임을 너무 많이 하면 막기 위해 노력한다. "온라인 게임으로 돈을 벌 수 있는 사람은 아무도 없어. 3시간 동안 게임 화면을 보고 있으면 뇌세포와 시간, 돈을 낭비하는 거야."라고 말했을 것이다.

하지만 존재한다. 프로게이머는 존재하며, 타일러처럼 게임으로 수백만 달러를 버는 사람들도 있다. 이것은 우연히 일어난 일이 아니다. 자신이 하는 일을 잘하는 다른 사람들과 마찬가지로, 프로게이머도 타고난 재능과 노력을 모두 갖추고 있다. 그들은 수년간 자신의 기술을 연마한다. 그렇다면 타일러와 같은 프로게이머들이 계속 게임을 할 수 있는 비결은 무엇일까? 수년간 기술을 배우고, 연습하고, 연마하는 데 전념하는 이유는 무엇일까? 바로 게임을 좋아하기 때문이다.

학창 시절, 당신도 나와 비슷하게 학교를 좋아하지 않았을 수도 있다. 학습과 재미를 연관 짓지 않을 수도 있다. 사실, 우리 대부분은 좋아하는 것을 배우기는 좋아한다.

나는 학교 자체는 좋아하지 않았지만, 커브볼을 던지고 누군가를 삼진 아웃시키기는 것은 꽤 좋아했다. 또한, 기타로 노래 한 곡을 배우는 것도 좋아했다(몇 주 동안 고생해야 하지만). 오랜 세월이 지난 지금도 돈에 대한 열정이 있기 때문에 돈에 대해 더 많이 배우기를 원한다. 우리 중 일부는 배움을 재미와 연관시키지 않지만, 실제로는 우리가 좋아하는 것에 대해 배우면 그 이상으로 즐겁다.

좋은 점은 거의 모든 기술이 돈을 벌 수 있는 기회와 연관되어 있는 21세기 세상에 살고 있다는 것이다. 좋아하는 일을 하면서 돈을 벌 수 있는 기회가 이보다 더 많았던 적은 없지만, 꾸준히 노력을 기울여야 한다.

요점은 이것이다. 좋아하는 기술을 찾고 그 기술을 배우고 개발하여 자신을 교육하라. 교육과 연습은 결코 사라지지 않는 성공의 열쇠라는 것을 잊지 않아야 한다.

통제 가능한 범위 내에서 운영하라

돈을 버는 우리의 능력에 영향을 미치는 통제할 수 없는 요소는 많다. 경제, 경쟁사, 구글의 알고리즘, 사무실 정치 등. 우리의 영향력 밖에 있는 큰 요인들이 너무 많기 때문에 낙심하기 쉽다. 하지만 통제할 수 있는 것은 통제하고, 통제할 수 없는 것은 잊어버리라. 즉, 통제 가능한 범위 내에서 행동하라.

우리는 항상 성장할 수 있는 방법을 모색함으로써 자신의 기술을 배우고 개발하는 능력을 통제할 수 있다. 타고난 재능을 통제할 수는 없지만, 모든 인간은 스스로를 발전시킬 수 있는 능력을 가지고 있다. 그리고 필수 불가결한 사람들은 자신을 개선하여 더 많은 가치를 창출할 수 있는 방법을 적극적으로 찾는다. 매일 조금씩 성장하는 사람이 될 수 있는 방법을 찾는다. 그리고 감사하게도 그 어느 때보다 쉽게 배울 수 있다.

배움은 전통적인 교육에만 국한되어야 한다는 사고방식에 갇혀 있다면, 내가 좋은 소식을 전해주겠다. 우리는 디지털 시대에 살고 있다. 오디오, 전자책부터 유튜브, 팟캐스트, 온라인 강좌, 심지어 전통적인 대학까지, 거의 끝없이 많은 주제에 대해 배울 수 있는 방법-일부는 유료이고 일부는 완전히 무료-이 무궁무진하다.

새로운 것을 배우는 나의 과정

당신은 이렇게 생각할 수도 있다. "오케이. 밥, 이해한다. 교육은 없어서는 안 될 중요한 단계이며, 내가 이용할 수 있는 많은 자원이 있다. 하지만 어떻게 시작해야 할까?" 글쎄, 주제에 따라 크게 다를 수 있지만, 나는 수년에 걸쳐 대부분의 주제를 학습하는 매우 간단하고 (분명한) 접근 방식을 고안했다. 예를 들어 설명해 보겠다. 사워도우(Sourdough) 빵을 굽는 방법을 배우고 싶다고 가정해 보라. 다음은 방법을 배우기 위해 취할 수 있는 간단한 네 가지 단계이다.

1. 구글(네이버)과 유튜브를 조사하라.

먼저 '사워도우 빵 굽는 법'을 검색하거나 유튜브를 시청한다. 그런 다음, 찾은 5~10개의 결과를 읽거나 시청한다. 간단하지 않나? 더 있다. 이 결과 중 일부는 쓰레기일 수도 있고 일부는 좋은 결과일 수도 있지만, 이 시점에서 당신이 찾고 있는 것은 공통 맥락이다. 당신의 이해를 구조화하기 시작하는 구성 요소와 기본 원칙.

당신이 해당 주제에 대해 전혀 몰랐다고 가정할 때, 이를 통해 이해도를 크게 높일 수 있을 것이다. 그리고 가장 중요한 것은 학습과 연습을 계속하면서 세부 사항을 채울 수 있는 정신적 틀을 구축할 수 있다는 것이다. 당장 사워도우 빵을 굽는 프로가 되지는 못하겠지만, 아주 짧은 시간 안에 어제보다 훨씬 더 나은 빵을 만들 수 있을 것이다.

2. 연습, 연습, 연습.

다른 사람의 글을 읽고, 듣고, 보는 것은 학습 과정의 중요한 부분이지만, 배운 것을 실제로 적용하기 전까지는 아무 의미가 없다. 이 경우, 1단계에서 배운 내용을 사용하여 첫 번째 사워도우를 구워보라.

첫 번째 빵을 구울 때 실수를 할 가능성이 높으며, 이로 인해 더 많은 질문이 나올 것이다. 그럴 때는 답을 찾아보라. 종종 1단계를 다시 살펴보되, 특정 답을 찾기 위해 구글이나 유튜브에서 검색을 세분화해야 할 수도 있다. 사워도우 빵의 경우 '사워도우 초보자 관리' 또는 '끈적끈적한 반죽을 다루는 방법'과 같이 검색할 수 있다. 이러한 답변을 찾으면서 주제에 대한 이해가 계속 확장된다.

3. 해당 주제에 대한 가장 권위 있는 책을 찾아보라.

책은 대부분의 작가들이 최고의 내용을 저장하는 풍부한 정보이다. 또한, 비디오나 블로그 게시물보다 아이디어가 더 명확하고 잘 설명되어 있는 경우가 많다. 항상 그런 것은 아니지만(예를 들어 비디오 게임 기술을 생각해 보라), 나는 대부분의 주제에서 그것이 사실이라는 것을 알았다.

특정 주제에 대한 훌륭한 책을 찾기가 까다로울 수 있기 때문에 나는 아마존(Amazon)이나 굿리드스(Goodreads)를 즐겨 찾는다. 어떤 크림이 상위권에 올랐는지 빠르게 확인할 수 있다. 이러한 방법이 실패하면 '[주제]에 관한 최고의 책'을 구글에 검색하여 여러 가지 다른 결과 사이에서 공통점을 찾아보라. 곧 해당 주제에 관한 최고의 책 3~5권을 찾을 수 있을 것이다. 이 책들을 읽거나 들으면서 지식의 빈틈을 계속 채워 나가면 된다.

4. 기술을 숙달하라.

베스트셀러 작가인 말콤 글래드웰(Malcolm Gladwell)에 따르면, 특정 주제에서 숙달자가 되려면 약 10,000시간이 걸린다고 한다.² 그 기간 동안 매 시간, 매 순간을 한 가지 기술에 바친다고 상상할 수 있나? 엄청난 시간이다.

우리 대부분은 빵을 만들기 위해 이 정도의 제빵 기술에 도달할 필요가 없으므로 숙달은 과욕이며 실무 지식을 갖추는 것이 더 합리적이다. 하지만 좋아하는 것을 찾았다면 그 기술을 숙달하는 데 시간을 투자하고 싶을 것이다.

배우고자 하는 모든 기술이 네 단계를 모두 거치는 것은 아니다. 숙달을 위해 내가 결코 추구하지 않을 많은 미세 기술이 있지만 처음 세 단계를 사용하여 큰 가치를 발견했다. 예를 들어, 나는 이 책 쓰기 여정을 진행하면서 에이전트를 찾는 방법, 책 제안서를 작성하는 방법, 각 장의 개요를 가장 잘 작성하는 방법 및 기타 많은 글쓰기 관련 주제를 배우려고 노력했다. 책 기획안을 작성하는 데 있어 세계 최고가 될 필요는 없지만, 훌륭한 기획안을 작성하는 방법에 대한 실무적인 이해는 상당히 도움이 되었다.

내가 4단계까지 가려고 시도하는 주제는 성경과 돈 두 가지뿐이다. 이 두 가지 주제는 내 전문 분야에서 가장 가치 있고 내 인생을 바치고 있는 핵심 주제이다. 이 두 가지 주제를 위해 나는 수백 권의 책과 수천 개의 기사를 읽고, 멘토를 찾고, 배운 것을 수년 동안 실천해 왔다. 이 주제들을 숙달하기 위해

10,000시간이 걸리는 길의 어느 지점에 와 있는지는 잘 모르겠지만 크게 신경 쓰지 않는다. 그저 배우는 것을 좋아하기 때문에 각각에 대해 배우는 것을 계속 쫓아갈 뿐이다. 그러나 그것은 나에게 충분하지 않다. 그리고 당신도 좋아하는 것을 찾으면 지식에 대한 갈망이 쉽게 생길 것이다.

미세 기술의 가치

숙달하기 위해 10,000시간을 소비하지 않고도 처음 세 단계를 통해 기술을 배울 수 있다는 점을 기억하라. 나는 이를 미세 기술이라고 부르며, 당신의 업무나 경력을 위해 얻을 수 있는 이점은 수백 가지가 넘는다.

제니가 부동산 중개인이라고 가정해 보자. 그녀가 더 나은 중개인이 되는 데 도움이 될 수 있는 미세 기술에는 다음과 같은 방법이 포함된다.

- 의사소통 및 더 나은 경청자 되기.
- 더 효과적으로 협상하기.
- 에이전트로서 자신을 마케팅하기.
- 관련 비즈니스(즉, 주택 담보 대출, 인수 절차, 신용 점수, 검사 등)에 대한 지식 기반 늘리기.
- 더 나은 조사 능력 향상하기.
- 효과적인 네트워크 구축하기.
- 더 나은 단어 기억하기.
- 주택에 대한 더 많은 고객 확보하기.
- 더 나은 시간 관리하기.
- 이메일 마케팅을 사용해 고객과 소통하기.

- 공중인이 되기.

당신의 주위를 둘러보면 대부분의 사람들은 이 미세 기술을 통해 스스로를 향상시키지 않는다는 것을 알 수 있다. 그리고 이것이, 바로 남들보다 돋보일 수 있는 방법이다. 제니는 대부분 2단계(연습)를 거치지 않아도 되겠지만, 이 목록에 있는 미세 기술 중 절반만이라도 자신을 향상시킬 수 있다면 인기 있는 상담원이 될 수 있을 것이다.

> **당신의 빠른 시작**
> 이 도전을 빨리 마치고 싶은가?
> 자세한 내용은 195페이지로 이동하라.

나는 잠언 22:29에 나오는 "네가 자기 일에 능숙한 사람을 보았느냐 이러한 사람은 왕 앞에 설 것이요 천한 자 앞에 서지 아니하리라!"[3]라는 구절이 마음에 든다.

물론 이러한 모든 미세 기술을 배우고 개발하는 것은 하루아침에 이루어지지 않는다. 학습은 시간이 걸리는 투자이다. 하지만 학습이 투자라는 것을 이해하기 시작하면, 즉 평생 가지고 다닐 수 있고 앞으로 몇 년 동안 도움이 될 수 있다는 것을 이해하기 시작하면 쉽게 학습에 흥미를 느낀다.

목표는 지속적으로 발전하는 것이며, 성장을 습관화하는 것이다. 시간이 지남에 따라 더 많은 영향력과 더 많은 수입으로 노력의 결실 보게 될 것이다. 그렇게 하면서 계속 배우고 하나님이 주신 은사를 최대한 활용하는 것을 멈추지 마라.

16장

문제를 해결하거나 개선하라

15세기에 역사상 가장 위대한 혁신 중 하나가 등장했다. 요하네스 구텐베르크(Johannes Guttenberg)는 유럽에서 수백 년 전부터 사용되던 인쇄기 기술을 더 나은 방식으로 개선했다.*

구텐베르크 이전에는 유럽에서 대부분의 인쇄된 글자는 한 번에 한 권씩 손으로 복사하거나 나무, 돌 또는 금속 블록을 손으로 잘라 종이에 옮기는 방식이었다. 이러한 방식은 느리고 시간이 오래 걸리며 비용이 많이 들었기 때문에 책과 지식은 부유한 가정에서만 소유할 수 있었다.[1]

구텐베르크 인쇄기는 이전 방식보다 훨씬 빠른 속도와 더 저렴한 비용으로 인쇄할 수 있었다. 구텐베르크의 발명으로 책을 대량 생산할 수 있게 되었고, 책을 살 수 있는 부유층뿐만 아니라 모든 사람들에게 지식이 확산될 수 있

---

* 우리나라는 14세기 고려시대에 구텐베르크보다 앞서 세계 최초의 금속활자인 '직지심체요절'을 만들었다.(역자 주)

게 되었다.

그의 혁신은 말 그대로 세계의 역사를 바꿨다. 이제 성직자뿐만 아니라 모든 사람이 성경을 접할 수 있게 되었고, 이는 개신교 개혁으로 이어졌다. 또한, 글로벌 뉴스 네트워크를 시작하고, 정확성의 확산과 과학 연구와 데이터 등을 보급시켜 르네상스 시대를 열었다.[2]

역사를 공부하면 대부분의 위대한 발명품이 갑자기 나온 게 아니라는 사실을 알게 된다. 대부분은 이전의 아이디어나 기술을 개선한 것이었다. 아이작 뉴턴(Isaac Newton)도 1675년에 "내가 더 멀리 본 것이 있다면 그것은 거인의 어깨 위에 서서이다."[3]라고 썼다.

하지만 혁신은 발명가나 과학자만의 전유물이 아니다. 우리 모두는 업무 개선으로 세상에 영향을 미칠 수 있는 동일한 기회를 가지고 있다. 해결해야 할 문제를 찾기만 하면 된다.

더 많은 문제를 해결하라

수입을 늘리는 가장 좋은 방법은 더 많은 문제를 해결하거나 더 나은 것을 만드는 것이다. 주변에서 구매하거나 고용하는 제품, 앱 또는 서비스를 살펴보라. 문제를 해결하기 위해 비용을 지불하고 있을 가능성이 높다.

그리고 비즈니스는 사람들의 문제를 해결해 주는 대가로 돈을 받고 있다. 소유주, CEO, 중간 관리자 또는 우편물실 직원이라면 고객이나 상사를 위해 해결해야 할 문제가 있다. 더 크고 더 나은 솔루션을 제공할수록 당신은 더 중요한 존재가 되고, 더 많은 보상이 뒤따를 가능성이 높아진다.

우리는 입양 변호사에게 시간당 400달러를 지급했다. 반면 치포틀(Chipotle, 패스트푸드 체인점) 직원은 시간당 12달러를 받을 수 있다. 타코를 만드는 것이 훨씬 쉽게 해결할 수 있는 문제이기 때문에 치포틀 직원은 더 적은 임금을 받는다. 문제가 클수록 더 많은 비용을 청구할 수 있다.

인생의 어느 지점에 있든 극복해야 할 장애물은 존재한다. 화석 연료를 없애기 위한 노력이나 화성에 식민지를 건설하는 것과 같은 엘론 머스크 수준의 도전은 아닐 것이다. 하지만 대부분의 사람들은 해결해야 할 문제 목록은 끝없이 많다.

만일 당신이 직원이라면, 성공의 간단한 비결은 상사의 문제를 해결하고 줄여주는 직원이 되는 것이다. 베스트셀러 작가 토니 로빈스(Tony Robbins)가 말한다. "부의 비결은 간단하다. 다른 사람보다 남을 위해 더 많은 일을 할 수 있는 방법을 찾는 것이다. 더 가치 있는 사람이 되라. 더 많은 일을 하라. 더 많이 베풀어라. 더 넉넉하라. 더 많이 봉사하라."[4] 오늘 의뢰인, 고객 또는 상사를 위해 해결할 수 있는 문제를 찾아보자.

별 11개짜리 경험

혁신적인 아이디어를 떠올리는 가장 좋은 방법은 상사, 고객, 의뢰인에게 상상할 수 없는 놀라운 경험이 어떤 모습일지 자유롭게 토론하는 것이다. 나는 에어비앤비(Airb&b)의 공동 창업자이자 CEO인 브라이언 체스키(Brian Chesky)의 별 11개짜리 경험 연습을 즐겨 사용한다.[5]

방법은 다음과 같다.

1. 고객, 의뢰인 또는 상사에게 (좋지 않은) 별점 1점 경험은 어떤 느낌일지 적는다.
2. 별 5개의 (놀라운) 경험이 어떤 것인지 적는다.

3. 별 6, 7, 8, 9, 10, 11개의 경험을 계속 적는다(가능한 지점을 훨씬 지나서).

비즈니스 코치인 브라이언 해리스(Bryan Harris)가 체스키의 연습을 에어비앤비를 예로 들어 그 방법을 설명한다.

- 별 1개: 웹사이트에 접속 시 열리는 시간이 너무 오래 걸린다. 2분 이상 앉아 있다가 짜증이 나서 나가 버린다.
- 별 3개: 웹사이트가 열린다! 하지만 장소를 검색하면 몇 개의 결과만 나온다. 하나는 괜찮아 보인다. 주인에게 질문 메시지를 보냈지만 이틀이 지나도록 답장을 받지 못한다. 짜증이 나지만 어쨌든 예약을 한다.
- 별 5개: 멋진 장소를 여러 개 발견했다. 주인이 몇 분 안에 질문에 답변해 준다. 예약한 숙소에 도착했을 때 주인이 웃는 얼굴로 반갑게 맞아준다. 숙소가 깨끗하고 전망도 훌륭하며, 필요한 것이 있을 때마다 주인에게 쉽게 연락할 수 있다.
- 별 7개: 도착하자마자 아내와 나를 위한 선물 가방이 기다리고 있다. 우리 이름이 적혀 있다. 치즈, 과일 바구니, 초콜릿 송로 버섯이 곳곳에 배치되어 있다. 정말 놀란다.
- 별 9개: 예약 후 주인이 우리 집으로 생필품 꾸러미를 보내준다. 목적지에 도착하면 공항에서 차가 기다리고 있다. 집에 들어가면 개인 셰프가 저녁 식사를 준비하고 있다. 저녁 식사 후에는 안마사가 기다리고 있다
- 별 11개: 엘론 머스크가 공항에서 마중을 나온다. 공항에서 집까지 코끼리 등에 올라타고 이동한다. 많은 사람들의 퍼레이드가 우리를 환영한다. 엘론은 우리를 태우고 달을 한 바퀴 도는 개인 여행

을 떠난다.[6]

당신은 스스로에게 질문할 수 있다. "왜 극단적인 방법을 택하나요, 밥? 내가 어떻게 별 11개짜리 경험을 제공할 수 있겠나요?" 맞는 말이다. 하지만 불가능에 도전하면 별 6개, 별 7개, 별 8개 경험에서 실현 가능한 아이디어를 발견할 수 있다.

체스키는 설명한다. "이 과정의 요점은 9, 10, 11성은 실현 불가능할 수도 있다는 것이다. 하지만 미친 듯이 연습하다 보면 '그들이 나타나서 문을 열어줬다'와 '우주에 다녀왔다' 사이에 중간 지점이 있다. 바로 그 지점이 가장 좋은 지점이다. 거의 극한을 설계해야 되돌아올 수 있다."[7]

내가 이 연습을 좋아하는 이유는 무언가를 더 좋게 만들거나 보이지 않는 문제를 해결하는 데 도움이 되는 아이디어가 나온다는 점이다. 개선할 점이나 해결해야 할 문제에 대한 아이디어를 떠올리는 데 어려움을 겪고 있다면 이 방법을 꼭 시도해 보라.

나무는 하룻밤에 열매를 맺지 않는다

상사나 한 명의 고객을 위해 별 7개의 서비스를 한 번 제공한 후, 다시 별 3~4개로 돌아간다면 별다른 결실을 얻지 못할 수도 있다. 하지만 꾸준히 그 이상의 서비스를 제공한다면 눈에 띄게 될 것이다. 그리고 가장 중요한 것은 결국 발전의 진정한 원천이신 하나님께 영광을 돌리고 주목받을 수 있다는 것이다.[8]

당신이 사업주, 프리랜서, 직원, 자원봉사자, 전업주부 등 어떤 직업을 갖고 있든, 누군가를 위해 봉사하고 있을 가능성이 높다.

> **당신의 빠른 시작**
> 이 도전을 빨리 마치고 싶은가?
> 자세한 내용은 196페이지로
> 이동하라.

어떻게 하면 기대 이상의 서비스를 제공하여 상대방의 마음을 사로잡을 수 있을까? 봉사 받는 사람들에게 어떻게 별 11개 경험을 제공할 수 있을까?

나폴레옹 힐(Napoleon Hill)의 명언을 인용해 보겠다. "자신이 받는 것보다 더 많은 일을 하는 사람은 곧 자신이 하는 것보다 더 많은 대가를 받게 된다."

린다: 전 세계 모든 전업주부 부모님들께 감사의 인사를 전하고 싶고, 이에 대해 당신과 이야기를 나누고 싶어요. 이 별 11개짜리 경험은 당신에게도 적용될 수 있습니다.

저는 7년 동안 전업주부 생활을 해왔기에 당신을 존경한다고 말하고 싶어요. 당신은 가족에게 정말 소중한 자산입니다. 당신이 하는 일을 가족 누구도 하지 않죠. 눈에 띄지 않는 것처럼 보일 수 있지만 저는 당신을 봅니다. 당신의 수고와 노력을 보고 박수를 보냅니다!

이제부터 제 이야기를 들려 드릴게요. 이 이야기가 당신에게 도움을 줄 수 있었으면 좋겠네요. 제가 신생아를 키울 때는 살아남기 위해 최선을 다해야 한다는 마음가짐을 가졌었어요. 그럴 만한 이유가 있었죠. 육아가 엉덩이를 걷어차니까요! 하지만 그 시기를 벗어나기 시작했을 때는 회복 모드에 들어갔던 것 같아요. 아마도 제 자신을 망치려고 했기 때문에 예상보다 그것이 더 오래 지속되었던 것 같군요.

어떤 날은 낮잠이 필요했지만 어떤 날은 필요하지 않았죠. 그럼에도 불구하고 저는 그저 낮잠을 자고 싶어서 자곤 했어요. 그 대신 낮잠을 자고 일어난 후엔 가족을 위해 가족에게 최선을 다했어요. 그게 시간을 더 현명하게 사용할 수 있었던 방법 같아요. 당신이 지금 그 시기이고 가족에게 추가 수입이 필요하다면 두 가지 옵션을 고려해 보세요.

1. 더 많은 돈을 벌기 위해 부업을 한다.
2. 배우자를 잘 섬겨서 더 많은 돈을 벌 수 있도록 한다.

밥과 저는 집안일을 거의 분담하고 있어요. 사실 밥은 우리 집의 요리사이고(그렇다, 나도 안다!), 밥은 요리하는 것을 정말 좋아해요. 하지만 밥이 추가 근무를 할 때는 저는 밥이 음식을 만들어주지 않는다고 짜증을 내거나, 아니면 이 나쁜 녀석에게 별 11개를 주고 어떻게 도와줄 수 있을지 고민을 합니다.

저는 맛있는 음식은 못 만들어도(그는 요리를 정말 잘해서 저녁 식사에 초대하고 싶네요!), 배를 채울 수 있는 기본적인 음식은 만들 수 있거든요. 저는 투자 포트폴리오를 업데이트할 수는 없지만(그게 무슨 의미가 있을까요?), 우리 예산은 업데이트할 수 있어요. 저는 제초기 사용법은 모르겠지만, 잔디 깎는 기계를 꺼내서 잔디를 깎을 수는 있어요(또는 8살짜리 아들에게 잔디를 깎게 할 수도 있고요). 무슨 말인지 아시겠어요?

그리고 제가 조금이라도 도와주려고 노력하면 그는 정말 고마워합니다. 누군가 물에 빠졌을 때 당신이 구명조끼를 건네주면, 비록 물 밖으로 끌어내지는 못했더라도 진심으로 고마워하는 것과 마찬가지죠.

"내가 무엇을 기여할 수 있을까?"라고 스스로에게 물어보세요. 당신이 현재 일을 하고 있지 않더라도 직간접적으로 더 많은 수입을 올리는 데 도움을 줄 수 있을 겁니다.

17장

수요: 원하는 것을 제공하라

1853년, 골드러시 시대에 캘리포니아로 향하는 사람들이 저마다 금을 캐서 부자가 되려고 하는 모습을 지켜보던 한 청년이 있었다. 24세의 이 청년은 빈털터리가 되어 돌아온 99%의 광부들처럼 되지 않기로 마음먹고는, 사람들이 필요한 게 무엇인지를 알아내기 위해 직접 찾아 나섰다. 광부들이 바지가 찢어져서 더 튼튼한 작업용 바지가 절실히 필요하다는 소식을 들은 젊은 리바이 스트라우스(Levi Strauss)는 그 수요를 충족시키기로 결심했다.

100년이 훨씬 지난 지금, 그의 청바지 회사는 여전히 건재하며 그와 그의 가족에게 당대의 가장 운이 좋았던 금광업자보다 훨씬 더 많은 수입을 안겨주었다.[1]

우리의 일은 우리 자신에 대한 것이 아니다. 그것은 사람들에게 서비스를 제공하는 것에 대한 것이다.

우리의 업무, 기술 또는 제품에 대한 수요는 우리 자신에 대한 것이 아니다. 그것은 사람들에게 서비스를 제공하는 것이다. 우리 자신보다 사람들을 우선시하는 것이다. 그들이 요구하는 것을 제공하는 것이다.

약 150년 앞으로 거슬러 올라가면 아마존(Amazon)이 있다. 경쟁사보다 훨씬 더 고객이 원하는 것에 집중했기 때문에 전 세계의 쇼핑 방식을 바꾸고 있다.

- 고객은 나열된 10개 제품 중 가장 좋은 제품을 구매할 수 있기를 원했다. 아마존은 고객의 의견에 귀 기울여 고객이 웹사이트에서 제품을 평가할 수 있도록 했다. 이는 당시로서 매우 대담하고 과감한 조치였다.
- 번거로운 온라인 결제의 관행을 깨고 결제 과정을 최대한 빠르고 쉽게 만들었다.
- 모든 사람이 제품을 빨리 받기를 원하기 때문에 빠른 배송을 위해 끊임없이 한계를 뛰어넘었다.

아마존은 기존의 시스템과 방법론 대신 고객이 원하는 것을 기반으로 의사 결정을 내렸다. 고객의 욕구를 최우선으로 생각한 것이다. 덕분에 오늘날, 작은 온라인 서점으로 시작하여 거대 기업으로 성장하게 되었다.

비즈니스를 운영하거나 프리랜서인 경우, 이 방법을 적극 추천한다. 그렇다면, 한 회사의 직원이라면 어떨까? 직원으로서도 스스로에게 이 질문을 던져볼 수 있다. "매일 당신이 서비스를 제공하는 사람들은 누구일까?" 단골 고객일 수도 있고, 관리하는 직원이나 자원봉사자일 수도 있다. 실제 고객과 대화하지 않더라도 상사에게 서비스를 제공하고 있으며, 동료들과도 많은 교류를 할 수도 있다. 이러한 사람들을 고객이라고 생각하라. 어떻게 하면 이들에게 서비스를 제공하고 그들이 원하는 것을 더 잘 제공할 수 있을까?

린다: 몇 년 전에 밥과 나눴던 한 이야기가 떠오르네요. 그가 고용주가 된 후, 직원에 대한 생각이 어떻게 바뀌었는지 언급했었죠. 그는 "이 문제를 해결해 줄 사람이 필요해."라고 종종 말하곤 했어요. 만약에 직장을 구해서 직원이 된다면 상사의 삶을 더 편하게 만들어주기 위해 노력할 것이라고요. 상사의 삶을 편하게 만드는 것이 곧 고용 안정성이기 때문이에요.

고객이 무엇을 원하는지 어떻게 알 수 있나?

1. 고객이 이미 말하고 있을 수도 있다(또는 적어도 암시하고).

비록 당신이 고객, 동료, 의뢰인에게 무엇을 원하는지 물어보지 않더라도 그들의 일부는 당신에게 대담하게 말할 수 있다. 나는 고객이나 청중이 세 번이나 무언가를 요구하면 그것을 위한 제품을 만들라는 말을 들은 적이 있다.

내가 다니는 교회의 한 비디오 예술가는 동영상에 사용하는 독특한 효과로 유명해졌다. 그녀는 종종 사람들로부터 비디오 효과를 공유해 달라는 전화와 이메일을 받곤 했다. 거의 마지못해 부업으로 판매를 시작했는데, 곧 본업보다 더 많은 시간을 투자해 더 많은 수익을 창출하는 비즈니스를 운영하게 되었다.

매주 농산물 직거래 장터에서 채소를 많이 판매하는 농부는 방문하는 대부분의 사람들이 채소만 사가겠지, 라고 생각했다. 하지만 사람들은 그에게 어떤 종류의 토마토를 재배하는지, 어디서 그 모종을 구할 수 있는지 등 많은 질문을 했다. 고객의 말에 귀를 기울여야겠다 생각한 그는 가판대에서 채소 모종들을 판매하기 시작했다. 모종은 그의 비즈니스에서 큰 부분을 차지하게 되었고, 지금까지 가장 큰 수익을 창출하는 데 도움이 되었다.

힌트를 주거나 직설적으로 원하는 것을 말하는 상사가 있나? 프리랜서인 당신, 고객이나 의뢰인이 정기적으로 _____를 하는 사람을 알고 있는지 물어보는가? 해당 서비스를 제공할 수 있는 기술과 시간이 있는가? 당신의 능력 범위 내에 있다면 이를 구현하기 위한 조치를 취하는 것을 고려하라.

2. 그들에게 물어보라.

거의 모든 사람들이 자신의 의견을 공유하는 것을 좋아한다. 그렇지 않나? 그러니 그 점에 착안하여 고객이 원하는 것이 무엇인지 물어보라. 핵심은 고객이 최대한 쉽게 대답할 수 있도록 하는 것이다. 작은 마찰이라도 있으면 응답의 수가 줄어든다.*

> **간단한 통찰**
>
> 구글 폼(Google Forms)을 사용하여 무료로 간단한 설문조사를 만들 수 있다. 또는 SurveyMonkey.com에서 더 많은 기능을 사용할 수 있다.*

- 비즈니스 소유자: 당신의 고객에게 가장 큰 요구 사항, 필요 사항, 과제가 무엇인지 묻는 이메일을 보내라. 어떻게 도와줄 수 있는지 물어보라. 또는, 다음 분기에 다음 네 가지 신제품 중 고객이 가장 관심을 가질 만한 제품 출시를 고려하고 있다는 이메일을 보내보라.

---

* 네이버 폼(Naver Forms)을 사용할 수 있다.(역자 주)

- 직원들: 당신의 상사와 이야기하라. 상사에게 적극적으로 자신을 발전시켜 상사나 회사에 더 많은 자산이 되고 싶다고 말하라(바로 이 부분에서 많은 점수를 받을 수 있다). 상사에게 당신을 더 가치 있게 만들기 위해 성장할 수 있는 분야에 대한 제안을 해주기를 요청하라.
- 프리랜서: 고객이 계속 요청하는데 당신이 제공하지 않는 서비스가 있나? 그 서비스를 현실적으로 제공할 수 있다면 어떨까? 어떻게 그것을 할 수 있나? 주요 고객에게 이메일을 보내 그들의 가장 큰 문제가 무엇이고 어떻게 도와줄 수 있는지 물어보라.

> **당신의 빠른 시작**
> 이 도전을 빨리 마치고 싶은가?
> 자세한 내용은 196페이지로 이동하라.

3. 불만에 귀를 기울여라.

종종 간과되는 불만이 있다. 누군가가 불만을 토로한다는 것은 자신이 원하는 것을 얻지 못했다는 사실을 열정적으로 전달하고 있다고 생각해야 한다. 불만스러워 보이는 말은 소비자의 요구를 충족시키기 위해 어떻게 조정하고 재조정해야 하는지에 대해 많은 것을 말해줄 수 있으며, 우리는 그저 경청만 하면 된다.

- 비즈니스 소유자: 경쟁사 평가, 특히 나쁜 평가와 더 큰 경쟁사의 평가를 읽어보라. 이것은 보물이다. 사람들이 흔히 제기하는 불만 사항을 살펴보라. 패턴을 주시하라. 이를 통해 고객이 원하는 방향이 명확해지고 훌륭한 아이디어가 많이 떠오를 수 있다.
- 직원들: 당신의 동료나 상사의 불평에 귀를 기울여 보라. 만약에

"밥은 항상 3분씩 늦다. 정말 짜증이 나."라고 말하는 동료가 있다면, 이는 시간 엄수를 중요하게 생각한다는 뜻이다. 그렇다면 예상대로 정시에 도착하는 대신, 10분씩 일찍 도착하기로 결심한다면 어떨까? 시간 엄수를 중시하는 사람에게는 많은 것을 말해준다.

- 프리랜서: 같은 업계의 프리랜서들이 악명 높은 점은 무엇인가? 당신은 어떻게 그 반대가 될 수 있나?

4. 그냥 말하겠다. 사람들은 더 빠른 것을 원한다.

이것은 결코 사라지지 않을 것 같은 모든 사람의 보편적인 욕구이다. 이는 오늘날까지 계속되고 있는 아마존의 분명하고 명백한 집착이었다. 베조스(Bezos)는 항상 더 빠른 것을 원하는 인간의 본능적인 욕구를 잘 알고 있었다. 그래서 그는 끊임없이 혁신하고 이를 위한 방법을 모색해 왔다. 그 결과, 10~15년 전만 해도 4~5일 동안 내 택배를 기다려야 한다는 생각은 이제 비웃음거리가 되었다.

이제 대도시 지역의 대부분의 아마존 고객은 일반적으로 1~2일을 기대한다.* 그리고 앞으로 몇 년 동안 아마존이 더 빨리 물건을 받을 수 있는 방법을 계속 찾아내면서 그 기대치는 몇 시간으로 줄어들 것이다.

당신의 고객이나 상사가 원하는 것을 더 빨리 얻을 수 있는 방식으로 업무 또는 비즈니스를 구성하려면 어떻게 해야 할까? 해답은 까다로울 수 있지만, 아마존에서 보았듯이 더 빠른 제품과 서비스는 다른 사람들과 차별화되고 필수 불가결한 존재가 될 수 있다.

---

* 우리나라에서 쿠팡이 촉발한 배송 전쟁은 이제 당일 배송에까지 이르렀다.(역자 주)

18장

인생의 목적이 죽음에 무사히
도착하는 것처럼 살지 마라

내가 앞에서 이야기했던 해고에 대한 에피소드를 기억하는가? 내 블로그는 매달 전기세를 낼 수 있을 만큼 겨우 돈을 벌고 있었지만, 하나님께서는 이 블로그에 집중하라고 분명히 말씀하셨다.

그리고 나는 그것에 대해 괜찮게 생각했다. 한두 주 동안은. 하지만 청구서가 쌓이기 시작하면서 더 많은 돈을 빨리 벌지 않으면 저축한 돈이 금방 소진될 것임을 깨달았다.

그러던 중 일이 발생했다. 평소 존경하던 교회의 한 기업가가 갑자기 내게 일자리를 제안했다. 그냥 일자리가 아니었다. 내가 잘하는 일, 내가 좋아하는 일, 내가 정말 존경하는 분과 함께 하는 일이었다. 무엇보다도 방금 해고된 직장에서보다 두 배나 많은 급여를 받을 수 있었다.

기적과도 같았다. 내게 돌파구가 찾아왔다. 하나님께서 역사하셨고 우리는 순종의 열매를 거두고 있었다. 나는 너무 흥분해서 기도할 생각조차 하지 않고 그냥 "예."라고 대답했다. "언제 시작할 수 있나? 내일부터 시작할 수 있다. 아니면 지금 시작하면 안 될까? 지금 시작하라!"

하지만 하나님께서는 무언가 말씀하고 계셨다. 음성은 들리지 않았지만, 하나님과 내가 대화를 나눴다면 다음과 같이 진행되었을 것이다.

하나님: 맙소사! 아니야. 그게 아니야.
나: (듣지 못하게 하려고 음악을 더 크게 튼다.)
하나님: 그게 아니야.
나: 너야, 사탄? 이건 분명히 하나님의 축복이니까. 나는 기도했고, 우리는 순종했고, 이 모든 것이 완벽해. 하나님의 생각일 거야.
하나님: 아니, 그게 아니야. 신은 여기 있어.

이건 미친 짓이었다. 내 인생에서 일했던 어떤 직업보다 두 배나 많은 월급을 포기한다는 것은 미친 짓이었다, 그렇지 않나?

하나님: 내가 준 비전을 계속 따라가거라. 더 좋은 일이 있단다.
나: 하지만 하나님, 이것도 충분히 좋아요. 나는 이것으로 만족합니다. 하나님은 우리에게 만족하라고 말씀하셨잖아요. 글쎄요, 여기서 나는 만족하고 있어요. 대신 이걸 하면 어떨까요?
하나님: 나를 믿을 수 있겠니? 그렇게 하면 너는 기쁠 거란다.
나: 그럴 수 있지만 돈이 필요하고, 이 일을 하면 돈을 벌 수 있어요.
하나님: 어떤 직업보다 훨씬 더 좋은 것을 줄 수 있어. 날 믿어라.

끝내 나는 마지못해 상사에게 다시 전화를 걸어 유감스럽게도 그 자리를 맡을 수 없다고 말했다. 그 전화를 걸어 거절하는 것은 내 인생에서 가장 어려웠던 일 중 하나였다.

그 제안에 집중하지 않는 것은 정말 두려운 일이었다. 나는 수입원을 확보하는 것이 항상 최우선 과제라고 믿었지만, 하나님께서는 그분께 순종하는 것이 항상 최선의 방법이라는 것을 가르치려 하셨다. 그분은 나에게 부서지는 파도 위에서 그분과 함께하라고 하셨다.

초대

아주 오래전 어느 날, 한 무리의 사람들이 갈릴리 바다를 건너기 위해 배를 탔다. 뒤에 남아 있던 예수님은 나중에 제자들과 만나기로 했다. 제자들은 끔찍한 폭풍에 휩싸였다. 바람과 파도 사이로 한 인물이 제자들을 향해 걸어오는 것을 보았다. 예수님께서 폭풍 속에서 제자들을 만나고 계셨다. 예수님은 베드로를 부르시며 풍랑이 이는 바다로 나오라고 초대하셨다.[1]

제자들이 탄 배는 아무리 잘 만들어졌다고 해도 폭풍우에 휩쓸릴 수 있다. 배는 가라앉을 수 있고 우리를 실패로 이끌 수 있다. 하지만 예수님은 결코 그러지 않으신다. 그분과 함께 파도 위를 걷는 것이 그 어디보다 안전하다. 쉽지 않을 수도 있지만 언제나 위험을 감수할 가치가 있다.

수년 동안 하나님은 폭풍 속에서 린다와 나를 만나주셨다. 그분은 우리에게 그분과 함께 파도 위를 걷자고 하셨다. 우리가 신용 카드 빚을 갚기 위해 노력할 때, 그분은 우리에게 덜 하지 말고 대신 더 많이 기부하라고 초대하셨다. 그 결과, 예상보다 몇 년 더 빨리 목표에 도달했다. 우리가 가족을 늘리고 싶었을 때, 그분은 생각지도 못했던 입양으로 우리를 초대하셨다. 그 길은 우리 가족에게 완벽한 가장 큰 축복인 아이들을 얻게 해주었다.

내가 해고되었을 때 하나님은 다른 일을 찾는 대신 사업을 시작하라고 나를 초대하셨다. 그분의 계획은 나에게 최고의 직업적 성공을 안겨주었다. 하나님께서는 나에게 1년 동안 안식년(1년 동안 일하지 않는 것)을 갖도록 초대하셨다. 가족을 어떻게 먹여 살릴 수 있을지, 어떻게 해야 할지 몰랐지만, 하나님은 1년 내내 공급해 주셨다.

이런 상황마다 린다와 내가 육신의 눈으로 볼 때는 배에서 나오면 삶이 더 나빠지고 목표와는 정반대의 방향으로 갈 것 같았다. 하지만 예수님께서 물 위를 함께 걸어가자고 우리를 초대할 때마다 그분은 함께하셨다. 매번. 그리고 그것은 항상 우리가 기대했던 것보다 더 큰 축복을 가져다주었다.

나는 내 인생의 너무 많은 세월을 안전한 플레이를 하며 어떤 대가를 치르더라도 위험을 피하려고 노력했다. 그러나 나는 예수님께서 나를 초대할 때마다 물 위를 걸으면서 그 초대를 나의 나머지 날 동안 받아들이고 싶다고 결심했다.

당신은 어떤가?

린다: 밥이 해고에 대한 이야기를 할 때, 그 기간 동안 무슨 생각을 했느냐는 질문을 자주 받았어요. 우리에게는 분명 성장할 수 있는 기회였고, 결정을 내릴 수 있는 선물 같은 시간이었어요. 몇 달 동안 충분히 이야기하고, 생각하고, 기도한 후에 결정을 내릴 수 있었으니까요.

저는 떨렸지만, 밥의 반응에 자신감을 얻었습니다. 밥이 제게 준 가장 큰 안심은 돈이 필요하면 일자리를 찾을 때까지 구직 활동을 멈추지 않겠다는 것이었어요. 그는 최저임금 이상의 일자리를 찾고 있었지만, 그보다 못한 일자리는 없다고 확신했죠. 그는 더 좋은 직업을 구할 때까지 직장을 구하거나 블로그로 돈을 벌 때 까지 어디에서나 일했을 겁니다.

우리에게는 시간표가 있었어요. 블로그에서 3개월 동안 X달러를 벌지 못하면 다른 직업을 구하기로 했죠. 또한, 몇 달 동안 도움이 될 밥의 퇴직금이 있었기 때문에 약간의 완충재가 있었어요.

가장 큰 안도감은, 우리가 이 일을 함께하고 있다는 것이었어요. 우리는 한

팀이었으며 둘 다 결정에 동참했습니다. 만약 제가 "아니야, 일자리를 구하고 그것을 부업으로 해보자."라고 말했다면, 밥은 즉시 그렇게 했을 거예요. 저는 우리 둘이 이 일에 함께 일한 것이 돌파구를 마련한 것이라고 믿어요. 그리고 주님의 인도하심에 순종해서 정말 기쁘고요! 그 덕분에 우리 삶은 정말 축복받았습니다!

배에서 나오라

예수님은 우리에게 "생명을 얻게 하고 더 풍성히 얻게 하기 위해 오셨다."고 말씀하신다.[2] 나는 유진 피터슨(Eugene H. Peterson)이 《메시지》에서 언급한 '그들이 꿈꿔왔던 것보다 더 나은 삶'이라고 표현한 것을 좋아한다. 예수님이 우리를 초대하시는 이 부유한 삶에 어떻게 들어갈 수 있는지 알고 싶은가?

안전지대를 거부하라. 하나님이 당신을 위해 가지고 계신 것을 온전히 경험하기 위해 필요하다.

너무 많은 사람들이 편안함과 안전에 대한 환상을 위해 자신의 비전과 꿈을 내려놓았다. 하나님께서 당신의 마음에 품도록 한 사업 아이디어를 시작하거나, 그분이 인도하시는 방식을 따르거나, 그래야 한다고 알고 있는 습관을 깨뜨리려고 시도하는 것은 너무 위험해 보인다. 친구여, 우리의 안전지대는 항상 더 안전해 보일 것이다. 그러나 그것은 거짓말이다.

하나님께서 당신을 인도할 때, 그 길이 가장 안전한 길이 될 것이다. 목사이자 베스트셀러 작가인 마크 배터슨(Mark Batterson)은 《사자를 추격하라》에서 "모든 꿈의 여정에는 마치 인생의 목적이 죽음에 무사히 도착하는 것인 양 살아가는 것을 그만두어야 하는 순간이 찾아온다. 하나님의 개입 없이는 실패할 수밖에 없는 꿈을 좇아야 한다."라고 말한다.[3]

우리의 안전지대는
항상 더 안전해 보일
것이다.
그러나 그것은 거짓말이다.

하나님이 당신에게 비전과 꿈을 주셨다면, 그것을 추구하라. 안락한 배를 떠나라. 믿음의 도약을 하라. 예수님께서 파도 위의 풍경을 보여주시게 하라.

린다: 당신이 하나님을 따르는 한 그분의 은혜는 불편하게 느껴지는 모든 것을 통해 확장됩니다. 우리는 항상 은혜를 받고 있으며, 그분이 원하셔서 어려운 일을 헤쳐 나가야 할 때에도 그분은 결코 우리를 떠나지 않으십니다. 그분께 계속 붙어 있으면 무슨 일이 일어나는지 놀라게 될 것입니다!

파도에 맞서기

위험을 감수하는 것은 두려운 일이다. 비록 하나님께서 구원해 주실 것이라는 믿음을 선택하더라도, 나는 예수님을 처음 만난 베드로처럼 두려움에 휩싸이는 경향이 있다. 두려움에 빠진다. "성공하지 못하면 어쩌지? 실패하면 어쩌지?" 그럴 수도 있다. 하지만 만약 하나님이 말씀하신 대로라면 어떨까? 그분이 당신을 물 밖으로 들어 올려 파도 위에 발을 올려놓으신다면 어떨까?

10여 년 전에 나는 주식 두 개를 샀다. 각각 1,000달러를 투자했다. 3년 만에 그중 하나는 가치가 없어졌고 나는 투자금 1,000달러를 모두 잃었다.*
1,000달러를 잃는다는 것은 결코 즐거운 일이 아니었지만, 나는 그 일에 대해 전혀 흥분하지 않았다. 왜냐하면 내가 샀던 다른 주식은 10년 만에 1,500%나

---

* 주식에 투자한 금액의 100%를 잃는 경우는 매우 드물지만 발생할 수 있다.

오른 아마존이었다.*

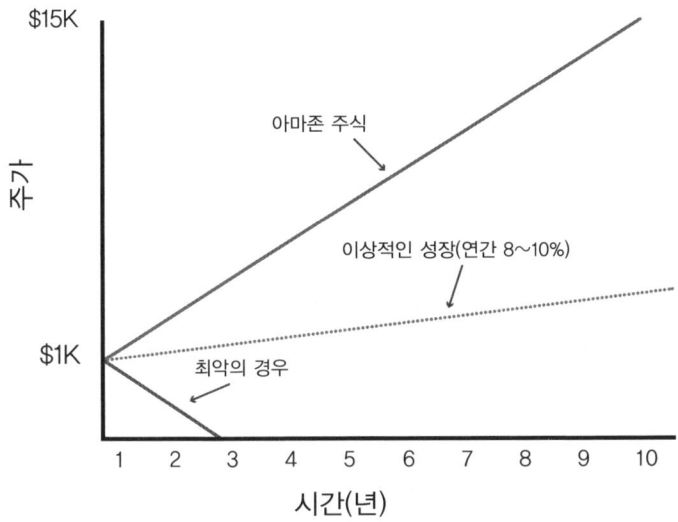

둘 다 예상치 못한 시나리오였다. 하지만 핵심은 각 주식의 하락 가능성이 내가 투자한 금액인 1,000달러라는 점이다. 나는 절대 1,000달러 이상 잃지 않을 것이다. 하지만 상승 잠재력은 무한했다.

이 이야기의 요점은 주식 선택에 대한 교훈이 아니라 우리가 얼마나 자주 하락 및 상승 잠재력을 정확하게 평가하지 않는지를 설명하기 위함이다.

나는 대부분의 사람들이 최악의 시나리오가 무엇인지 잘 알고 있다는 것을 종종 발견한다. 우리는 잃을 수 있는 것에 집중하기 쉽다. 하지만, 우리가 어려움을 겪는 곳에서 우리가 알 수 없는 무한한 가능성이 있다. 나는 더 나은 직장에 정착하기로 결심했지만, 그것이 하나님의 최선은 아니었다.

* 분명히 말하지만, 주식에 있어서도 이런 상황은 드문 경우이다.

당신이 하고자 하는 것의 실제 위험을 정직하게 살펴보라. 아마도 내가 했던 주식 투자와 비슷할 것이다. 당신은 아무 성과도 거두지 못하고 아무것도 남기지 못할 수도 있다. 아니면 하나님이 개입할 수도 있다. 만약 당신이 그 일을 추진한다면 어떻게 될까?

마크 배터슨은 말한다.

"한 가지 아이디어, 한 가지 위험, 한 가지 결정으로 완전히 다른 삶을 살 수 있다. 물론 인생의 가장 어려운 결정, 가장 두려운 위험을 감수하는 결정이 될 수도 있다. 하지만 꿈이 두렵지 않다면 그 꿈은 너무 작은 것이다."[4]

하나님이 함께한다면 잠재력은 무한하다. 그렇다면 어떤 두려움이 당신의 발목을 잡고 있나? 당신의 두려움을 없애기 위해 어떤 위험을 분석해야 할까?

두려움을 극복하기 위한 전략

창업을 시작하든, 직장을 그만두든, 해외로 이사하든, 그 밖의 어떤 일이든 의사결정 과정에서 상황을 제대로 분석하는 것이 중요하다. 리스크를 제대로 평가하지 않고 큰 결정을 내리면 큰 실패와 정체로 이어질 수 있다. 하지만 위험을 분석하기 위해서는 두려움을 직시해야 한다.

두려움은 우리의 생각과 신념을 왜곡하는 경향이 있다. 두려움은 부정적인 결과를 과대평가하거나, 잠재적인 긍정적인 측면을 과소평가하거나, 조치를 취하지 않았을 때의 대가를 무시하게 만들 수 있다. 이 세 가지 중 하나라도 경험하면 두려움에 사로잡혀 행동이 마비되는 경우가 많다.

어린아이에게 괴물처럼 우리의 두려움은 그림자처럼 크게 다가온다. 두려움에 빛을 비추고 두려움이 무엇인지 드러내면 우리는 그것에 맞서서 위험을 평가하며 앞으로 나아가기 위한 계획을 세울 수 있다.

나는 콘텐츠 제작자이자 작가인 팀 페리스(Tim Ferriss)의 두려움 극복 연습이 내 두려움을 밝히는 데 큰 도움이 되었다.[5] 내가 위험을 평가해야 할 때 이 도구를 사용하면 잠재적인 단점과 장점을 정확하게 추정하고 아무것도 하지 않을 때의 비용을 주목할 수 있다. 그것은 종종 나를 향한 하나님의 계획에 따라 앞으로 나아가기 위해 '엉덩이를 걷어차는' 역할을 하기도 한다.

두려움 설정 연습

1. 1단계

종이를 들고 정의, 예방, 복구의 세 가지 열로 나눈다.

정의	예방	복구
1.	1.	1.
2.	2.	2.

첫 번째 열에는 현재 상황에서 조치를 취하고 앞으로 나아갈 경우 최악의 시나리오를 생생하고 자세하게 정의하라. 상상할 수 있는 각 시나리오를 적어라. 구체적으로 작성하라. 원하는 변화를 상상함으로써 두려움이나 악몽, 만약의 경우를 남기지 마라.

팀은 다음과 같이 말한다.

"당신의 인생이 끝날까? 1~10점 척도 중 영구적인 영향은 어떤 것일까? 이런 변화는 정말 영구적일까? 실제로 이런 일이 일어날 가능성은 얼마나 된다고 생각하는가?"[6]

중간 열에는 이러한 최악의 시나리오가 발생하지 않도록 하기 위해 할 수 있는 일을 적어라. 이러한 시나리오를 막기 위해 취할 수 있는 현실적인 조치는 무엇인가?

마지막 열인 복구에는 최악의 시나리오가 발생했을 때 이를 복구하기 위해 취할 수 있는 조치를 적어라. X가 발생한다면 100%는 아니더라도 상황을 개선하기 위해 무엇을 할 수 있을까?

2. 2단계

다른 종이를 가져다가 '잠재적 혜택'이라고 라벨을 붙여라.

잠재적 혜택
1.
2.
3.
4.
5.
6.
7.

시도하거나 부분적으로만 성공했을 때 얻을 수 있는 모든 잠재적 혜택을 나열하라. 금전적인 측면뿐만 아니라 모든 측면에서 생각하라. 가족, 결혼, 영적 삶, 정서적 건강 등에 어떤 영향을 미칠 수 있나? 이러한 혜택의 영향력을 1점(전혀 영향 없음)에서 10점(상상할 수 없을 정도로 좋음)까지 평가하라.

3. 3단계

같은 용지(공간이 부족하면 다른 용지)에 6개월, 1년, 3년의 세 가지 열을 만든다. 각 열에 당신이 아무것도 하지 않으면 어떤 일이 일어날지 상상해 보라. 자세히 설명하라. 6개월이 지나도 아무런 조치를 취하지 않으면 어떤 결과가 발생하나? 1년? 3년?

팀의 질문은 이 단계가 얼마나 시급한지를 잘 보여준다.

"행동을 미루는 데 드는 재정적, 정서적, 신체적 비용은 얼마인가? 만일 당신을 흥분시키는 일을 추구하지 않는다면 1년, 5년, 10년 후 당신은 어디에 있을까? 환경이 자신에게 강요하도록 내버려두고 유한한 인생의 10년을 만족스럽지 않은 일을 하면서 보낸다면 어떤 기분이 들까?"[7]

종종 우리는 가장 고통스럽지 않아 보인다는 이유로 무대책으로 있는 경우가 많지만, 이는 거의 사실이 아니다. 이 연습을 통해 행동을 취하지 않을 때 치러야 하는 진정한 대가를 알아보라.

두려움 설계

이전 장에서 언급했듯이 회사에서 해고되었고, 전업 블로거로 사업을 시작하는 것이 두려웠다. 모든 잠재적 위험 때문에 두려움에 마비되었다. 내가 이 연습을 어떻게 진행했는지는 다음과 같다.

전업 블로거 되기		
정의	예방	복구
블로그에서 한 달에 100달러 이상의 수입을 올리지 않는다.	부업으로 추가 수입을 얻는다. 이베이 비즈니스? 스타벅스에서 일하기?	경쟁 회사에서 다른 직업을 찾는다.
퇴직금과 비상금이 모두 고갈된다.	1년 동안 생존 예산으로 생활한다.	마지막 회사를 통한 실업급여 사용

잠재적 이점

- 하나님의 인도하심에 순종하여 그분을 기쁘게 함.
- 나에게 의미 있는 일을 하고 (돈을 벌 수) 있음!
- 나 = 상사 = 내 스케줄을 자유롭게 정함.
- 가족과 더 많은 시간을 보낼 수 있음.
- 더 높은 수입 잠재력.
- 향후 업무에 활용할 수 있는 귀중한 기술 개발.
- 의무적 근무 없음!

무대책 비용		
6개월	1년	3년
비상 저축이 거의 고갈될 것이다.	긴급 저축이 완전히 소진되고 월세가 한 두 달 밀림.	파산, 퇴거당하고 부모님 집에서 살게 됨.
블로그에서 일하지 않음 = 수입 감소.	블로그 활동 없음 = 트래픽 없음 = 수입 없음.	블로그는 완전히 죽었고, 다시 살릴 희망이 없음.
나 자신에게 실망.		

내 앞에 놓인 두려움을 보고 관점이 완전히 바뀌었다. 여전히 앞으로 나아가는 것에 대해 걱정되었나? 물론 이 연습을 통해 모든 걱정이 사라지지는 않았다. 하지만 이 연습은 내 염려에 빛을 비춰주었고, 이점이 위험보다 더 크다는 것을 밝혀주었다.

팀의 조언 한 마디를 남기겠다.

"두려움 때문에 미루고 있는 것은 무엇인가? 일반적으로 우리가 가장 두려워하는 것은 가장 해야 할 일이다. 최악의 경우를 정의하고, 그것을 받아들이고, 실행하라. 이마에 새길 말을 반복하겠다. 우리가 가장 두려워하는 일은 대개 우리가 가장 해야 할 일이다."[8]

하나님만 바라보라

결국 하나님을 따르는 것은 위험을 감수하고 하나님과 동행하는 것이지, 거품 속의 안락한 꽃밭이 아니다. 그리스도인으로서 하나님께서 당신을 부르시는 일 중에는 여전히 두려운 일들이 있을 것이다.

그러나 그것이 두렵게 보일지라도 그분은 결코 당신의 곁을 떠나지 않으신다. 그리고 하나님이 우리를 부르실 때 그것은 항상 가장 안전한 선택이며 손해 볼 것이 없는 상황이다.

하나님에 대한 순종의 관점에서 재정적 행보의 틀을 짜라. 특히 말이 안 되는 상황일 때에도 말이다. 안전, 돈, 편안함, 그 어떤 것보다 하나님을 따르기로 선택하라.

하나님을 따르라, 친구.

빠른 시작 - 2부

6. 당신의 소명을 명확히 하라.
  (복습을 위해 151~160페이지를 다시 읽어보라.)

하나님께서 당신을 부르신 소명을 명확하게 파악하는 가장 좋은 방법 중 하나는 자신의 은사를 파악하는 것이다.

때때로 우리 고유의 은사와 재능을 분별하는 것이 어려울 수 있다. 당신이 그런 경우라면, 다음은 당신의 은사에 대한 실마리를 제공할 몇 가지 질문이다.

○ 15분 정도 시간을 내어 각 질문에 답해보라.
  - 대부분 다른 것보다 자신에게 더 쉽게 다가오는 것은 무엇인가?
  - 다른 사람에게는 일처럼 느껴지지만 나에게는 재미로 느껴지는 것은 무엇인가?
  - 대부분의 사람들이 왜 잘하지 못하는지 궁금하게 만드는 일은 무

엇인가?

막막한 느낌이 든다면 배우자, 친한 친구, 형제자매 또는 부모님께 이 질문에 대한 답을 부탁하라. 그들은 당신이 어떤 분야에 재능이 있거나 열정을 가지고 있다고 생각하나?

○ 그 은사를 파악했을 때, 하나님께 기도하며 그 은사를 어떻게 사용하시기를 원하시는지 물어보라.
○ 당신이 자신의 은사와 소명에 대해 확고한 확신을 가지고 있다면, 그 날은 쉬는 날이다.

7. 개선할 미시적 기술을 파악하라.
(복습을 위해 161~167페이지를 다시 읽어보라.)

사람들의 눈에 띄고 자신을 더 가치 있게 만들고 싶다면 미시적 기술을 배워 사람들에게 더 많은 가치를 제공하는 데 집중하라.

○ 몇 분 동안 자신의 직업과 관련된 5~10가지 기술을 생각해서 아래에 적어보라.

_____

_____

○ 위 목록에서 한 가지를 골라 그 분야에서 성장하기 위해 노력하라.
○ 달력이나 계획표에 해당 기술을 배울 수 있는 시간을 예약하라. 동영상이나 간단한 기사를 찾아서 읽어보라. 해당 주제에 관한 책에 대한 목록을 작성하라. 소셜 미디어에서 해당 기술의 달인을 팔로우하라.

8. 별 11개 경험을 통해 문제를 해결하라.

(복습을 위해 168~174페이지를 다시 읽어보라.)

이 과제의 목표는 의뢰인, 고객, 상사 등에게 더 나은 서비스를 제공할 수 있는 간과되었던 방법을 확인하는 것이다. 만일 당신이 직원이나 전업주부인 경우에도 여전히 다른 사람에게 서비스를 제공하고 있다는 사실을 기억하라. 이 연습을 진행하면서 다음과 같이 생각해 보라. 어떻게 하면 당신이 서비스하는 상대방의 마음을 사로잡을 수 있을까?

○ 종이 한 장(또는 컴퓨터)을 들고 15~30분 동안 별 11개 경험 연습을 완료하라.
○ 당신이 구현하고 유지할 수 있는 이 연습에서 어떤 아이디어가 있나? 오늘 무엇을 시작할 수 있는가? 시작하는 데 시간이 걸리는 부분은 무엇인가? 이러한 새로운 아이디어를 개발하기 위한 계획을 세우라.

9. 수요를 파악하라.

(복습을 위해 175~180페이지를 다시 읽어보라.)

당신이 서비스를 제공하는 사람들이 무엇을 원하는지 파악할 수 있다면 필수 불가결한 존재가 될 수 있다. 첫 번째 단계는 고객에게 물어보는 것부터 시작하는 것이 가장 간단할 수 있다.

- 직원들: 시간을 내어 상사를 만나라. 상사에게 적극적으로 자신을 발전시켜 회사나 그의 자산이 되고 싶다고 말하라(바로 이 부분에서 많은 점수를 받을 수 있다). 그들에게 더 가치 있도록 당신이 성장할 수 있는 분야를 제안해 주도록 부탁하라.
- 비즈니스 소유자: 고객에게 이메일을 보내 가장 원하는 것, 필요한 것, 어려운 점이 무엇이며 어떠한 도움이 필요한지 물어보라.
- 프리랜서: 주요 고객에게 이메일을 보내 어떤 문제를 겪고 있는지, 어떠한 도움이 필요한지 물어보라. 이를 대화로 전환하여 더 깊은 통찰을 얻어라.
- 살림하는 부모: 당신이 결혼한 경우 배우자와 대화를 나누고, 실제로 돈을 벌지 않더라도 가족을 도울 수 있는 방법을 자유롭게 토론하라.

○ 위에서 얻은 영감이나 자신만의 아이디어를 바탕으로 당신이 서비스하는 상사, 고객, 혹은 가족들에게 나은 서비스를 제공할 수 있는 방법을 찾아보라.

10. 두려움을 극복하라.

(복습을 위해 181~193페이지를 다시 읽어보라.)

직업을 발전시키다 보면 두려움에 직면하게 된다. 이제 두려움에 익숙해져야 할 때이다. 이 연습은 걱정과 의심에 맞서고, 그것들에 빛을 비추며, 그것들이 작은 원수라는 것을 깨닫게 된다.

당신을 가로막고 있는 큰 두려움이 없더라도, 이번 기회에 거의 항상 그림자 속에 숨어 있는 작은 두려움을 찾아보라. 다음은 생각해 볼 수 있는 몇 가지 질문이다.

- 당신이 미루고 있지만, 하나님이 하도록 이끄시는 일에는 어떤 것이 있나?
- 시작하기 어려운 일에는 어떤 것이 있나?
- 당신의 업무에서 불안을 유발하는 요인은 무엇인가?

○ 두려움 설정 연습을 완료하라.

3부

할 수 있는 모든 것을 기부하라

현세적인 소유는 영원한 부로 바뀔 수 있다.
그리스도께 드려지는 것은 무엇이든 즉시
불멸의 것으로 바뀐다.

- A. W. 토저(Tozer)

매년 더운 여름이 되면 린다와 나는 아이들을 데리고 지역 박람회에 간다. 공기 중에 퍼지는 깔때기 케이크 냄새, 우뚝 솟은 대관람차, 아이들의 스릴과 흥분 등 모든 것이 기대된다. 그리고 다른 많은 박람회와 마찬가지로, 지역 박람회는 그곳에서만 사용할 수 있는 티켓을 구매하여 화폐 대신 사용해야 한다. 이것이 바로 윌리엄슨 카운티 박람회(Williamson County Fair)의 화폐이다.

매번 우리 가족은 구입한 티켓을 모두 사용하기 위해 엄청 노력한다. 이유가 뭘까? 구입한 티켓은 박람회가 문을 닫는 순간, 쓸모없는 종이 쪼가리로 변하기 때문이다. 1,000장의 티켓을 가지고 있고 그것으로 원하는 놀이기구를 마음껏 탈 수 있다고 해도, 그 가치는 박람회가 끝나는 순간 함께 소멸된다.

우리의 삶도 마찬가지이다. 은행 잔고, 투자금, 모든 물건의 형태로 티켓을 모을 수 있지만, 삶이 끝나면 티켓은 아무 가치가 없어진다. 물론 예외는 있지만 말이다.

만약 당신이 박람회 티켓 1,000장을 가지고 있는데 사람들에게 한 장씩 나눠주어서 그들이 놀이기구를 탈 때 당신의 은행 계좌로 10달러가 입금된다면 어떨까? 그렇다면 당신은 최대한 많은 티켓을 나눠주는 데 시간을 집중하게 될 것이다. 박람회가 끝나서 가치가 없어지더라도, 당신은 그 가치를 실제 화폐로 교환할 수 있는 기회를 얻게 되는 것이다.

젊은 가족들이 놀이기구를 즐기며 미소 짓는 모습이 눈에 보이는가? 웃음소리가 들리는가? 회전목마를 탄 아이들이 부모님 앞을 지나갈 때 손을 크게 흔드는 모습이 너무 평온하다. 다른 사람들의 삶에 그런 기쁨을 만들어준다면 그날은 내 인생 최고의 날 중 하나가 될 것이다. 그런 기쁨을 만든 후에는 앞으로 몇 년 동안 사용할 수 있는 실제 화폐를 가지고 돌아갈 수 있다.

박람회 티켓을 나누어 실제 화폐로 전환하는 이 아이디어는 하나님의 기부와 영원한 보물을 연결하는 방식과 크게 다르지 않다. 예수님께서는 친히 말씀하시기를, "너희 소유를 팔아 구제하여 낡아지지 아니하는 배낭을 만들라. 곧 하늘에 둔 바 다함이 없는 보물이니, 거기는 도둑도 가까이 하는 일이 없고 좀도 먹는 일이 없느니라."[1]

이 구절을 바꾸어보겠다. "자, 이제 가서 박람회 티켓을 나눠주어라. 그렇게 하면 천국에 있는 당신의 계좌에 예금이 쌓여 영원히 지속될 부를 쌓을 수 있다."

넷플릭스 주식으로 벌어들인 모든 돈

몇 년 전, 처음 넷플릭스에 가입했을 때 나는 주식을 사볼까 생각했다. 서비스가 마음에 들었고 엔터테인먼트의 미래가 될 것 같았기 때문이다. 당시 주당 가격은 약 3달러였는데, 이 글을 쓰는 지금 그 3달러짜리 주식은 488달러의 가치가 있다.

내가 얼마나 많은 주식을 샀는지 알고 싶은가?

0주이다.

나는 단 한 주도 사지 않았다.

워런 버핏(Warren Buffett)은 "주식 시장은 콜드 스트라이크(called strike, 타자가 배트를 휘두르지 않고 가만히 서 있는 상태에서의 스트라이크 존에 공이 들어가는 것)가 없는 게임이다. 모든 것에 다 휘두를 필요는 없으며, 당신의 투구 타이밍을 기다리면 된다."라고 말했다.[2] 하지만 넷플릭스 크기의 투구를 돌아보며 얼마

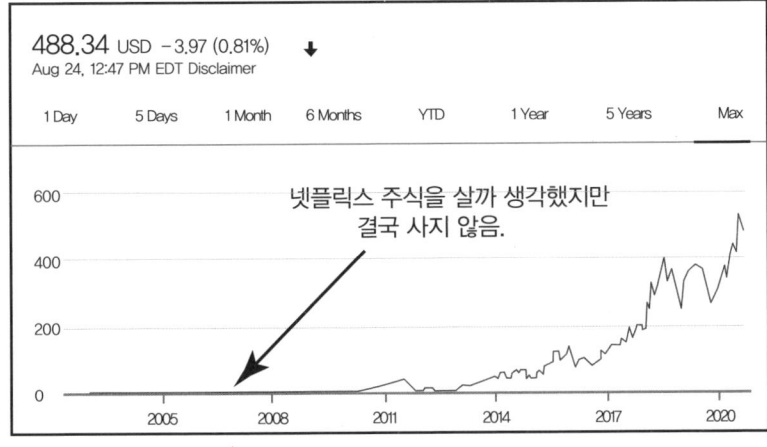

Source: "Netflix Inc.," Google Finance, www.google.com/finance/quote/NFLX:NASDAQ.

나 잘했는지 판단하고, 내가 스윙하지 않았다는 것을 인식하기는 어렵다. 마찬가지로 천국에 간 후, 기회가 있었는데 더 많은 영원한 부를 저축하지 않았다고 자책하고 싶지는 않다.

랜디 알콘(Randy Alcorn)은 그의 저서 《보물 원칙》에서 "기부를 방해하는 가장 큰 요인은 바로 지구가 우리의 집이라는 착각이라고 확신한다."고 말한다.[3]

이 점을 염두에 두고 그 원리의 3부, 즉 할 수 있는 모든 것을 나누는 단계로 넘어가려 한다. 우리가 진정으로 이 땅에 머무는 짧은 시간을 '하늘에 있는 당신의 계좌에 예금을 쌓을 수 있는 기회'[4]로 여긴다면, 그 계좌를 채우기 위해 최선을 다하는 것이 당연하다.

우리는 주변 사람들의 삶에 유익을 주고 모험과 축복의 삶을 살 뿐만 아니라 그것을 하늘의 계좌에 영원히 예치할 수 있다는 것을 기억해야 한다. 이것은 전혀 나쁘지 않은 거래이다. 그러니 박람회 티켓을 현명하게 사용하라. 어떻게 생각하는가?

19장

기부에 대해 생각했던 모든 것이 틀렸다

수년 전 어느 일요일 아침, 나는 작은 교회의 회중석에 앉아 초청 설교자가 메시지를 전하기를 기다리고 있었다. '빌'이라고 불리는 그 설교자는 (이름이 기억나지 않는) 유명 설교자와 긴밀히 협력해 왔으며 곧 말씀을 전할 예정이었다. 나는 그 공간이 흥분되었다. 그가 유명 설교자와 함께 일했다면 정말 좋은 말씀을 전해줄 것이기 때문이다. 나뿐만 아니라 75명의 회중 전체가 빌과 그의 설교를 듣고 싶어서 기다리고 있었다.

메시지는 기부에 관한 내용이었다. 사실, 그의 찡그린 표정부터 기억이 난다. 강단 뒤에 있는 동안, 빌은 단 한 번도 웃지 않았다. 심지어 설교 도중에는 "여기 십일조를 안 하는 사람이 어디 있나요?"라고 화를 냈다.

나는 입이 떡 벌어졌다. 분명 수사적인 질문이었지만 그의 목소리는 그렇지 않다는 것을 알 수 있었다. 그는 실제로 대답을 원했고 대답을 듣기 전까지는 넘어가지 않으려 했다.

"지금 무슨 일이 일어나고 있는 걸까?" 이런 경험은 처음이었다. 당시 나는 직업이 없었기 때문에 그의 심문으로부터 '안전하다'고 느꼈다. 하지만 손바닥에 땀이 나기 시작했다. 쥐구멍이 있다면 숨고 싶다는 생각이 간절히 들 정도였다. 정적은 귀를 막았다.

빌은 계속 기다렸다. 나는 이 고통스럽고 어색한 순간을 피할 방법이 무엇일지 계속 생각했다. "옆문으로 나가야 하나? 빌 몰래 빠져나갈 수 있을까?" 하지만 내 발은 바닥에 딱 붙어서는 움직이지 않았다. 나는 그대로 앉아 있었고 상황은 더 나빠졌다.

그는 다시금 질문했다. 사람들이 대답을 하지 않자 다시 질문했다. 또다시, 그리고 몇 번 더. 마치 FBI 형사처럼 단호했고 답을 듣는 것이 자신의 정당한 의무라고 생각하는 것 같았다.

그때 두 사람이 손을 들어 십일조를 꾸준히 하지 않았다고 인정했다. 마침내 나에게는 안도감이 찾아왔지만, 손을 든 두 사람에게는 안도감이 아니었다. 빌은 두 사람을 단상 앞으로 불러서는 십일조를 하지 않은 것에 대해 모두의 앞에서 회개하게 하였다. 이것이 내가 지어낸 이야기였으면 좋겠지만 결코 지어낸 게 아니다. 그곳에 앉아 있는 모두는 벽에 붙은 73마리의 파리가 되어야 했다. 참담했다.

그쯤 되면 그가 동정심을 보일 거라고 생각했지만 그렇지 않았다. 빌은 계속해서 "그들의 방식이 잘못되었다."고 공개적으로 꾸짖었다. 그곳에 있던 나머지 사람들은 빌이 더 이상 우리를 노리지 않는다는 사실에 안도의 한숨을 내쉬었다. 희생양이 된 두 사람에게 미안한 마음이 들긴 했지만.

마침내 끝났다. 두 사람은 힘겹게 자리로 돌아갔고 빌은 아무 일도 없었다는 듯이 메시지를 계속 전했다.

당시 새신자였던 나는 그 순간이 기부에 대한 내 관점을 형성하는 데 도움을 주었다고 생각한다. 당시 나는 성경에 대해 잘 몰랐고, 그것이 지식의 전부였다. 그것은 내가 생각했던 기부의 모습과는 거리가 멀었다. 예수님께서 "주는 것이 받는 것보다 복이 있다."[1]고 하신 말씀이 이런 의미였다면 나는 그 말씀을 믿지 않았을 것이다.

압박에 반응하지 않음

다행히도 당신은 이런 경험을 해본 적이 없길 바란다. 하지만 기부를 하거나 기부에 대해 생각할 때 의무감이나 죄책감을 느낀 적이 있을 것이다. 나는 식료품점에서조차 그런 경험을 한다.

내 뒤에 다른 세 명의 고객과 함께 줄을 서 있는데 계산원이 "동물 투표권을 위해 1달러를 기부하시겠어요?"라고 묻는다. 솔직히 말해도 될까? 나는 이렇게 공개적으로 질문을 받는 게 정말 싫다. 동물에게 투표권이 없어야 한다고 생각하는 것은 아니다. 동물 투표를 지지하기 위해 기부하고 싶지 않다는 뜻도 아니다. 공개적으로 받는 질문은 압박감과 부담감이 느껴진다는 것이다. 특히 내 앞에 있던 두 고객이 모두 기부를 했는데 나는 기부를 하지 않으면 내 뒤에 줄을 서 있는 낯선 사람들이 나를 나쁘게 판단할까 봐 두렵다.

나는 아담과 이브 때부터 내 주위의 누구도 아는 사람이 없다. 내가 기부할지 말지에 대한 그들의 의견은 중요하지 않아야 한다. 하지만 그들은 내가 마음에도 없는 것에 기부하도록 압력을 가하고 있다. 그들은 아마도 그들이 스트레스를 유발하고 있다는 사실조차 모를 것이다.

오랫동안 나는 사람들이 기부를 하는 유일한 이유는, 압박에 대한 반응으로 마지못해 하는 것이라고 생각했다. 교회에서 우리 중 일부는 그저 기부는 해야 하는 것이라서 할 수도 있다. 우리는 그 여분의 현금이 다음 목표 성취에 얼마나 큰 도움이 될지, 그 돈으로 얼마나 많은 데이트를 할 수 있을지 알기 때문에 마지못해 기부한다. 기부는 손실처럼 느껴진다.

때때로 기부는 우리의 감정을 이용한 잘 짜여진 마케팅 전략에 의해 왜곡

되기도 한다. 우리가 특정 자선 단체에 기부하는 이유는 우리가 받은 축복에 대한 죄책감과 기부를 하지 않으면 탐욕스러운 사람으로 인식될까 봐 두려워서이다. 친구와 가족에게 주는 크리스마스 선물조차도 죄책감과 대가성으로 가득 차 있다. 작년에는 내가 린다에게 선물을 했으니 올해는 꼭 린다가 나에게 선물을 해야 한다.

지금까지 내가 알기로 기부는 일종의 자기 과시였다. 마치 중세 예수회에서 스스로를 채찍질하는 행위처럼 고통스러워야 하는 것이었다. 모든 것을 다 바치고 가난한 사람처럼 살아도 하나님을 만족시키기에 충분하지 않다는 끊임없는 죄책감으로 점철되어 있었다.

아니, 기부는 확실히 즐겁지 않았다. 기부의 목적에 어긋나기 때문에 기쁨이나 긍정적인 감정이 없었다. 나는 죄책감과 의무감이 기부, 특히 헌금 통에 기부를 하는 동기가 될 수 있다고 확신했다.

내가 더 이상 틀릴 수 없다는 것이 드러났다. 하지만 진실을 알기 전에 나는 거의 모든 부담감으로 가득 찬 기부의 뿌리인 죄책감과 수치심을 발견해야 했다.

죄책감과 수치심의 위험

대부분의 사람들은, 탐욕이란 원수가 우리의 넉넉함을 억제하기 위해 사용하는 감정이라고 생각하지만, 나는 죄책감과 수치심이 더 효과적인 적의 도구가 될 수 있다고 확신한다. 지역 박람회 이야기를 기억하나? 1,000장의 티켓이 있고, 티켓 한 장당 10달러씩 은행 계좌에 입금된다고 말했다. 그리고 그 티켓을 나눠줄 때의 짜릿한 스릴을 기억하나?

나는 1,000장의 티켓을 어떻게 하면 가장 잘 사용할 수 있을지 고민하는 내 모습을 상상해 본다. 팝콘 가게 앞을 지나가는데 사람들 사이에서 "밥은 너무 이기적이야. 그 티켓 중 일부는 가족을 위해 사용할 계획이라는 걸 알고 있었나?"라는 수군거림이 들린다.

나는 대수롭지 않게 넘기며 신경 쓰지 않으려고 노력한다. 하지만 또 다른 사람이 내 티켓 사용 방식을 비판하는 소리가 들린다. 더 많은 비판이 쏟아지자, 나는 스스로에게 질문을 던지기 시작한다. "내가 충분히 기부하고 있는 건가? 아이들이 박람회를 즐길 수 있도록 이 티켓을 사용해야 하는 걸까?" 그러자 또다시 군중 속에서 "밥, 어떻게 감히 자신을 크리스천이라고 부를 수 있나. 당신이 정말 크리스천이라면, 어떤 아이들에게는 티켓 한 장만 사용하고 당신의 아이들에게는 티켓 세 장짜리 놀이기구를 타게 하지는 않을 것이야."라고 말한다.

부끄러움이 내 마음을 채우기 시작한다. 이제 나눔의 기쁨과 아이들의 웃음소리는 내 가슴을 분노로 가득 채우는 날카로운 소리에 지나지 않는다.

그런 말들로 인한 죄책감과 수치심은 기부의 기쁨을 앗아갈 것이다. 기부는 비참한 경험, 즉 일종의 형벌과도 같게 될 것이다. 이 티켓을 나눠줘야 한다는 생각에 마음이 무겁고 우울한 채로 박람회장을 돌아다니는 내 모습이 떠올랐다. 너무 많은 복잡한 감정에 눌려서 도저히 엄두를 내지 못한다. 죄책감을 느낀다. 나는 문을 닫는다. 포기한다.

지난 몇 년 동안 나는 시드타임(SeedTime) 커뮤니티에서 수많은 독자들과 기부에 관해 이야기를 나누었다. 나는 사람들이 수치심이나 죄책감에 압박을 받으면 더 많이 기부하지 않는다는 것을 발견했다. 기부를 적게 한다. 그리고 동시에 그것을 경멸한다.

하지만 이것은 기부에 대한 하나님의 계획이 아니다. 우리는 압박감, 죄책감, 수치심 때문에 기부해서는 안 된다. 대신, 하나님께서는 더 나은 길을 가지고 있다. "각각 그 마음에 정한 대로 할 것이요, 인색함으로나 억지로 하지 말지니 하나님은 즐겨 내는 자를 사랑하시느니라."[2]

잠깐만? 성경은 실제로 마지못해 기부하거나 압박감을 느껴서 기부하지 말라고 말씀하는가? 기쁜 마음으로 기부하라고 말씀하는가?

그렇다. 그렇다. 식료품점에서든 어디에서든 말이다.

유쾌한 기부자

내 여동생이 막 대학 3학년이 될 때였다. 그녀는 숙제를 할 때 부모님의 구식 데스크톱 컴퓨터를 사용하기 때문에 몇 달 동안 노트북을 갖고 싶어 했다. 그녀는 노트북을 사달라고 하지는 않았지만, 나는 동생이 얼마나 노트북을 원하고 얼마나 노트북이 필요한지 알고 있었다. 그리고 그녀의 생일이 다가오고 있었다.

노트북을 사주고 싶었지만 돈이 빠듯했다. 린다와 나는 주당 45달러의 식비로 생활하는 신혼부부였고 추가 수입은 전혀 없었다. 그러니 여동생에게 노트북을 사줄 500~1000달러는 당연히 없었다. 비록 자금은 부족했지만 시간과 마음은 있었다.

나는 차를 몰고 동네 곳곳의 창고 세일을 찾아다니며 판매자를 찾기 시작했다. 여러 번 빈손으로 돌아온 끝에 마침내 멋진 노트북을 찾았다. 불과 몇 년밖에 되지 않았고 사양도 훌륭하고 상태도 좋았는데 놀랍게도 75달러만 받고 팔았다.

집으로 가져와서 깨끗이 닦고 그녀가 들고 다닐 노트북 가방을 샀다. 드디어 중요한 날을 맞이할 준비가 되었다. 린다와 나는 선물을 포장하면서 기대감에 부풀었다. 이 소박한 선물이 동생에게 얼마나 큰 의미가 될지 알았기 때문이다. 그리고 이 축복을 동생의 손에 쥐어주는 데 함께할 수 있어서 감격했다.

　선물을 열어본 그녀의 표정을 절대 잊지 못한다. 내 기억 속에 영원히 새겨져 있다. 나는 지나치게 감정적인 사람은 아니지만, 이 순간은 나를 정말 감동시켰다. 지금까지도 내가 가장 좋아하는 기부의 순간 중 하나로 남아 있고, 내 인생에서 받는 것보다 주는 것이 더 즐거웠던 첫 순간이었다. 그리고 나는 더 많이 하고 싶었다.

　이 잊을 수 없는 순간은 선물의 액수보다 몇 가지 핵심 요소의 결합이었다. 기꺼이 그녀를 축복하려는 마음과 진정한 열망. '뿌리는 자에게 씨를 주시는 하나님'[3], 무조건적인 필요의 충족, 그리고 너무 감격하는 수혜자. 이 모든 요소들이 한데 어우러져 기부에 대한 잘못된 믿음을 무너뜨리고, 기부가 어떤 것인지 다시 떠올리게 하는 잊을 수 없는 순간이 찾아왔다.

과학적으로 입증된 행복을 만드는 기부

예수님께서 직접 "주는 것이 받는 것보다 복이 있다."[4]고 말씀하셨기 때문에 과학적 증거가 필요하지는 않지만, 나는 수천 년 동안 성경에 나오는 개념이 과학적으로 증명되는 것을 항상 좋아한다.

기부가 받는 것보다 더 높은 수준의 행복을 가져온다는 것을 증명하는 수많은 연구가 있었다. 가장 광범위한 연구 중 하나는 5년 동안 2,000명의 미국인을 대상으로 실시한 설문조사였다. 결과는 매우 흥미로웠다. 연구 결과, 꾸준히 기부하는 사람은 다음과 같은 결론이 나왔다.

- 넉넉하지 않은 사람보다 더 행복하다.
- 질병과 부상을 덜 겪는다.
- 더 큰 목적의식을 가지고 산다.
- 우울증을 덜 경험한다.[5]

이제 확인했다. 기부는 일종의 기적의 약과도 같다.

몇 년 후, 주말에 친구들이 우리 집에 놀러 왔다. 우리는 친구들이 재정적으로 어려움을 겪고 있다는 것을 대략적으로 알고 있었지만, 그 금액이나 그들이 재정적 기적을 위해 기도하고 있다는 사실은 전혀 몰랐다.

집으로 돌아가기 위해 짐을 싸고 있을 때, 우리는 그들에게 식탁에 함께 앉자고 했다. 린다와 나는 주님께서 그들을 우리 마음에 두셨다고 말했고, 하나님께서 그들에게 재정적 선물을 주도록 인도하시는 것을 느꼈다.

노트북보다 훨씬 더 큰 선물이었다. 사실 그 당시에는 우리가 쓴 수표 중 가장 큰 액수였을 것이다. 나는 이런 일을 한 번도 해본 적이 없었기에 그들에게 이 수표가 어떻게 받아들여질지 전혀 몰랐다.

나는 긴장한 채로 수표를 테이블 위에 올려놓았다. 그들은 그 금액을 보고 눈물을 흘렸다. 수표는 우리가 상상했던 것보다 훨씬 더 큰 의미가 있었다. 더 많은 이야기를 나누면서 린다와 나도 눈물을 흘리기 시작했다.

이것은 단순한 수표보다 훨씬 더 큰 것이었다. 우리는 그들의 삶에서 중요한 기적의 일부가 되었다는 것을 깨달았다. 우리는 하나님이 하시는 일을 가장 가까이에서 지켜볼 수 있었을 뿐만 아니라 기적의 주인공이 될 수 있었다.

이런 기적을 베푸는 것이 얼마나 만족스러운 일인지 말로 다 표현할 수 없다. 하나님의 기적과 도움이 필요한 수혜자 사이의 거룩한 맺어짐의 한 부분이 된다는 것은 정말 대단한 일이다. 인생에서 가장 큰 기쁨 중 하나임에 틀림없다. 그리고 이런 잊을 수 없는 순간은 기부를 중독성 있게 만든다.

바로 이 순간, 나는 이것이 우리가 태어난 이유라는 것을 깨달았다. 남은 인생을 이렇게 보내고 싶다는 생각이 들었다.

린다: 특별하고 색다른 경험이었어요. 이로 인해 우리가 생각하는 것보다 훨씬 더 많은 순간들이 우리에게 주어진다는 것을 알게 되었죠. 수년 동안 하나님께서는 이와 같은 놀라운 순간을 더 많이 경험하도록 허락하셨어요. 이것이 바로 우리가 할 수 있는 모든 것을 저축하고 벌어들이는 이유입니다. 그래야 이런 순간을 더 많이 경험하고 하나님께서 행하시는 기적의 통로가 될 수 있기 때문이에요.

그 놀라운 기부의 순간들을 살펴보면 몇 가지 주목할 만한 점이 있다.

1. 선물의 액수와는 아무 상관이 없다.

어떤 것은 크고 어떤 것은 작았다. 하지만 그건 중요하지 않았다. 우리가 경험한 보람과 기쁨, 전율은 그 크기에 비례하지 않았기 때문이다.

2. 의무감이 아니라 기꺼이 하는 마음에서 비롯된 것이다.

우리가 했던 그 어떤 것도 해야 한다는 의무감에서 비롯된 것은 아니었다. 동생이 생일에 선물을 받아야 한다는 의무감은 느낄 수 있지만, 노트북을 사줘야 한다는 의무감은 확실히 느끼지 못했다. 동생은 스타벅스 카드로도 만족했을 테니까. 그냥 더 많은 것을 해주고 싶었다.

3. 대부분 기대와 다르거나 더 많은 것을 내포한다.

선물에 대해 깊이 생각하고 받는 사람의 필요와 욕구를 제대로 이해하면 놀라운 경험을 선사할 확률이 크게 높아진다.

> 기부의 모험과 기쁨은 죄책감이나 수치심보다 훨씬 더 큰 기부 동기를 부여한다.

하나님께서는 내 여동생과 친구들과의 경험을 모든 사람이 갖기를 원하신다고 믿는다. 사실 나는 그냥 믿는 게 아니다. 나는 체험했다. 하나님께서 직접 환호하며 기쁨으로 가득 차서 베푸는 사람을 사랑한다고 말씀하셨으니까.

기부의 스릴과 모험, 기쁨은 죄책감이나 수치심보다 훨씬 더 큰 기부 동기를 부여한다.

린다: 사랑하는 사람을 위해 선물을 구입하는 모습을 상상해 보세요. 저에

게는 아이들과 밥이에요. 크리스마스에는 선물을 너무 많이 사게 되죠. 제 자신을 멈추기가 힘들 정도예요. 왜 그럴까요? 더 많은 선물을 주지 못해서 죄책감을 느끼기 때문일까요? 아니에요. 제 삶에서 그들은 너무 감사하기 때문입니다. 제가 할 수 있는 한 그들을 축복하고 싶은 마음에서 비롯된 것이죠.

기부는 그런 느낌이어야 합니다. 넘치는 감사. 그런 것들이 합쳐지면 모두가 행복해집니다. 사랑하는 사람을 축복할 수 있기 때문에 당신은 이미 축복받은 거예요. 주는 사람도 축복을 받는답니다. 그리고 제 자녀들이 서로 나눌 때 하나님의 마음도 제 마음과 똑같이 벅차시리라 확신합니다.

20장

'나이만큼 기부'하기 시작한 이유

선선한 봄날 아침, 나는 언덕 위를 걸어서 비밀 장소로 향했다. 그곳에서 하나님께 기도를 시작했다. 사실 그렇게 비밀스러운 장소는 아니었다. 그저 언덕 위의 공사 현장일 뿐이었다. 하지만 그곳은 나 혼자 가서 생각하고 기도할 수 있을 만큼 한적했다. 나는 이곳을 하나님이 나에게 주신 선물이라고 생각하고 싶었다.

그곳에서 하나님과 동행하면서 나는 내 미래에 바라는 몇 가지 큰 재정적 목표에 대해 하나님께 말씀드렸다. 가장 큰 목표는 100% 부채가 없고, 주택 담보 대출을 갚고 싶다는 것이었다. 내 계획에 따르면 주택 담보 대출을 갚으려면 약 3~4년이 걸렸어야 했다.

린다와 나는 수년 동안 십일조를 해왔고 가끔은 약간의 추가 기부를 하기도 했다. 우리는 그리스도인 기부의 '결승선'에 도달한 것이었다. 그리고 바리새인처럼 나는 그것이 자랑스러웠다. 하나님께 10%를 드렸고 90%는 내가 원하는 것을 할 수 있었으니까.

솔직히 말해서 나는 하나님이 나에게 빚을 졌다고 생각했다. 십일조로 '착한 그리스도인' 상자에 체크했으니 이제 내가 원하는 모든 것을 주셔야 한다고 생각했다. 하지만 그날 아침 언덕 위에서 일어난 일은 기부에 대한 내 이해를 영원히 바꿔놓았다.

하나님의 음성은 아니었지만, 하나님께서 내 마음에 말씀하시기를 우리의 재정 생활에 하나님이 역사하시는 것을 정말로 보고 싶다면 "수입의 일정 비율로 내 나이만큼" 드려야 한다고 하셨다. 당시 나는 31살이었으니 우리 수입의 31%를 드려야 했다. "잠깐만요. 그 기준은 어디서 나온 거죠? 성경에서 그런 말을 본 적이 없어요. 누가 이렇게 할까요?"

이 생각이 계속 머릿속을 맴돌면서 나는 이것이 가능한 일인지 알아내려고 노력했다. "공과금을 내고 식료품을 살 수 있을지조차 모르겠어요. 그럼 우리의 계획은 어떻게 되나요?"

모험

우리는 수년 동안 100% 부채 없는 삶을 꿈꿔왔다. 그 목표를 향해 노력해 왔지만, 더 빨리 성취하려면 하나님의 도움이 필요했다. 그런데 하나님은 주택 담보 대출 상환을 도와주시는 대신 부채 상환 계획을 보류하고 기부를 하라고 말씀하시는 것 같았다. 즉, 주택 담보 대출 상환을 위해 추가로 지불할 돈이 없기 때문에 3~4년 계획을 10년 계획으로 바꾸라는 것이었다.

말이 안 되는 일이었다. 하지만 여기서 하나님은 내 팔을 비틀거나 죄책감이나 수치심을 사용하지 않으시고, 부드럽게 그분과 함께 모험을 떠나라고 초대하셨다. 10%가 조금 넘는 기부를 31%로 늘리라고 하셨다. 무서운 생각이 들었다.

이 순간 내가 가장 좋아하는 구절 중 하나인 "우리가 알거니와 하나님을 사랑하는 자 곧 그의 뜻대로 부르심을 입은 자들에게는 모든 것이 합력하여 선을 이루느니라."¹는 말씀이 떠올랐다. 늘 그렇듯이 하나님의 말씀은 내 마음에 평안을 주었고 다음 세 가지 진리를 떠올리게 했다.

1. 하나님께서는 정말 멋진 무언가가 없다면 우리에게 이 일을 하라고 요구하지 않으실 것이다.

하나님은 단지 즐거움이나 우리의 삶을 어렵게 하려고 요청하시지 않으신다. 그분은 항상 멋진 일을 하고 계시며, 우리에게 그 일에 참여하도록 초대하신다(이 경우에는 기부를 통해). 우리는 아직 그 일이 어떻게 이루어질지 알 수 없기 때문에 두렵다. 하지만 한 발 물러서서 그분이 우리에게 선을 주신다는 믿음을 가질 때, 우리는 기부의 어려운 순간조차도 즐길 수 있다.

2. 기부는 영원한 부의 이전이다.

우리는 잠시 지상에 방문한 영원한 존재이다. 이 땅의 화폐와 소유물은 박람회 입장권처럼 영원한 화폐로 전환하여 우리보다 먼저 보내지 않는다면 우리가 진정한 본향인 하늘나라로 갈 때 곧 그 가치를 100% 잃게 될 것이다. 기부는 우리의 소중한 것을 잃어버리는 게 아니다. 미래를 위해, 우리 자신을 위해 투자하는 것이다.

3. 어차피 모두 그분의 것이다.

이런 생각을 하게 되었다. 당신이 나를 재정 코치로 고용하고 매주 점심시간에 만난다고 가정해 보자. 어느 주에 내가 좋아하는 치폴레에서 점심을 사달라고 당신에게 부탁했다. 나는 그 비용을 충당하기 위해 100달러를 벤모(Venmo-간편 송금 앱)로 송금했다. 우리 둘 다 그 돈이 내 돈이라는 것을 알고 있고 이해하며, 나는 그 돈으로 특정한 일을 해달라고 부탁하는 것이다.

그 주 점심값이 총 25달러였다면 거스름돈 75달러는 다음 주 점심값으로 사용하라고 말할 수 있다. 이제 벤모 계좌에는 내 돈 75달러가 있다. 이 돈이 당신 계좌에 있기 때문에 당신 돈이 되는가? 아니다.

하지만 내 마음이 바뀔 수도 있다. 남은 돈을 원래 의도와는 전혀 다른 용도로 사용하라고 요청할 수도 있다. 길거리의 노숙자에게 부리토를 사주거나, 앞으로 3주 동안의 점심을 사거나, 심지어는 당신 자신을 위해 모두 쓰라고 지시할 수도 있다.

계좌에 있는 75달러는 내 돈이기 때문에 뭐든 내가 지시를 할 수 있다. 당신은 그저 계좌에 돈을 넣어두고 내 지시를 기다리는 것뿐이다.

> 기부는 오늘 우리에게 소중한 것을 잃는 것이 아니다. 기부는 미래를 위한 투자이다.

하나님의 청지기로서 우리가 가진 것은 오직 하나님의 것이다. 우리의 모든 물건, 몸, 시간, 자녀, 심지어 돈도 마찬가지이다. 그분의 돈은 지금 우리 계좌(자산 관리 계좌라고 부르는 이유도 바로 이 때문이라는 것을 기억하라.)에 보관되어 사용 방법에 대한 지시를 기다리고 있을 뿐이다.

린다: 시간이 좀 걸렸지만, 축복을 받을 때 항상 우리만을 위한 게 아니라는 것을 깨닫기 시작했어요. 밥이 치폴레의 예에서 이야기한 것처럼, 그 돈은 우리만을 위한 것이 아닌 다른 누군가를 위한 것이기도 합니다.

우리는 축복이 되기 위해 축복을 받습니다. 우리가 가진 모든 것이 하나님으로부터 왔다는 것을 깨닫게 되면 필요한 곳에 보내기가 훨씬 쉬워지죠.

돈은 우리를 위한 목적이 아니라는 것을 알기 때문에 우리를 통해 흘러갈 수 있어요. 이것이 우리가 하나님과 동역하여 이 땅에서 그분의 손과 발이 되는 한 가지 방법입니다.

이 세 가지 진리를 더 잘 이해하게 되자, 하나님께서 우리를 큰 기부 도전에 초대하셨을 때 믿음으로 나아가는 것이 더 쉬워졌다(여전히 쉽지는 않지만). 수입의 31%를 기부하라는 특별한 초대를 받았을 때 나는 마태복음 6:33의 "그런즉 너희는 먼저 그의 나라와 그의 의를 구하라. 그리하면 이 모든 것을 너희에게 더하시리라."는 말씀에 매달렸다. 그 말씀이 그 다음 해에 우리에게 어떤 의미가 될지 꿈에도 상상할 수 없었다. 내가 생각했던 것보다 훨씬 더 큰 축복이 찾아왔다.

린다와 내가 주택 담보 대출금을 갚고 싶었던 것을 기억하나? 기부 비율을 31%로 늘린 후, 우리는 단 10개월 만에 주택 담보 대출금을 갚고 100% 빚이 없는 상태가 되었다. 내가 예상했던 10년이 아니라 10개월 만에. 맞다. 거의 3배 더 많이 기부하면서도 계획보다 몇 년 앞서 목표를 성취했다.

유한한 우리로서는 도저히 이해할 수 없는 일이었다. 마치 우리의 목표와 반대 방향으로 가고 있는 것처럼 보였지만 하나님의 원리는 우리의 방법과는 달랐다. 인간적 논리가 우리를 막아야 한다고 말했지만, 하나님을 따랐더니 우리가 꿈꿀 수 있었던 것보다 훨씬 빨리 재정 목표를 성취할 수 있었다. 동시에 하나님은 우리에게 이전 장에서 공유한 것처럼 더 많은 놀라운 기부 신다. 두려움, 불가능을 통해 그분의 눈빛으로 당신에게 말씀하이야기를 경험할 기회를 주셨다.

하나님의 인도를 따르라. 그분은 당신을 모험으로 초대하고 계신다.

"나를 믿어라. 내가 너를 붙잡았다."

하나님의 초대

하나님께서 어떤 불편한 방식으로 기부를 하도록 인도할 때마다 나는 항상 기대감과 소망이 따랐다. 그렇다고 해서 어떤 일이 두렵지 않다는 뜻은 아니지만 (그런 일이 종종 있으니까) 그 안에는 하나님의 깊은 평강와 위로가 있다.

지금 주님이 요구하신 대로 나이만큼 기부해야 한다고 말하는 것이 아니다. 하지만 사도 바울과 같이 우리 각자가 '마음속으로 결정한 것'을 기부해야 한다고 말하고 있다.[2] 우리 각자에게는 다르게 보일 것이다. 금액, 비율, 대상, 장소, 시기 등 모든 것이 다를 수 있다.

린다: 시간이 지날수록 하나님께서 우리의 삶을 얼마나 개별적으로 만드시는지 더 많이 깨닫게 됩니다. 그분은 똑같은 이야기를 두 번 말하기에는 너무 창의적이십니다. 그래서 항상 새로운 것을 가지고 계시고 당신이 살아가야 할 완전히 새로운 무언가가 있어요. 그분은 "너희의 나이만큼 베풀라."고 초대하셨죠. 주님이 당신에게는 무엇을 하라고 말씀하시는지 간절히 기도하여 응답 받길 바랍니다. 당신이 하는 것과 다른 사람이 하는 것을 비교하지 마세요. 하나님께서는 당신만을 위한 아이디어를 가지고 계십니다.

수년 동안 린다와 나는 하나님께서 행하신 기적을 담은 이야기 모음을 만들어왔다. 때로는 수혜자를 직접 만날 때도 있고 그렇지 않을 때도 있었지만, 어느 쪽이든 하나님께서 우리의 삶에서 기적을 조율하시며 우리는 그저 그 일부라는 것을 알고 있다. 그분은 우리에게 소중한 경험을 만들어주셨고 평범한 일상을 모험으로 바꾸어주셨다.

하나님은 당신에게도 같은 초대를 보내고 있다. 대담한 일, 놀라운 일, 흥미진진한 일을 하라는 단순한 초대이다. 하나님과 함께 미지의 세계로 걸어가라는 것이다. 기적을 베푸시고 일하시는 그분을 전적으로 신뢰하라는 것이다. 한 번뿐인 인생인 것처럼 사는 것. 박람회가 곧 끝날 것처럼 사는 것.

21장

기부는 정원 가꾸기

화성에 고립되었다고 가정해 보자. 가지고 있는 것은 약간의 동결 건조 식품과 감자 열두 개뿐이다. 고작 이것으로 화성에서 얼마나 버틸 수 있을까?

지금 감자를 모두 먹으면 아마 한 달은 버틸 수 있을 것이다. 최대한 두 달. 그러다 구조대가 도착하려면 18개월이 걸린다는 소식을 듣게 된다. 열두 개의 감자만 가지고 어떻게 열여덟 달 동안 혹독한 화성의 환경에서 살아남을 수 있을까?

열두 개의 감자를 모두 먹어버리는 대신 땅에 심으면 된다. 당장의 배고픔을 참고 감자를 땅에 심고 수확하여 그 이상의 식량을 확보하는 것이다. 단순해 보이는 이 행동은 다른 선택의 여지가 없는 화성에 고립된 당신에게 큰 변화를 가져다줄 것이다.

영화 '마션(Martian)'을 보았거나 책을 읽은 적이 있다면 그것의 줄거리라는 것을 알아챘을 것이다. 주인공 마크는 감자를 심고 구조대가 도착할 때까지 살아남는다. 그는 먼저 먹는 것이 아니라 먼저 심는 것으로 앞으로 다가올 굶

주림을 막았다.

대부분의 사람들은 기부가 가장 마지막에 하는 할 일이라고 생각하지만, 일을 시작하기 위해 그것을 먼저 해야 할 일이다.

미망인의 교훈

열왕기상 17장에서 우리는 놀라울 정도로 비슷한 이야기를 발견한다. 완전히 궁핍한 과부가 있다. 그녀에게는 '항아리에 담긴 밀가루 한 줌과 약간의 올리브유'[1] 외에는 아무것도 남아 있지 않았다. 그녀의 계획은 아들과 마지막 식사로 빵을 만들어 먹은 후 같이 죽는 것이었다.

동시에 엘리야는 목숨을 건 도주 중이었다. 그의 은신처에 양식이 떨어지자 주님은 엘리야에게 과부를 방문하라 하셨다. 엘리야는 도착하자마자 그 여인에게 말하길, 빵 한 덩어리를 만들어 먼저 그에게 주고 그녀와 아들을 위해 나머지를 만들라고 지시했다.

파산한 사람에게 남은 것을 내놓으라니, 어느 누가 저렇게 요구할 수 있을까? 모욕적이고 불쾌한 행동이다. 하지만 하나님께서 어떻게 일하시는지 이해한 사람은 그렇게 행동할 수 있다. 그는 과부가 처한 상황에서 벗어나는 방법은 소비하는 것이 아니라 베푸는 것임을 알고 있었다.

과부가 먹을 것이 얼마 남지 않았다고 말하자 엘리야에게 주님의 말씀이 임했다. 하나님께서는 그 땅에 비를 보내실 때까지 식량이 마르지 않을 것이라고 약속하셨다. 하나님께서 그녀를 부양해 주신다는 약속에 과부는 엘리야의 부탁대로 했다.

과부가 먹기 전에 기부했기 때문에 주님은 약속을 지키셨다. "그가 가서 엘리야의 말대로 하였더니 그와 엘리야와 그의 식구가 여러 날 먹었으나 여호와께서 엘리야를 통하여 하신 말씀 같이 통의 가루가 떨어지지 아니하고 병의 기름이 없어지지 아니하니라."[2]

린다: 이 이야기는 정말 흥미롭습니다. 열왕기상 17:9을 보면 하나님께서 엘리야를 시켜 과부에게 음식을 구하라고 말씀하셨다는 것을 알 수 있죠. 하나님께서는 왜 엘리야를 먹을 것이 거의 남아 있지 않은 집으로 보내서 음식을 구하라고 하셨을까요?

이상하게 들릴지 모르지만 실제로는 그렇지 않습니다. 우리는 하나님께서 우리가 가진 적은 양과 기꺼이 순종하는 마음을 사용하시는 것을 반복해서 봅니다. 과부는 거절할 수도 있었죠. 하지만 그렇게 했다면 그녀는 기적을 놓쳤을 겁니다. 그녀와 그녀의 아들은 죽었을 거고요. 그러나 그녀는 하나님께 "예."라고 말했습니다. 그녀는 순종했고 그것이 그녀와 아들의 생명을 구한 것이죠!

당신도 그 여인이 느꼈던 절박함을 느낄 수 있을 겁니다. 모든 것이 끝났다고 생각할 수 있죠. 하지만 저는 오늘 당신을 격려하고 싶어요. 하나님께는 탈출구가 있습니다. 그분의 말씀을 믿으세요. 그분이 당신에게 나눔을 요구한다면 그 반대편에 기적이 기다리고 있을 것입니다. 그분을 신뢰하세요. 꼭.

씨 뿌리는 시기와 수확은 하나님의 설계

오래전에 하나님께서는 '심음과 거둠, 추위와 더위, 여름과 겨울, 낮과 밤'[3]이라는 네 가지가 지구에 항상 존재할 것이라고 약속하셨다. 이 목록에서 가장 흥미를 끄는 것은 씨 뿌리(심음)는 시기와 추수(거둠)이다. 요약하자면, 씨앗을 심으면 그 씨앗이 자라서 수확할 수 있다는 뜻이다. 하지만 첫 번째 단계는 씨앗을 심는 것이다.

하나님께서는 창조하시고 시작하시는 거의 모든 일에서 이 영원한 원리를 사용하신다. 신약 성경에서 바울이 "이것이 곧 적게 심는 자는 적게 거두고 많이 심는 자는 많이 거둔다 하는 말이로다."[4]라고 말한 것을 보면 이 원리를 알 수 있을 것이다. 그리고 그거 아는가? 바울은 우리에게 농사에 대한 교훈을 주고 있는 것이 아니다. 이 맥락에서 그는 기부에 대해 구체적으로 이야기하고 있다.

바울은 우리가 기부를 통해 뿌린 대로 거둔다는 사실을 분명하고 간단하게 설명한다.

이것이 바로 과부가 수확이 절실히 필요할 때 기부(씨 뿌리기)를 하도록 초대받은 이유이다. 내 삶에서도 이런 일이 반복적으로 일어나는 것을 보았다. 하나님께서는 내가 마지막으로 해야 할 일처럼 보일 때 기부를 하도록 인도하신다. 그분은 필요한 수확을 하기 위해 씨를 뿌리라는 부드러운 초대를 하신다.

수확의 목적

기부하는 것은 중요하다. 하지만 모든 수입을 기부하라는 의미가 아니다. 또한, 우리 자신을 위해서만 사용하라는 의미도 아니다. 바울은 고린도후서 9장에서 이를 자세히 설명한다.

"심는 자에게 씨와 먹을 양식을 주시는 이가 너희 심을 것을 주사 부유하게 하시고 너희 의의 열매를 더하게 하시리니 너희가 모든 일에 관대하여 너그럽게 연보를 함은 그들이 우리로 말미암아 하나님께 감사하게 하는 것이라."[5]

> 우리는 통로가 되도록 창조되었다. 축복은 우리를 통해 우리 주변의 세상으로 흘러가는 것을 의미한다.

우리의 수입 중 일부는 우리가 먹을 빵이다. 그리고 우리의 수입 중 일부는 심어야 할 씨앗이거나 하나님이 보시기에 기부해야 할 것이다. 우리가 모든 축복(수확)을 간직할 수 있다는 의미가 아니다. 대신, 하나님은 우리가 다른 사람들에게 축복이 될 수 있도록 수확을 축복하신다.

우리는 통로가 되도록 창조되었다. 축복은 우리를 통해 우리 주변으로 흘러가는 것을 의미한다.

기부는 축복을 낳는다

당신도 "받기 위해 베푼다."라는 생각을 갖고 있는 왜곡된 사람들을 본 적이 있을 것이다. 그들은 하나님께서 우리가 원하는 것은 무엇이든 들어주는 슬롯머신이나 램프 속 요정에 지나지 않는다고 생각한다. 또는 주님의 축복을 물질주의와 동일시하기도 한다.

원수의 가장 큰 계략 중 하나는 성경을 가져다가 왜곡해서 사람들이 위조품을 무시할 뿐만 아니라 진리도 무시하게 만드는 것이다. 마귀는 너무 대담해서 예수님께도 이것을 사용하려고 했다.

"이르되 네가 만일 하나님의 아들이어든 뛰어내리라 기록되었으되

> 그가 너를 위하여 그의 사자들을 명하시리니 그들이 손으로 너를 받들어 발이 돌에 부딪치지 않게 하리로다 하였느니라."[6]
>
> 예수님께서는 바보가 아니었다. 그분은 이 구절의 문맥과 진실을 알고 있었고, 마귀의 공격에 대한 방패로 이 구절을 사용했다. "예수께서 이르시되 또 기록되었으되 주 너의 하나님을 시험하지 말라 하였느니라."[7]
>
> 이 구절이 문맥에서 벗어나 종종 무기로 사용되더라도 그 구절의 진정한 메시지는 남아 있다.
>
> 마찬가지로, 사람들은 물질적 욕망을 얻거나 충족시키기 위해 기부에 관한 구절을 왜곡할 것이 분명하지만, 기부는 축복을 낳고 뿌린 대로 거둔다는 진실은 항상 남아 있을 것이다.

다음 단계의 수확

모든 종류의 수확은 다른 사람들을 축복하고 더 많은 씨앗을 공급하기 위한 것이며, 이는 수확을 낳고 더 많은 씨앗을 나누기 위한 것이다. 이것이 바로 수확을 위한 하나님의 계획이다. 바울은 이를 이렇게 설명한다. "심는 자에게 씨와 먹을 양식을 주시는 이가 너희 심을 것을 주사 부유하게 하시고 너희 의의 열매를 더하게 하시니라."[8] 그리고 우리가 그냥 내버려두면 그 순환은 계속된다.

나는 찰스 스탠리(Charles F. Stanley) 목사의 "뿌린 대로, 뿌린 것보다 많이, 그리고 뿌린 후에 거둔다."[9]는 말씀을 아주 좋아한다.

R. G. 르투르노(LeTourneau)는 세계 최고의 토공 장비 발명가로 널리 알려

져 있다.*

그는 생전에 수입의 90%를 기부하고 10%로 생활한 것으로 유명하다. 어떻게 그렇게 가파른 기부 곡선을 유지할 수 있었느냐는 질문에 그는 "나는 삽으로 퍼내고 하나님은 다시 삽으로 퍼담으시지만, 하나님은 더 큰 삽을 가지고 있다."[10]고 말했다.

나도 직장에서의 급여 인상, 지원금, 연말 보너스 등 예상치 못한 수입이 늘어났을 때, 그 수입이 모두 나를 위한 것이라고 생각하고 저축만 했던 적이 너무 많았다. 돌이켜보니 이런 기회를 놓쳐서 씨앗을 심을 기회를 놓쳤다는 것을 깨닫게 되었다(그리고 여전히 나를 위한 여분의 씨앗이 남아 있다).

반대로 씨앗을 심을 기회를 알아차리고 기부를 했을 때 르투르노의 말이 옳았다는 것을 알게 되었다. 내가 아무리 많이 삽질해도 하나님의 삽은 항상 더 컸으니까.

린다: 여기 놓치고 싶지 않은 아름다운 그림이 있어요. 덤프트럭이 새 짐을 싣고 당신 뒤로 후진하는 동안 흙을 퍼내기 위해 삽을 사용하는 모습을 상상할 수 있나요? 하나님에 대해 이야기할 때 시적이고 경외심을 불러일으키는 장면이죠. 하나님께는 한계가 없기 때문이에요! 우리가 그분을 받아들이는 한, 그분은 우리를 어디든 데려가실 겁니다.

---

* 린다는 '토공 장비'가 무엇인지 전혀 몰랐는데, 당신도 그렇다면 불도저와 같은 대형 기계를 떠올리면 된다.

하나님을 뛰어넘으려고 노력하기

목사이자 베스트셀러 작가인 프랜시스 챈(Francis Chan)은 나와 많은 크리스천들이 그러하듯 10%를 기부하는 것이 기부의 최종 목표라고 믿으며 자랐다.[11] 그는 그 지점에 도달하면 넉넉함의 결승선에 도달한 것이라고 생각했다.

수년 동안 그는 10%를 기부했고, 죄책감이나 압박감을 느끼면 조금 더 기부하기도 했다. 하지만 프랜시스 챈에게 진정한 변화는 처음으로 아프리카에 다녀온 후부터 시작되었다. 그곳의 사람들을 보며 그는 무언가를 느꼈다. 그들은 그가 사랑하는 그의 친구, 형제, 자매가 되었다. 그리고 그가 기부하고 싶은 것은 충만한 사랑 때문이었다.

프랜시스 챈이 아프리카에서 집으로 돌아와서 얼마나 줄 수 있는지 짐작해 보았다. 그와 아내는 어느 정도 가능한지 보기 위해 그들의 재정을 살폈다. 그가 만났던 사람들을 위한 사랑에 이끌려서 그는 "여보, 우리가 얼마나 기부할 수 있는지 봅시다. 그냥 알아보자고요. 물건을 팔기 시작하자고요. 그냥 미친 듯이 해보자고요."라고 말했다. 시간이 지나서 프랜시스 챈과 아내는 그들의 기부와 하나님의 축복 사이에 연관을 주목하기 시작했다. 그는 점점 더 많은 것을 기부하기 시작하자 "주님은 점점 더 많은 축복을 주셨다."[12]고 말했다.

그것은 누군가가 시켜서 하는 나눔이 아니었다. 또한, 그들은 새 트럭을 사주는 것보다 그들에게 필요한 고등학교를 지어주면 훨씬 더 좋아할 것이다. 아프리카에서 만난 이들은 내 친구여서 그들에게 무언가를 줄 때 훨씬 더 큰 기쁨을 만끽할 수 있었다.

이듬해 프랜시스 챈은 하나님께서 그가 전년도에 벌어들인 총 수입과 거의 맞먹는 액수인 5만 달러를 기부하도록 이끄시는 것을 느꼈다. 하나님의 부르심을 따르고 싶었던 그는 하나님의 도우심을 구하는 기도를 드렸고 하나님께서는 도와주셨다. 그 다음 해, 프랜시스 챈은 주님께서 10만 달러를 기부하도록 이끄시는 것을 느꼈다. 전에는 그렇게 많은 돈을 벌어본 적이 없었지만, 그는 다시 한 번 순종했다. 그리고 하나님께서 개입하셨고 프랜시스 챈은 10만 달러 목표를 이뤘다.

아니나 다를까, 다음 해에 하나님께서 그에게 1년에 100만 달러를 기부하라고 이끄셔서 그의 믿음을 더 확장했다.

그는 그 많은 금액을 만들지도 못하는데, 어떻게 그게 가능한지 충격을 받았다. 생각해 보라. 여기 불과 몇 년 전에 1년에 4만 달러도 기부를 못하던 사람이 있다. 그런데, 지금 하나님께서는 백만 달러를 기부하라고 요청한다. 프랜시스 챈은 믿음으로 앞으로 나아갔고, 놀랍게도 하나님은 공급해 주셨다.

하나님이 할 수 있는 일에는 한계가 없다, 친구여. 그분은 프랜시스 챈처럼 우리가 가능성이 없는 사람처럼 느껴지더라도 우리 모두를 통해 기적을 일으키실 수 있다. 당신이 하나님께 가졌던 모든 한계를 제거하라. 잠시 시간을 내어 금액에 상관없이 하나님께서 주시는 모든 수확에 대해 눈을 뜨게 해달라고 기도하라. 여분의 자금으로 더 많은 씨앗을 심고 수확을 늘릴 수 있는 기회로 사용하기로 결심하라.

22장

춤추는 고릴라

2013년 하버드 의과대학의 실험에서 방사선과 의사들은 익숙한 폐 결절 탐지 작업을 수행하도록 요청 받았다.[1] 기본적으로 그들은 항상 하는 일, 즉 CT 초음파를 검사하고 폐의 이상을 찾는 일을 하도록 요청 받았다. 아래는 그들이 평가한 초음파 검사 중 하나로, 여기에 인쇄된 것보다 훨씬 더 크게 직접 촬영했다. 특이한 점이 보이는가?

춤추는 고릴라를 보았는가?

이 연구에서 연구원들은 성냥갑 크기의 춤추는 고릴라를 CT 초음파 이미지 중 하나에 추가했다. 이 고릴라는 평균 결절의 48배 크기였다. 실험의 목적은 얼마나 많은 방사선 전문의가 이 고릴라를 알아챘는지 알아보는 것이었다.

잠시만 생각해 보자. 48배나 크다는 것은 양말을 찾으러 침실에 들어갔다가 바닥에 깔린 매트리스를 발견하지 못하는 것과 같다. 렌트한 자동차를 둘러보며 흠집을 찾는데 문짝의 절반이 뜯어진 것을 발견하지 못하는 것과 같다. 또는 건식 벽체에서 못이 튀어나온 것을 찾는데 벽에 축구공 크기의 구멍이 뚫린 것을 발견하지 못하는 것과 같다.

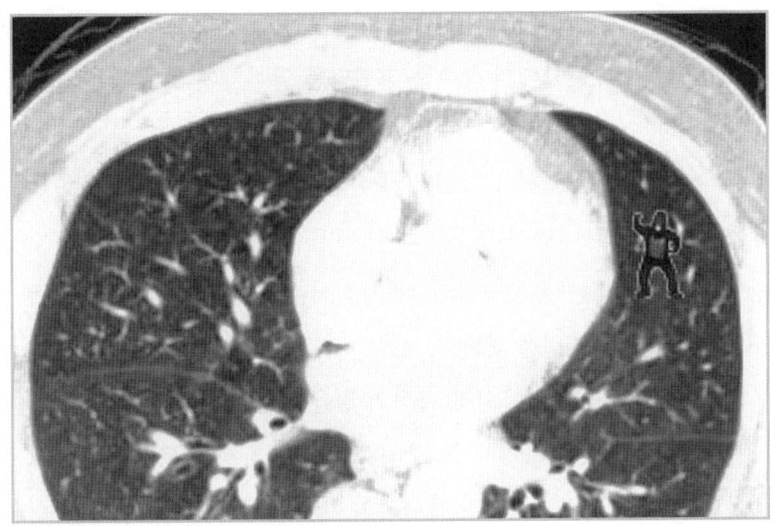

출처: 트래프톤 드류(Trafton Drew), 멜리사 보(Melissa L.-H. Vo), 제레미 울프(Jeremy M. Wolfe) 교수들의 '보이지 않는 고릴라' 실험이다. 어떤 관점을 가진 사람은 그것에 집중하느라 현상 전체를 인지하지 못할 수도 있음을 실험을 통해 밝혔다. 심리과학 29, 9호(2013년 7월): 1848-1853, 저작권 © 2013 by 드류, 멜리사, 울프. SAGE 출판물의 허가를 받아 증쇄되었다.

무슨 말인지 알겠는가? 눈앞에 보이는 것보다 훨씬 더 큰 것을 어떻게 눈치채지 못하냐는 것이다.

방사선 전문의 중 고릴라를 보지 못한 사람이 몇 퍼센트나 될까?

83%.

참여한 방사선 전문의의 83%가 고릴라를 보지 못했다. 그리고 시선 관찰 분석을 사용했기 때문에 고릴라를 식별하지 못한 방사선과 의사들 중 대부분이 고릴라를 제대로 보았다는 것을 연구자들은 알 수 있었다.

이들은 방사선 전문의였다! 이들은 의과대학을 다녔을 뿐만 아니라 자신의 분야를 전문적으로 공부하기 위해 추가로 4년을 더 공부했다. 영상의학은 가장 높은 연봉을 받는 의료 전문 분야 중 하나이기 때문에 가장 뛰어난 의학 인재들이 몰리는 분야이다.

이들은 매우 재능이 뛰어나며 끈기 있는 사람들이다. 하지만 이 연구에서 10명 중 8명은 바로 눈앞에서 춤추는 고릴라를 알아채지 못했다. 왜 고릴라를 보지 못했을까?

간단하다. 찾고 있던 것이 '고릴라'가 아니었기 때문이다.

그들은 하루를 보내면서 평소에 하던 일을 하면서 예상되는 것만 찾고 있었다. 방사선 전문의는 종양을 찾을 때 자신이 배운 것과 과거에 본 것을 바탕으로 특정 모양이나 패턴을 찾는다.

우리는 종종 방사선 전문의가 자신의 일을 하는 것처럼 우리의 삶을 살아간다. 우리가 배운 것과 과거에 본 것을 바탕으로 특정한 모양과 패턴으로 나타나실 하나님을 찾는다. 하지만 하나님이 아기의 모습으로 나타나 세상을 놀라게 한 것처럼 그분은 예상치 못한, 감지할 수 없는, 믿을 수 없는 모든 종류의 방식으로 나타난다.

연구원들이 방사선 전문의들에게 고릴라를 찾으라고 말하자마자 즉시 고릴라를 발견했다. 이것은 무엇이 있느냐 없느냐의 문제가 아니라 그들이 무엇을 찾고 있었는지의 문제였다.

우리 삶에서 하나님의 축복도 마찬가지이다. 하나님은 항상 우리에게 축복을 아낌없이 베푸신다. 만일 우리가 찾고 있지 않으면 보이지 않는다. 하지만 그렇다고 축복이 없는 게 아니다.

축복 실명

'축복 실명'의 가장 큰 근원을 우연이나 하나님의 개입으로 해석하기보다는 단순한 자연스러운 현상으로 이해한 적이 있다. 예를 들어, "그 승진은 내가 열심히 일한 결과이지 축복이 아니야.", "갑자기 받은 보너스는 우연일 뿐이야.", "임신은 하나님의 축복이 아니라 우리를 도와줄 적절한 의사를 찾아야 하는 일이야."라고 말이다.

하지만 하나님께서는 종종 놀랍도록 자연스러운 방식으로 초자연적인 일을 이루신다는 것을 잊지 말아야 한다. 하나님의 축복을 놓치는 것은 새로운 일이 아니다. 심지어 성경에 대한 깊은 지식을 가진 바리새인들조차도 예수님이 바로 앞에 서셨을 때, 그분을 완전히 놓쳤다. 축복 설명은 어떻게 온 것일까? 그들은 그분이 나타나시기를 평생 동안 기다렸다. 그리고 이제 인간의 모습으로 구체화된 하나님과 마주보고 서 있었는데, 그것이 자연스러운 포장물로 전달되는 초자연적 축복이었기 때문에 그들은 놓쳤다.

하나님께서 내 인생에 내려주신 기적 같은 축복을 설명하기란 너무나 쉽다. 그것들이 다른 모든 것보다 마흔여덟 배나 더 크다고 해도. 내가 그들을 바로 바라보고 있을 때에도.

하지만 당신과 내가 하나님의 축복을 찾는 연습을 더 많이 할수록 더 많이 보게 될 것이다.

지프

지프를 구입한 지 며칠 후, 정지 신호에 서 있는데 옆 차 운전석에서 한 남자가 나를 향해 손을 흔드는 것을 보았다. 정말 손을 흔들고 있었다. 이 남자가 누구인지, 나와 어떻게 아는 사이인지 알아내려고 머리를 쥐어짰다. 나는 여전히 그를 알아보지 못했지만, 신호가 바뀌어 출발하려는 순간에 어색하게 손을 흔들었다. 그리고 몇 마일 더 가자 또 다른 남자가 나를 향해 손을 흔들었다. "오늘 다들 좋은 하루를 보내고 있구나." 싶었다. 그런데 10분도 채 지나지 않아 같은 일이 또 일어났다.

이 순간 나는 리얼리티 TV 쇼의 무명 스타라는 사실을 깨닫기 전인 영화 '트루먼 쇼(The Truman Show)'의 트루먼이 된 기분이 들었다. 이 기이한 사람들이 나에게 계속 손을 흔드는 이유가 무엇인지 도저히 알 수 없었다.

며칠이 지난 후, 마침내 공통점을 발견했다. 나에게 손을 흔든 사람들은 모두 지프의 주인들이었다. 그제야 나는 범퍼에 있는 진부한 스티커의 뜻이 이해되었다. "지프니까 이해 못 할 것이다."

이제 이 클럽의 일원이 된다는 게 어떤 의미인지 이해하게 되었다. 그때부터 다른 지프들을 만나면 훨씬 주의 깊게 관찰하기 시작했다. 첫 번째 지프를 향해 손을 흔들 중요한 순간을 놓치고 싶지 않았기 때문이다.

전에는 결코 지프가 눈에 띄지 않았는데, 지프를 찾다 보니 어디에서나 지프가 보이기 시작했다. 그리고 재미있게도 나의 두 살짜리 딸아이도 사랑스럽고 기특하게 지프를 찾았다. 100야드 떨어진 곳에서 "내 지프!"라고 소리쳤다. 모든 지프가 그녀의 지프는 아니었지만, 아니라고 굳이 말할 필요는 없었다.

장밋빛 뺨을 가진 사랑스러운 미녀의 도움으로 끊임없이 지프를 찾아내고 있다. 그리고 혼자 운전할 때에도 지프를 끊임없이 찾아낸다. 사실 많이 놀랐다. 그 전에도 도로에 이토록 많은 지프가 있었다는 것인가? 이토록이나 많은데 나는 왜 한 번도 찾아내지 못했나?

알고 보니 '그냥 지프 때문'이 아니었다. 이는 빈도 착시 또는 전문용어로 바더 마인호프(Baader Meinhof)라고 하며 어떤 것에 대한 존재를 인지한 후 그것이 어디에나 있는 것처럼 느끼는 현상이었다. 방금 본 것, 경험한 것, 알게 된 것이 모든 곳에서 나타나는 것처럼 보이는 현상이다. "단어, 개 품종, 특정 스타일의 집 등 무엇이든 떠오를 수 있다. 갑자기 사방에 그 단어가 떠오르지만, 실제로는 발생이 증가하지 않는다. 단지 알아차리기 시작했을 뿐이다."[2]

우리에게는 하나님의 축복이 바더 마인호프 현상을 경험할 수 있는 동일한 기회다. 그분의 축복은 항상 거기에 있었기에, 우리가 그것을 찾기 시작

> 우리 삶에서 하나님의 축복을 인식함으로써 우리는 우리를 향한 그분의 사랑을 더 잘 이해할 수 있다.

하면 모든 곳에서 보이기 시작할 것이다.

비록 이 현상을 빈도 착시라고 부르지만, 우리가 하나님의 축복을 보기 시작하면 그것은 전혀 착각이 아니다. 우리가 보는 것은 가장 자연스러운 현상이며 그것은 그분이 누구인지를 강화시킨다. 우리 삶에서 하나님의 축복을 인식함으로써 우리는 우리를 향한 그분의 사랑을 더 잘 이해할 수 있다.

내 주변에서 손을 흔드는 지프 오너들에게 눈을 뜨게 된 것도 좋지만, 내 삶에서 하나님의 축복을 더 많이 인식하게 되어 한없이 기쁘다.

축복을 찾기 시작하라

당신이 축복을 찾기 시작할 때 '복'은 항상 재정적으로 부유한 것을 의미하지 않는다는 것을 기억하라. 그리고 '부자'가 반드시 복을 받는다는 의미도 아니다. 물론 예수님께서 베드로의 배에 물고기가 넘쳐 침몰될 정도의 엄청난 재정적 축복을 주셨던 것은 사실이다.[3] 하나님은 그런 일을 하시지만, 오직 물질로만 우리를 축복하신다고 생각하는 것은 지극히 근시안적이다.

당신이 중대한 건강 문제나 결혼 생활의 힘든 시기를 겪었거나 사랑하는 사람을 잃었거나 중독에 빠지거나, 기타 수많은 어려움을 겪어본 적이 있다면 아무리 물질적인 축복을 받아도 문제가 해결되지 않는다는 것을 알 것이다.

내 인생에서 가장 많은 수입을 올렸을 때, 가장 큰 건강 문제로 어려움을 겪고 있었다. 그 당시, 매일 육체적으로 느꼈던 가혹한 기분은 물질적인 축복에 감격해서 가려져 버렸다.

반면에 내 통장 잔고가 생각만큼 많지 않은 시기도 있었지만, 하나님께서는 광야에서 이스라엘에게 만나를 주셨던 것처럼 끊임없이 축복과 기적을 베푸시는 것 같았다.

하나님의 원리는 우리의 방법보다 훨씬 높다. 하나님이 우리를 축복하시거나 공급할 수 있는 유일한 방법이 우리가 만든 물질이라고 가정하는 것은 하나님이 얼마나 위대하신 분인지에 대한 비통한 모독이다.

그렇다면 무엇을 찾아야 할지 어떻게 알 수 있을까? 하나님의 축복은 어떤 모습일까? 인생의 지평선을 바라보면서 예상치 못한 것과 기대하지 못한 것을 찾아보라. 우연처럼 보이는 일들과 내 삶에서 잘 진행되고 있는 일들 속에서 일하시는 하나님을 찾아보라. 내 경험에 비추어볼 때, 하나님은 종종 예상치 못한 형태로 축복을 주신다. 당신의 삶에서 하나님은 다른 무엇인가를 하고 계시는가?

약 2,000년 전 예수님은 "받는 것보다 주는 것이 더 복되다."[4]고 말씀하셨다. 내 삶에서 거의 나는 그 말씀을 믿지 않았다. 그러다가 나는 나눌 때 주어지는 하나님의 축복을 찾기 시작했다. 더 많이 찾을수록, 더 많이 볼수록 그분의 말씀이 옳았다는 것을 깨달았다.

23장

6자리 기부자의 비밀

24살 무렵, 내 인생에서 성공했다고 느끼지 못하던 때였다. 나는 여전히 미국에 있는 회사에 다니고 있었고 내 경력은 완전히 실패한 것처럼 느껴졌다. 나는 다른 관점, 즉 막힌 곳을 뚫고 나갈 수 있는 지혜와 조언을 해줄 사람이 필요했다.

그래서 교회에서 신앙이 좋고 내게 정직한 조언을 해줄 크리스라는 친구에게 전화를 걸었다. 나는 그를 인생 코치라고 부르기로 했지만, 그는 자신을 그렇게 부르지 않았다. 우리는 치즈케이크 팩토리에서 점심을 먹기로 했다.

린다: 그의 전략 중 하나는 100페이지에 달하는 메뉴 목록 중에서 한 가지를 성공적으로 고를 수 있다면 무엇이든 이룰 수 있다는 것을 확실히 검증해주는 것이었어요.

미팅 중에 그는 바로 "좋아요, 원하는 게 뭐죠?"라고 물었다. 당황한 나는 "18페이지까지만 읽었는데, 지금 음식을 주문하라는 말씀인가요?"라고 물었다. 그러자 그는 미소를 지으며 "인생에서 원하는 게 뭐예요?"라고 대답했다.

시작부터 무거운 질문이었다. 내가 뭘 원했는지 몰랐다. 그는 내가 수줍게 "돈을 더 벌어서 집을 사고 더 많이 베풀고 싶다."라고 말할 때까지 계속 꼬치꼬치 캐물었다.

이어서 그는 "좋아요, 그럼 5년 목표를 세웁시다. 얼마를 벌고 싶죠?"라고 물었다. "정말 그렇게 간단한가? 나는 생각했다. 당신은 그냥 임의로 금액을 택해서 목표로 설정하면 되는 건가? 만약 그렇다면, 여기서 그냥 그만두자고."

지난 3년 동안, 3만 달러의 연봉을 4천 달러 정도 올렸지만, 올인해서 "연봉 25만 달러를 벌고 싶어요. 그러면 정말 좋을 것 같아요. 가족에게도 좋을 거예요. 가족을 더 잘 부양하고 더 많은 것을 베풀 수 있을 거예요."라고 말했다. 그는 나에게 펜과 종이를 건네며 "좋아요, 훌륭해요. 적어보세요."라고 말했다.

가능성의 영역을 훨씬 넘어서는 목표를 세우는 것은 기분이 묘했고, 그 목표가 어떻게 실현될지 전혀 알 수 없었다. "어쩌면 목표를 적지 말아야 할지도 모르겠어. 실패하면 어쩌지?"

내 펜이 흔들렸다. 그런 허황된 무언가를 쓰는 것은 거북했다. 내 안의 모든 것이 "이건 불가능해."라고 외치는 동안 그것을 적었다. 그러자 크리스가 "기부에 대해 말했는데, 앞으로 5년 동안의 기부 목표가 있나요?"라고 물었다.

"흠." 나는 이런 생각을 해본 적이 없었다. "하지만 우리가 현실감 없이 임의로 금액을 선택하고 있으니." 그 순간, 치즈케이크 팩토리의 구석진 부스에서 내 연봉이 3만 4천 달러라는 사실을 괴롭게 시인하면서 향후 5년 동안 50만 달러를 기부하겠다는 목표를 세웠다.

하지만 내가 큰 소리로 말하자 크리스는 소리 질렀다. "그건 말이 안 돼요! 그렇게 하면 안 돼요! 25만 달러 연봉에 50만 달러를 기부할 수는 없잖아요. 내일 635%의 연봉 목표를 성취하고 향후 5년간 십일조를 낸다고 해도 5년 차에 겨우 12만5천 달러에 도달할 거예요."*

크리스의 말이 맞았다. 25만 달러의 연봉을 받는다고 해서 기부 목표를 성취할 수 있다는 보장은 없었다. 더 높은 연봉을 받으려는 노력은 도덕적으로 문제는 없었지만, 그 결과로 거둘 수 있는 기부 목표가 더 가치 있고, 고귀하고, 변치 말고 집중할 목표처럼 보였다.

실제로 50만 달러 기부 목표를 성취한다면 내 수입이 기대했던 것보다 훨씬 더 많이 늘어나야 하고, 내가 싫어하던 절박한 직장에서 벗어날 수 있을 테니 정말 굉장한 일이 될 것 같았다.

그래서 나는 그 황당한 기부 목표를 지켰다.

식당을 나와 주차장으로 걸어가면서 내 마음과 머릿속은 엄청난 불협화음을 느꼈다. 이 기부 목표는 내가 꼭 성취하고 싶은 것이었지만, 내 안의 모든 것이 불가능하다고 말하고 있었다. 물론 다른 사람들은 그럴 수 있을지 모르지만 나는 절대 그럴 수 없었다.

"기술이 없다. 인맥이 없다. 경력이 없다." 불가능한 이유와 결코 이루어지지 않을 이유를 수백 가지나 찾았다. 5년간의 목표를 성취하기 위해 내가 가진 것은 없었다.

하지만 내게는 하나님이 계셨다.

내가 50만 달러를 다룰 수 있을 만큼 신뢰할 만한 청지기임을 스스로 검증했는지는 모르겠지만, "[내] 안에서 역사하시는 그분의 강력한 능력은 [내가] 감히 구하거나 꿈꿀 수 있는 것보다 훨씬 더 많은 일, 즉 [내] 최고의 기도, 욕망, 생각, 소망을 무한히 뛰어 넘으신다."[1]는 그분의 확신이 내 안에 있었다.

하나님은 우주의 창조주이시니 나 같은 사람이라도 이런 일에 사용하고자

---

* 크리스와 나 둘 다 내가 수입의 10%만 기부할 것이라고 생각했다. 분명히 하나님은 다른 것을 염두에 두셨던 것 같다.

하신다면, 그분께는 그다지 어렵지 않은 일이다. 그렇지 않나? 나는 여전히 의심과 의문이 많았다. 하지만 목표를 적고 실패의 가능성을 열어두는 것만으로도 겨자씨만한 믿음의 발걸음을 내딛는 것이었다.

기부하는 꿈을 찾아라

하나님께서는 우리 삶에서 멋진 일들을 하고 싶어 하신다. 그분은 우리가 그 일들이 가능하다고 믿기를 기다리신다. 당신의 마음속에 거창한 나눔의 꿈이 있다면, 과감하게 한 걸음 내딛어 적어보라. 작은 목표처럼 보이는 것이라도 적어보라. 내가 좋아하는 구절 중 하나를 당신에게 상기시킨다. "작은 일의 날이라고 멸시하는 자가 누구냐. 사람들이 스룹바벨의 손에 다림줄이 있음을 보고 기뻐하리라 이 일곱은 온 세상에 두루 다니는 여호와의 눈이라 하니라."[2]

기부에 대한 꿈을 글로 써본 적이 없고 어디서부터 시작해야 할지 모르겠다면, 크리스가 몇 년 전에 나에게 했던 것과 같은 직접적인 질문을 해보길 권한다.

무엇을 원하는가? 하나님께서 당신의 마음에 무엇을 심어주셨는가? 더 구체적으로, 만약 당신이 무언가를 줄 수 있다면 그것은 무엇인가? 특정 금액을 기부하고 싶은 마음이 드나? 어린이를 후원하고 싶은가? 비영리 단체 기부로 시작하거나, 제3세계 국가에 고아원을 짓거나, 목회 수양관으로 사용할 땅을 사도록 하나님께서 인도하심은 아닌가? 주님께서 당신에게 말씀하신 기부의 꿈이 무엇이든 적어보라.

기부의 꿈을 적은 후에는 자신과 가족을 위한 기부가 아닌 꿈과 목표도 함께 적어라. 나는 우리가 아버지의 일을 시작하면 그분께서 우리의 일도 돌보아주심을 알게 되었다. "그런즉 너희는 먼저 그의 나라와 그의 의를 구하라.

그리하면 이 모든 것을 너희에게 더하시리라."[3]

꿈을 적을 때 '어떻게'에 대해 걱정하지 마라. 우리가 할 일은 모든 일이 어떻게 이루어질지 알아내는 것이 아니라 하나님을 신뢰하는 것이다. 그분은 어떻게 이루어질지 아신다. 그분이 기다리는 것은 당신과 내가 그 초대를 받아들이는 것뿐이다.

린다: 기부 목록을 작성했다면 거기서 멈추지 마세요. 책상이나 냉장고, 침대 옆에 붙여두세요. 아무리 허황되어 보여도 목록에 있는 것들을 자주 보고, 기도하고, 생각하세요. 저는 하나님께서 우리 마음속에 단지 그분만이 이룰 수 있는 꿈을 주셨다고 믿습니다.

불가능한 목표에 편해져라

치즈케이크 팩토리에서 크리스와의 미팅을 가졌을 때, 린다와 나는 빈털터리였다. 친구들을 위한 생일 선물을 살 20달러를 마련하기 위해 창의력을 발휘해야 했다.

> **당신의 빠른 시작**
> 이 도전을 빨리 마치고 싶은가?
> 자세한 내용은 270페이지로 이동하라.

과감하고 너그럽게 베풀고 싶은 마음과 먹고 살기에도 빠듯한 현실 사이에서 쓰라린 기분이 들었다.

현실적으로 내가 적어놓은 목표를 결코 성취할 수 없다는 것을 알았기 때문에 사기꾼처럼 느껴졌던 기억이 난다. 몇 주만 지나면 잊혀질 거창한 새해 결심처럼 느껴졌다.

하나님께서 99세에 아이를 낳으라고 하셨을 때 사라가 왜 비웃었는지 알 것 같았다.[4] 그리고 하나님께서 주신 꿈을 형들과 나누면서 요셉이 겪었을 고통도 상상할 수 있었다.[5] 천사가 처녀인 마리아에게 출산할 것이라는 말을 했을 때 마리아는 무슨 생각을 했을까?[6]

20달러를 긁어모아 기부하는 것도 힘든데, 50만 달러를 기부한다는 것은 상상만 해도 웃음이 나왔다. 그리고 가능성의 영역을 너무 멀리 벗어난 것 같아서 마음을 놓을 수 없었다.

린다: 우리가 당신께 주고 싶은 격려의 말은 하나님과 그곳에 가라는 것입니다. 그리고 지금 할 수 있는 일에 대해 생각하지 말고 하고 싶은 일을 꿈꾸세요. 비록 우스워보일 수 있을 지라도 말이에요.

기부에 있어서 '그곳까지 가는 것'은 우리 각자에게 다르게 보인다. 수입의 10%를 기부하는 것일 수도, 누군가에게 자동차를 선물하는 것일 수도, 백만 달러를 기부하는 것일 수도, 목사님에게 휴가를 보내드리는 것일 수도 있다. 우리가 기부할 수 있는 방법은 무한히 많다.

지금 우리 삶의 이 시점에서 '그곳에 가는 것'은 수입의 90%를 기부하는 것처럼 보인다. 우리의 현재 상황을 고려할 때 불가능해 보인다. 그리고 그것은 좋은 일이다. 내가 어떻게 가능할지 알았다면 꿈이 너무 큰 것이 아닐 테니까.

목사이자 베스트셀러 작가인 마크 배터슨(Mark Batterson)은 이렇게 말한다.

"하나님께서 우리에게 어떤 일을 하라고 부르실 때, 그 일은 당신보다 더 큰 일이 될 것이라는 걸 알게 되었다. 그것은 당신의 자원과 능력을 뛰어넘는 일이 될 것이다. 종종 그것은 당신의 지식을 뛰어넘는 것이다. 하지만 하나님은 자격이 없는 사람도 사용하시기를 좋아하셔서, 자격이 있는 사람을 부르시는 것이 아니라 부름 받은 사람에게 자격을 부어 주신다."[7]

당신의 현실이 꿈과 수천 마일 떨어져 있는 것처럼 보일 때, 그것을 글로 적는 것조차 쉽지 않지만, 어쨌든 그렇게 하길 바란다.

적어보라. 그것들을 위해 기도하라. 그리고 주님의 인도하심에 따라 그 꿈들을 행동으로 옮기라.

그것이 진정 하나님의 꿈이라면 당신의 힘으로는 할 수 없을 것이다. 대신, 그 꿈을 마음속에 간직하고 기도하며 하나님을 따라가다 보면, 그 시간을 되돌아볼 때 얼마나 멀리 그분이 당신을 데려왔는지 놀라게 될 것이다.

24장

순 기부: 가장 중요한 지표

그날 치즈케이크 팩토리에서 집으로 돌아오는 길에 방금 세운 5년 목표에 대한 생각을 멈출 수가 없었다. 그것은 일생의 재정 목표가 어떤 모습일지 종잡을 수 없었다. 또한, 질문이 생겼다. 영원의 영역에서 재정적 성공은 어떤 모습일까? 이 문제를 깊이 생각하다 보니 영원한 재정적 성공은 세상이 재정적 성공을 정의하는 방식과는 많이 다를 것이라고 판단하게 되었다.

> 크리스천에게 재정적 성공은 무엇을 모으느냐가 아니라 무엇을 베푸느냐로 평가해야 한다.

세상에서는 재정적 독립, 개인 연금 또는, 퇴직연금에 몇 백만 달러의 자산 보유, 별장 소유, 40세에 은퇴 등을 재정적 성공이라고 말한다. 이러한 목표가 잘못된 것은 아니지만, 우리가 실제로 이 땅에 잠시 있을 뿐인 영원한 존재라면 이 땅에서 최대한 많은 부를 축적하는 데 모든 노력을 집중하는 것보다 부를 영원한 하늘에 보관하는 것이 훨씬 더 현명해 보인다.

그렇다면 우리는 세상과 같은 방식으로 재정적 성공을 정의하는 것을 중단해야 한다. 얼마나 많이 모았느냐. 크리스천에게 재정적 성공은 무엇을 모으느냐가 아니라 무엇을 베푸느냐로 평가해야 한다.

물론 나도 납부해야 할 청구서가 있고, 부양해야할 자녀가 있으며, 가끔 휴가를 가고 싶어 하는 아내가 있다. 하지만 박람회 비유를 빌리자면, 곧 가치가 없어질 것을 알면서도 수백, 수천 장의 박람회 티켓을 쌓아두는 것은 매우 어리석은 일이다. 대신 재정적 성공에 대해 가능한 한 긴 안목, 즉 영원한 관점에서 생각하고 싶었다. 나는 그것을 쫓아갈 방법을 찾아야 했다.

스티커 도표, 탐색, 그리고 기부하기

최고의 육아 비법을 알고 싶은가? 아무도 알려주지 않았지만 내가 알려주고 싶다. 우리는 아이들이 집안일을 하고 싶게 만들려면 냉장고에 색색의 도화지를 붙여서 '스티커 도표'라고 일컬으면 되었다.

짠! 이 간단한 아이디어는 집안일에 대해 끊임없이 불평하던 여섯 살짜리 아이를 말 그대로 매일 더 많은 일을 하게 해달라고 요청하는 아이로 순식간에 바꿔놓았다. 왜 그럴까? 어른이라도 목표를 향한 발전을 보는 것은 누구나 좋아한다. 솔직히 말해서 우리 모두는 조금 더 큰 몸에 갇혀 있는 여섯 살짜리 아이와 같으니까.

우리 아들은 집안일을 할 때마다 그곳에 스티커로 가득 채워지는 것을 좋아했다. 가까이 다가갈수록 아들은 더 신이 났다. 피어슨의 법칙을 기억하라. "성과가 측정되면 성과가 향상된다. 성과를 측정하고 다시 보고하면 개선 속도가 빨라진다."[1]

냉장고에 도표를 붙이자 그는 자신의 성과를 즉시 확인할 수 있었다. 더 이상 애매하지 않았다. 그날 얼마나 많은 집안일을 완료했는지 정확히 알 수 있었다. 주방에 들어설 때마다 냉장고가 그의 얼굴을 주시하고 있었다. 그는 계속해서 자신의 성과를 보고 받았고, 그 결과 더 많은 집안일을 요청하기 시작했다.

부모의 꿈을 이루려면 어떻게 해야 할까?

동일한 전략을 사용하여 재정적 성공을 평가할 수 있다. 무엇을 모으느냐가 아니라 무엇을 베푸느냐로 평가하는 것이다. 스티커 도표를 사용하여 당신의 기부를 탐색하라고 제안하는 것은 아니지만, 같은 원리이다. 나는 '순 기부'라고 정해서 기부를 탐색할 수 있다. 관리 자산(AUM)과 마찬가지로 이 역시 간단한 수학 문제이며, 우리가 얼마나 기부했는지를 합산한 것이다.

날짜	선물	받은 사람	비용	이유
4/13/22	구매한 음식, 만들어서 배달한 음식	타미, 마이크	$35	그들은 임신했다.
4/19/22	스타벅스에서 내 뒤에 있는 사람을 위해 한 잔을 구매	모른다!	$6	
4/26/22	호텔 직원에게 팁을 줌	호텔 직원	$20	
5/1/22	현금을 기부	교회	$200	
5/3/22	그랜트와 점심 식사	그랜트	$40	그의 생일
5/8/22	팀을 위해 《단순한 재정 원리》 구매	팀	$15	

이 표는 간단해 보이지만 린다와 나에게는 획기적인 아이디어였다. 무언가를 기부하고 탐색할 수 있게 되었으니까. 지켜보았다. 그리고 축하했다.

1부에서 피어슨의 법칙에 대해 언급했듯이, 무언가를 탐색하면 자연스럽게 집중력이 향상된다. 탐색하지 않으면 집중력이 떨어지고 성장의 기회도 줄어든다.

보너스로, 나는 수년에 걸쳐 순 기부가 증가하는 것을 보면서 여전히 숫자놀이에 빠져 있다.

린다: 이것은 저희에게 큰 변화였어요. 이제 다른 경주를 하고 있었기 때문에 비교의 함정에서 벗어날 수 있었죠. 이웃들이 존스 가족이나 카다시안 가족, 혹은 다른 누군가를 따라잡으려고 애쓰는 것에 신경 쓰지 않고, 우리는 더 나은 것에 집중했어요. 그리고 그 숫자를 앞에 두는 것은 가장 중요한 것을 계속 탐색하는 데 도움이 되었어요.

언뜻 보기에 이것은 자기를 축하하거나 스스로 격려하는 것처럼 보일 수 있지만 우리는 그렇게 생각하지 않는다. 하나님께 더 많은 영광을 돌리기 위한 방법이라고 생각한다. 우리처럼 지극히 평범한 사람들을 통해 하나님께서 이루신 일을 보여주는 것이다.

기부를 탐색하기 시작하면서 매일 기상할 수 있는 새로운 목적이 생겼다. 더 이상 청구서를 지불하거나 식탁에 음식을 올리기 위해, 또는 은행 계좌에 0을 더하기 위해 침대에서 일어나지 않는다. 매일 기상해서 하나님 나라에 영향을 미치고 삶을 변화시키기 위해 돈을 벌고 있다.

우리는 이 숫자를 탐색하면서 기부가 더 즐거워졌다. 새롭고 혁신적인 기부 방법을 찾도록 영감을 준다. 그리고 기부의 결실을 볼 때면 더 많은 일을 하고 싶다는 동기가 생긴다.

린다: 항상 더, 더, 더 많은 것을 원했던 사고방식에서 확실히 벗어날 수 있

었어요! 그런 사고방식에서 벗어나 더 의미 있고 지속적인 영향을 미치는 것에 집중할 수 있다는 것은 정말 자유롭답니다.

가장 중요한 지표인 순 기부를 탐색하기 시작하면 당신의 일상상은 예전과 같지 않을 것이다. 당신도 하나님께서 다른 사람들을 축복하기 위해 당신을 통해 일하신 방식을 더 잘 알게 될 것이다.

당신은 하나님 나라를 확장하고 그분의 축복을 전파하고자 하는 마음에 불을 지피게 될 것이며, 그 영향력은 당신이 천국으로 부름 받은 후에도 오래도록 남을 것이다.

> **당신의 빠른 시작**
> 이 도전을 빨리 마치고 싶은가?
> 자세한 내용은 271페이지로 이동하라.

탐색 대상

린다와 나는 기부하는 모든 것을 탐색한다. 교회에 기부하는 것부터 생일선물, 아기 목욕을 위한 물품 구입, 산모에게 식사를 사주는 것 등 모든 것을 기록한다. 우리가 기부하는 거의 모든 것이다. 물론 모든 것을 숫자로 표에 적을 수 없다. 숫자를 매길 수 없는 행동으로 한 기부도 많지만, 괜찮다. 어쨌든 우리는 그것들을 추가한다. 가장 중요한 것(축적보다는 나눔)에 집중할 수 있도록 모든 것을 나열하는 것이다.

넉넉한 마음을 억누르지 마라

몇 년 전, 기부할 기회가 주어졌을 때 유용한 지침이 되는 명언을 발견했다.

"넉넉한 마음을 억누르지 마라."[2]

너그러운 생각이 떠오를 때, 그 생각이 임의로 떠오르는 것이 아닐 가능성이 높다. 그리고 원수는 도둑질하고, 죽이고, 파괴하는 것을 좋아하기 때문에[3] 다른 사람에게 친절을 베풀라고 내 귀에 속삭이는 것은 원수가 아닐 가능성이 높다. 그 넉넉한 마음이 아마도 성령께서 나를 바른길로 인도하시려는 것임을 안다.

그래서 누군가를 위해 임의로 선물을 사거나, 누군가를 위해 좋은 일을 하거나, 누군가를 위해 커피를 사거나, 몇 년 동안 연락하지 않았던 사람에게 문자를 보내거나, 누군가에게 안아주고 싶다는 생각이 떠오르면 억누르지 않고 행동한다. 그냥 달려간다. 그리고 하나님은 결코 실망시키지 않으신다.

린다와 나는 몇 년 동안 이를 실천하려고 노력해 왔고, 그 결과 놀라운 하나님의 일들이 급격히 늘어났다. 어디에 어떻게 기부할지 아이디어가 필요할 때 기도하면서 주님이 품게 하시는 넉넉한 마음을 주시하라.

린다: 10여 년 전, 저는 아버지가 돌아가신 친구를 안아주라는 이끌림을 느꼈어요. 지금 그 친구는 매번 볼 때마다 그 포옹이 얼마나 큰 축복이었는지 이야기합니다. 포옹! 한 번의 친절한 행동으

> 로 사람들의 삶을 변화시킬 수 있다는 것은 정말 놀라운 일이에요.

순 기부와 관리 자산이 함께 작동하는 방식

앞서 말했듯이, 우리는 다른 어떤 재정적 목표보다 기부 목표를 우선시하며, 매년 순 기부가 증가하는 것을 보고자 한다. 또한, 우리는 관리 자산도 탐색한다. 우리는 순 기부가 우리의 No. 1 우선순위이고 관리 자산은 No. 2 우선순위라고 결정을 했다. 둘 다 중요하지만, 다르다.

간단히 말해서, 나는 순 기부를 천국을 위한 지표, 즉 천국에 보물을 쌓아 두기 위한 진행 상황을 탐색하는 방법이라고 생각한다. 반면에 관리 자산은 이 땅에서 탐색하는 지표로, 하나님께서 이 땅에서 관리하도록 우리에게 맡기신 모든 것을 탐색하는 방법이다.

린다: 이제 우리는 각각의 목적과 가치가 있기 때문에 두 가지 수치가 모두 성장하기를 원해요. 하지만 '박람회 티켓'이 곧 종료될 것이라는 깨우침을 받은 이후로는 순 기부가 최우선 순위가 되었죠.

이제 당신은 이 두 숫자가 서로 정반대되는 개념이라고 생각할 것이다. 그렇지 않나? 무언가를 나눠주면 자산에서 빠져나가 보유 자산이 줄어들게 된다. 결과적으로 총 자산이 감소한다. 기본적인 수학이다.

그러나 여기 놀라운 일이 있다. 지난 15년 동안 순 기부가 증가함에 따라 관리 자산도 거의 같은 비율로 증가했다.

도표를 직접 확인해 보라.

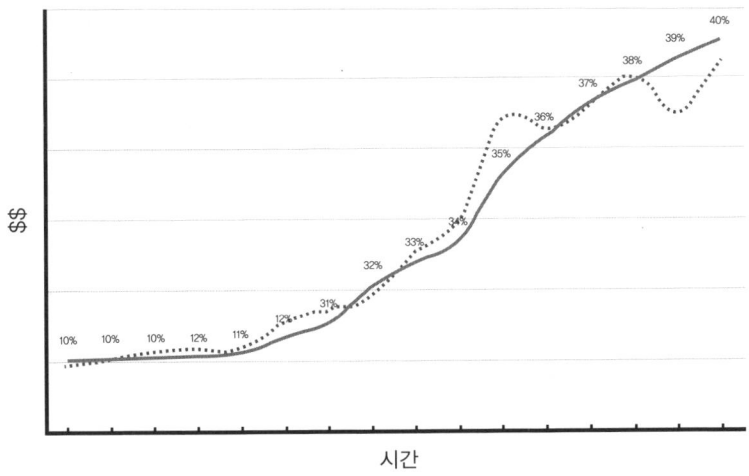

린다: 이건 상식적으로 말이 안 됩니다. 특히 그 기간 동안 수입의 30% 이상을 기부했다는 점을 고려하면 더욱 그렇죠. 하지만 그게 하나님의 방식이시죠. 그분의 방식은 우리의 방식이 아닙니다. 지켜보는 것은 정말 재미있었지만, 탐색하지 않았다면 결코 알 수 없었을 것예요.

우리가 먼저 그의 나라와 그의 의를 구하기 위해 노력할 때 하나님은 모든 필요를 돌보아주셨다.[4] 우리는 그분의 부르심을 따르기만 하면 되었다.

관리 자산이 늘지 않는 해에도 관리 자산을 늘리는 것이 나의 주된 초점이 아니기 때문에 신경 쓰지 않았다. 하나님께서 상황을 바꾸시거나 내가 침체기에 어떻게 대처하는지 시험한다고 생각한다. 원하는 대로 일이 잘 풀리지 않아도 우리가 기부를 계속할 것인가? 항상 "예."라는 대답하길 원한다.

내가 놓친 목표와 큰 그림

치즈케이크 팩토리에서 크리스와의 저녁 식사 이후 5년이 지났다. 나는 사무실에 앉아 순 기부 표를 검토하면서 만감이 교차했다. 5년 안에 50만 달러를 성취하지 못해서 5년 목표를 성취하지 못했다. 내가 무슨 생각을 하고 있었던 걸까?

하지만 지난 5년간의 기부 내역을 살펴보니 하나님께서 하신 큰 일을 보았고 기쁨이 넘쳤다. 하나님께서 인도하시는 대로 기부할 때, 우리는 수많은 놀라운 순간에 동참할 수 있었다. 누군가에게 수표를 건네며 나눈 기쁨의 눈물, 식료품을 전달하면서 들은 안도의 한숨, 우리가 전달한 익명의 예상치 못한 선물, 굶주린 아이들을 먹일 수 있었던 일, 전도비를 지원한 일, 과부들을 도울 수 있었던 일 등.

그 순간들이 내 머릿속을 가득 채우고 내 영혼을 가득 채웠다. 실망감을 느낄 여지가 없었다. 기부를 통해 하나님의 일에 동참할 수 있는 축복을 받았기 때문이다. 목표에 도달하는 것은 중요하지 않았다. 중요한 것은 그 일이었다.

4년 후, 나는 순 기부 표에 추가하고 있었다. 총액을 흘끗 보니 50만 달러를 넘어선 것을 바로 알 수 있었다. 하나님께서 행하신 일에 대해 너무도 감사했다. 이 황당한 목표를 성취하는 데 평생이 걸렸어야 했는데 하나님은 9년 만에 해내셨다.

물론 하나님은 그 이야기를 포기하지 않으셨다. 처음 목표를 성취한 지 몇 년이 지난 후 다시 숫자를 확인하던 중 나는 입이 떡 벌어졌다. 하나님께서는 한 걸음 더 나아가 내 목표를 두 배로 늘려주셨기 때문이다. 순 기부액이 100만 달러를 넘어선 것이다.

빵과 물고기를 가진 소년처럼 우리에게는 드릴 것이 많지 않았다. 우리가

100만 달러를 기부할 방법이 없었던 것처럼 그도 5,000명의 군중을 먹일 방법이 없었다. 하지만 우리가 가진 것을 예수님의 손에 맡기면 무엇이든 가능해진다.

25장

기부를 더 쉽고 즐겁게 만드는 4가지 조언

성공적인 기부를 위한 시작을 돕고 싶다. 수년 동안 많은 실수를 저질렀기 때문에 우리에게 큰 도움이 되었던 몇 가지 조언과 요령을 공유하고자 한다. 당신에게도 도움이 되길 바란다.

조언 1: 감사하는 마음과 아픈 마음에 기부하라.

더 많은 기부를 하고 싶다는 것은 알고 있었지만, 린다와 나는 가끔 한 가지 질문과 씨름하곤 했다. 어디에 기부해야 할까? 나는 이것이 문제가 될 것이라고는 생각하지 못했다. 하지만 누가 여러분의 자금이 필요한지 알 수가 없고, 잘 모른다. 많은 기부자들이 이 질문에 대답하는 데 어려움을 겪곤 한다.

교회에 기부해야 할까? 사촌의 고펀드미(GoFundMe, 자선단체)? 길거리의 노숙자? 인스타그램에서 즐겨 보는 설교자? 성매매와 싸우는 단체? 다른 곳이 있나? 선택지는 무궁무진해 보인다.

수년 동안 우리는 기부할 곳을 좁히는 데 어려움을 겪었다. 하지만 앤디 스탠리(Andy Stanley) 목사의 간단하고 유용한 조언을 우연히 접하면서 명확해지기 시작했다. "감사하는 마음과 아픈 마음에 기부하라."[1] 기부처를 결정하는 데는 여러 가지 방법이 있지만, 나는 이 간단한 기준이 훌륭한 시작점이 될 수 있다는 것을 알게 되었다.

린다: 다시 말해, 당신을 축복해줘서 감사한 사람이나 단체가 어디인가요? 그리고 세상의 어떤 마음을 아프게 하는 문제가 고쳐졌으면 좋겠나요?

무엇에 감사하는가?

지난 15년 동안 우리가 함께했던 두 개의 놀라운 교회에 대해 깊이 감사한다. 우리 삶에 이보다 더 직접적인 영향을 준 조직은 없었다. 앤디 스탠리의 조언은 지역 교회에 먼저 십일조를 하는 믿음의 우선순위를 인정해 준다. 우리 교회가 그 영향력을 계속 이어갈 수 있기를 원하고 미래에도 강하고 건강하게 유지되기를 바란다.

무엇에 감사하는가? 당신의 교회, 자녀의 학교, 도움이 필요할 때 도움을 준 지역 비영리 단체인가? 아니면 완전히 다른 곳인가? 그리고 어떤 사람들에게 감사하고 있나? 간단한 칭찬도 큰 도움이 되겠지만, 꽃과 함께 집에 가서 가져다주는 건 어떨까? 아니면 저녁 식사에 초대하여 생일을 축하하는 건 어떨까? 내가 개인적으로 좋아하는 것 중 하나인 익명으로 축복이 될 만한 선물을 주는 것은 어떨까?

이제 기부 체계의 두 번째 부분에 대해 이야기해 보겠다.

무엇이 마음을 아프게 하는가?

예수님은 종종 우리의 돈과 마음 사이의 연관성에 대해 언급하셨다. 우리가 세상이 절실히 필요로 하는 것들에 기부하는 것은 당연한 일이다. 우리가 도울 수 있는 간단한 방법 중 하나는 기부를 실천하는 것이다.

하지만 아픈 마음과 죄책감 사이의 경계가 모호해질 수 있어서 한 가지 중요한 구분이 필요하다. 예를 들어 한 단체가 우리가 인식하지 못하는 현실을 알리기 위해 동영상과 이미지를 사용하여 죄책감으로 당신과 나에게 기부를 강요하는 것과 큰 차이가 있다.

십일조 헌금은 성도에게 하나님의 명령이지만, 강요하는 것이 아님을 기억하라.

미국의 목사인 유진 피터슨(Eugene H. Peterson)이 고린도후서 9:7을 이렇게 의역한 것이 마음에 든다.

"각자가 충분한 시간을 갖고 생각해 보고 무엇을 기부할지 스스로 결정하기를 원한다. 그렇게 하면 당신을 동영상의 흐느끼는 이야기와 팔 비틀기로부터 보호해 줄 것이다. 하나님께서는 기쁘게 기부하길 좋아하신다."

우리는 주변의 아픔에 이끌리기 쉽다. 또는 가장 큰 소리로 외치는 사람에게 이끌리기도 한다. 하나님이 우리를 이끄시는 대로 따르는 것이 가장 효과적이라고 믿는다. 기부를 결정할 때, 나는 시간을 내어 기도하고 마음에 평강이 있는지 확인한다. 만약 내가 강요당하거나 억지로 하는 것 같다면 강박에 의해 기부하고 있다는 것을 안다.

당신은 어떤가? 무엇이 당신의 마음을 아프게 하나? 세상에서 무엇이 잘못되었다고 생각하는가? 인신매매일 수도 있고, 세계 기아, 이라크의 기독교인

박해, 아니면 다른 수많은 이유들이 있다.

린다: 밥과 저는 한 교인의 인신매매 이야기를 듣고 있었어요. 우리 둘 다 피해자들에 대한 안타까움에 눈물을 흘렸죠. 아이들이 매일 마주하는 공포를 생각하며 흐느꼈던 기억이 납니다. 어떤 강요나 위장도 없었어요. 우리는 단지 정보를 받자마자 하나님 마음이 느껴졌어요. 거부할 수 없는 무언가가 있었죠. 그 후 몇 달 동안, 밥과 저는 어떻게 할지 이야기하고 기도했어요. 그것은 우리에게 엄청난 영향을 미쳐서 무언가를 해야 한다고 느꼈습니다. 그 순간부터 우리의 재정의 일부를 사용하여 도움을 주기로 결심했어요.

집 근처의 일로 마음이 아픈가? 휴식이 필요한 싱글맘을 알고 있나? 그녀의 집을 청소할 사람을 고용해 주겠나? 아니면 외로운 미망인의 친구가 되어 줄 수도 있다. 그녀에게 점심 식사를 대접할 수 있는가? 하나님께서 도울 수 있는 수단과 기회를 주신 사람은 누구인가?

사람들에게 기부하는 것과 단체에 기부하는 것

특정 사람에게, 혹은 단체에 기부하는 것이 더 나은지에 대해 많은 대화를 나눴다.

내 대답은 둘 다이다. 각 기부 방법에는 장단점이 있다. 개인에게 기부할 때는 종종 받는 사람과 함께하는 순간을 경험하게 된다. 받는 사람이 어떻게 영향을 받는지 직접 확인할 수 있으며, 이는 매우 만족스러울 수 있다.

반면에 단체는 이런 혜택을 제공하지는 않지만, 더 큰 규모의 영향

> 력을 발휘하는 경우가 많다. 예를 들어, 특정 단체는 내가 개인적으로는 결코 할 수 없었던 방식으로 사람들에게 다가갈 수 있다. 일부 단체는 모은 자원으로 사회에 도움이 되는 무언가를 만들기도 한다. 사마리아인의 지갑, 컴패션 인터내셔널(Compassion International), 심지어 수족관이나 동물원, 그리고 일부 단체는 개인이 할 수 없는 방식으로 공공 정책에 영향을 미칠 수 있다.
>
> 당신은 각기 다른 방식으로 세상에 영향을 미칠 수 있다. 둘 다 중요한 영원성의 영향을 가진 잠재력이 있다고 생각한다. 따라서 기부할 때 각자의 방식으로, 궁극적으로는 하나님의 인도하심을 따르라.

조언 2: 비율을 정하라.

존 록펠러(John D. Rockefeller)가 주당 1.50달러를 벌었을 때, 그 당시에도 많은 금액이 아니었지만 10%를 기부하기로 정했다. 그의 결정은 "15센트를 기부하겠다."가 아니라 "모든 소득의 10%를 기부하겠다."였다.

수입의 일정 비율을 기부하겠다는 그 한 가지 결정 덕분에 그는 나중에 수백만 달러를 기부하는 자신을 발견했다. 그는 "내가 주당 1.5달러였던 첫 급여에서 십일조를 하지 않았다면 1백만 달러에서 결코 십일조를 하지 못했을 것이다."[2]라고 말했다.

수입이 증가하면 더 많은 기부를 할 것이라고 믿고 싶은 마음이
크지만, 실제로 실천하기는 어렵다. 파킨슨의 제2법칙
(Parkinson's Second Law)에 따르면 기부의 우선순위를 정할 수 있는 시스템을 미리 마련하지 않으면, 수입이 증가한 만큼 지출도 함께 증가한다. 우리는

항상 소득만큼 만큼 지출한다. 수년 동안 나는 여윳돈이 예금 계좌에 있을 때만 기부했다. 어떤 달에는 조금만 기부하고, 어떤 달에는 여윳돈이 전혀 없어서 기부하지 못할 때도 있었다. 원하는 만큼 기부하지 못하면 항상 스트레스를 받았다.

매달 일정 비율을 기부하기로 처음 결심했을 때가 기억난다. 그러자 기부가 훨씬 쉬워졌다. 한 달에 얼마를 기부할지 고민할 필요가 없었다. 이미 결정되어 있었기 때문이다. 둘째, 5장의 교훈을 적용하여 기부를 자동화했을 때, 언제 누구에게 기부할지 고민할 필요가 없었다. 그 결과, 내 인생에서 처음으로 꾸준히 기부하게 되었다. 마지막으로, 비율을 정하면 그 달의 소득 수준에 따라 기부금이 쉽게 조정되었다. 이제 기부 금액에 따라 기분이 좋아지거나 나빠지지 않는다. 보너스로, 내 소득이 증가했을 때 금액이 아닌 비율에 충실했기 때문에 기부금이 자연스럽게 증가했다.

당신이 아직 그렇게 하지 않았다면, 기도하는 마음으로 수입의 일정 비율을 기부하기로 결심하라. 그렇게 하다 보면, 더 꾸준히 지속적으로 기부하게 되고 기부 금액을 늘리는 것이 훨씬 쉬워진다.

일률적인 규칙이 아님

미디어 시간과 간식 등에 관한 규칙은 아이마다 타고난 성향이 다르기 때문에 다르게 양육해야 한다. 기본 규칙은 같지만, 아이들에게 맞게 각각 다른 지침으로 이끌어야 한다. 기부에 관한 하나님의 지침도 마찬가지라고 생각한다.

그렇다. 우리 모두는 성도로서 아낌없이 베풀어야 할 의무가 있지만, 나이에 따라 기부 비율을 결정한다고 해서 꼭 그렇게 해야 한다는 의미는 아니다. 옆집 이웃이 50%를 기부한다고 해서 나도 그렇게 해야 한다는 의미 역시 아니다.

바울의 가르침을 기억하라. "각각 그 마음에 정한 대로 할 것이요. 인색함으로나 억지로 하지 말지니 하나님은 즐겨 내는 자를 사랑하시느니라."[3]

기부에 대해 부끄러움이나 죄책감을 느끼지 않아야 한다. 다른 사람과 자신을 비교하지 마라. 하나님께서는 가장 과감한 기부자만큼이나 당신을 사랑하신다. 우리는 기부를 통해 그분의 인정을 얻지 않는다.

하지만 하나님께서 당신과 나를 그분과 함께하는 이 모험에 초대한다고 믿는다.

당신의 여정이 어디에 있든 상관없다. 다음 단계의 기부에 이르는 길은 넉넉함의 발걸음을 계속 내딛는 것이고 더 많이 벌 때까지 기다리는 것이 아니다. 계속 전진하라. 먼저 기부하라. 적은 돈으로 신실함을 검증한 다음, 하나님께서 당신에게 어떻게 더 많은 것을 맡기시는지 지켜보라.[4]

조언 3: 씨앗 계정을 시작하라.

후원하고 싶은 고펀드미(GoFundMe) 캠페인을 발견하고 후원하고 싶은데 예산에 돈이 없던 적이 있는가? 아니면 조카의 생일에 선물을 살 돈이 없었던 적이 있는가? 겪어본 적이 있을 것이다. 예상치 못한 기부 기회가 찾아왔지만, 재정마련이 어려워 곤혹스럽다.

하나님이 주신 기회를 너무 많이 놓쳐서 고민하던 중, 린다와 나는 씨앗 계좌(Seed Account)라고 부르는 것을 시작하기로 결심했다. 우리는 예산에 범주를 만들어 매월 기부하기로 했다. 이 계좌의 금액은 오직 기부를 위해서만 사용된다. 아무것도 다른 용도로는 사용되지 않는다.

이것은 영적인 진리(실제로는 우리 돈이 아니라는)에 기반한 실제적 변화였고, 그 덕분에 기부가 훨씬 쉬워졌다.

> **당신의 빠른 시작**
> 이 도전을 빨리 마치고 싶은가?
> 자세한 내용은 273페이지로 이동하라.

그것은 기부를 완전히 즐길 수 있게 되는 2분짜리 획기적 아이디어였다. 우리는 항상 기쁨을 얻었지만, 우리가 씨앗 계좌를 만들었을 때 새로운 차원의 기쁨을 얻었다.

린다: 이 방법은 정말 훌륭해요. 예전에는 돈이 큰 양동이 한 곳에 담겨 있었기에, 식료품을 사야 할지 기부를 해야 할지 그중에 하나를 결정해야 했거든요. 이 고민은 씨앗 계좌로 인해 사라졌어요. 돈을 별도의 범주에 만들었더니 갑자기 기부가 쉬워지고 훨씬 더 즐거워졌어요. 돈은 그저 저기 앉아서 기다리고 있는 것 같아요. 마치 다른 사람의 돈으로 기부하는 것만큼 쉬워졌죠. 그리고 당신이 원하는 만큼 풍요롭게 쓸 수 있는 자유도 생긴답니다.

베푸는 곳

린다와 나는 하나님께서 우리에게 맡겨주신 재정을 확실히 정하는 데 15년을 보냈다. 앞으로도 계속 바뀔 테지만 이 책이 출간된 현재, 도달한 비율이 있다. 만일 당신이 글의 내용에 맞는 실제적인 적용을 좋아하는 독자라면, 이 책은 당신을 위한 것이다.

앞서 언급했듯이, 주님은 우리가 기부할 때 '나이에 따라 기부'하는 방식으로 인도하셨다. 그래서 그 이후로 매년 내 생일에 맞춰 기부금을 1%씩 늘려왔고, 그분의 신성한 지혜로 그것은 일관된 좋은 확장이었다.

이 글을 쓰는 현재, 매년 40%씩 기부하고 있다. 자세한 내용은 다음과 같다.

1. 감사하는 마음에 기부를 실천하기.

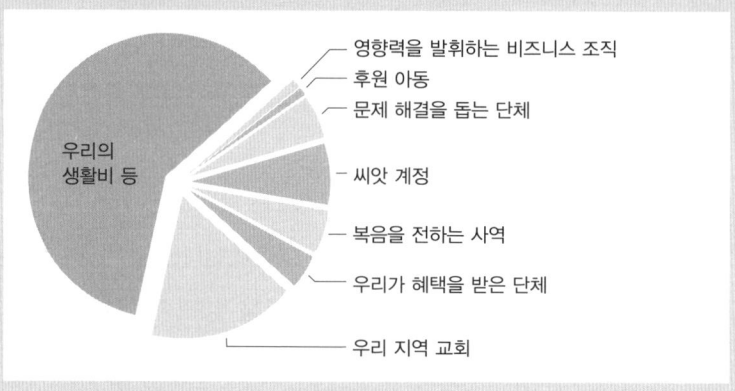

- 지역 교회 17%
- 우리가 혜택을 받은 단체 4%
- 세상에 영향을 미치는 기업 1%(좀 더 많은 재정이 소요되어도 정당하지 않은 노동으로 만들어진 셔츠를 사지 않는 데에 따른 비용의 차이를 고려한다.)

2. 마음 아픈 문제에 기부를 실천하기.

복음 전파에 초점을 맞춘 사역 5%
자발적인 기부를 위한 씨앗 계정 7%
마음을 아프게 하는 문제를 해결하는 데 도움을 주는 단체 5%
온두라스의 후원 아동 1%

조언 4: 50/50 규칙을 실천하라.

기부를 늘리는 가장 쉬운 방법을 알고 싶은가? 우리는 급여가 인상되거나 수입이 늘어날 때마다 간단한 규칙을 정했다. 50/50 규칙이라고 하는데, 이 규칙은 다음과 같이 작동한다. 급여가 인상되었다면, 생활과 기부에 균등하게 분배하는 것이다.

월급이 500달러 인상되었다고 상상해 보라. 대부분의 사람들은 그에 따라 생활 수준을 높일 것이다. 외식을 더 많이 할 수도 있고, 의류 예산을 늘리거나, 저축을 더 늘리거나, 심지어는 대출 원금을 더 빨리 갚기 위해 두 배로 늘릴 수도 있다. 하지만 만약 당신이 다른 접근 방식을 취한다면 어떨까?

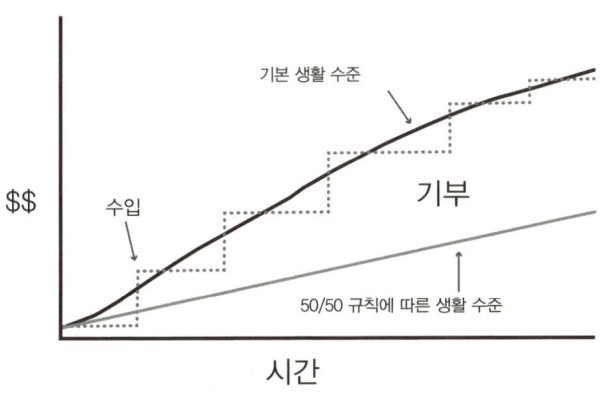

생활 수준을 250달러만 올리고 나머지 250달러는 기부한다면 어떨까? 그래도 여전히 큰 축복이 아닐까? 월 인상분의 절반으로 제한하면 희생을 전혀 느끼지 않으면서도 기부를 늘릴 수 있다.

린다와 나의 수입이 증가하면 우리의 생활 수준이 자동으로 높아지도록 놔두는 대신, 우리의 목표는 계속해서 수입과 지출의 격차를 더 벌리는 것이다. 그렇게 하면 기부할 수 있는 기회가 더 많아진다.

재정 고문인 팀 몬스(Tim Mohns)는 흥미로운 접근 방식을 취했다. 그는 6개월 동안 가족의 생활 수준을 제한하고 그 이상의 모든 금액을 기부하는 실험을 하기로 결정했다. 많은 사람들이 그렇듯 그는 자신이 할 수 있는지 확인하고 싶었다.

6개월 동안 팀 몬스는 매일 15분씩 기부를 어디에 어떻게 할 것인지 기도했다. 그는 기도를 하면서 '바로 그때부터가 진짜 모험의 시작점'이라고 말했다. 실험이 끝난 후, 그는 "우리는 지금 그 어느 때보다 재정적으로 자유로워졌다. 그 어느 때보다 내 삶에서 하나님의 은혜를 볼 수 있었다."라고 말했다.

팀 몬스와 그의 가족은 이 실험을 무기한 계속하기로 결정했다.[5]

이전에 많은 사람들이 말했듯이, 만약 하나님께서 우리에게 단순히 생활 수준을 높이는 것뿐만 아니라 기부 수준도 높이게 한다면 어떨까?

26장

나비 효과

과학자들은 나비의 날갯짓에 의해 교란된 공기 분자가 며칠 후 지구 반대편의 날씨에 영향을 미칠 수 있다는 생각에서 흔히 '나비 효과'라고 불리는 기이한 현상을 설명했다.

알고 있는가? 나비는 토네이도 형성에 영향을 줄 수 있다. 실제로 일어나는 일이다. 검색해 보라. 과학적으로는 '초기 조건에 대한 민감한 의존성'이라고 한다.[1]

나비 효과는 공기 분자와 날씨 패턴뿐만 아니라 훨씬 많은 곳에 적용된다. 상황의 초반에 일어나는 작은 변화가 나중에 엄청난 영향을 미칠 수 있다. 여기에는 작은 넉넉한 행동도 포함된다.

베스트셀러 작가인 앤디 앤드류스(Andy Andrews)의 이야기를 통해 이를 증명해 보겠다.[2]

몇 년 전, 노먼 볼라우그(Norman Borlaug)라는 사람이 ABC 뉴스에서 이 주의 인물로 선정되었다. 그 이유는 그가 개발한 옥수수와 밀의 개량종이 10억 명 이상의 사람들을 구했다는 것이다. 하지만 노먼 볼라우그가 10억 명의 인명을 구한 궁극적인 공로가 있는 사람일까?

헨리 월리스라가 아니었다면 10억 명 이상의 사람들은 구조 받지 못했을 것이다. 월리스는 1940년대 초 미국 부통령을 역임했다. 앤디 앤드류스에 따르면, "[그는] 부통령의 권한을 이용해 멕시코의 건조한 기후에 옥수수와 밀을 개량하는 기지를 만들었다. 그리고 그는 노먼 볼라우그라는 젊은이를 고용했다."

그렇다면 헨리 월리스라는 남자가 10억 명의 생명을 구한 공로를 인정받아야 할까? 알고 보니 헨리 월리스는 6살 소년 시절 아이오와 농업 대학의 한 학생으로부터 멘토링을 받았다. 이 똑똑한 학생은 어린 헨리 월리스를 식물 탐험에 데려가 인간에게 혜택을 주는 식물의 잠재력에 관한 비전을 심어주었다. 이 학생은 다름 아닌 땅콩으로 유명한 농업 과학자 조지 워싱턴 카버(George Washington Carver)였다. 그는 월리스를 세상을 이롭게 하는 식물을 개발하는 일로 이끌었다.

내가 궁금한 건, 카버가 어린 헨리 월리스를 지도하지 않았다면 어떻게 되었을까? 수십억 명의 목숨을 구할 수 있었을까?

이것이 바로 나비 효과이다.

> 천국에 가기 전까지는 우리가 베푸는 모든 행동이 얼마나 큰 영향을 미치는지 결코 이해할 수 없을 것이다.

조지 워싱턴 카버는 땅콩에 대한 300가지 이상의 용도와 고구마에 대한 100가지 이상의 용도를 개발하여 전 세계에 큰 영향을 미쳤다.[3]

하지만 당신은 그가 그 짧은 멘토링이 얼마나 큰 영향을 끼칠지 상상이나 했을 것이라고 생각하는가? 수십억 명의 생명을 구했다는 것을 생각하면 정말 놀랍다.

역사를 통틀어 오늘날에도 모든 넉넉한 행동에는 이번 삶과 다가올 삶에 나비 효과가 있다. 빌리 그레이엄(Billy Graham)은 "천국에서 나는 주님께 영광을 돌릴 수 있었지만, 그러지 못했던 무수한 대화들을 천분의 일이라도 되찾게 해달라고 마음을 다해 소원할 것이다."[4]라고 말했을 때 이 효과를 이해했던 것으로 보인다. 그는 짧은 대화나 한 번의 간단한 행동이 영원한 영향을 미칠 수 있다는 것을 알았다.

친구여, 천국에 가기 전까지는 우리가 베푸는 모든 행동이 얼마나 큰 영향을 미치는지 결코 이해할 수도, 알 수도 없다.

빠른 시작 - 3부

11. 기부의 꿈을 파악하라.
(복습을 위해 242~245페이지를 다시 읽어보라.)

우리는 당신이 하나님 나라를 위해 어떤 영향력을 끼치고 싶다고 생각하지만, 자신의 힘으로 할 수 있는 일에 집중하지 마라. 마음을 열고 큰 꿈을 꾸고 하나님께 기도하라. 그리고 아이디어를 구하고, 이 꿈을 실현하는 데 얼마나 많은 비용이 드는지 5분 동안 생각해 보라. 그 후 검색 엔진에서 "_____에 얼마가 드나?"라고 검색하여 대략적인 견적을 찾아보라.

기억하라. 조금도 두렵지 않다면 그 꿈은 아마도 충분히 크지 않다는 뜻이다.

○ 여기에 기부에 대한 꿈을 적어라.

_____

_____

_____

○ 이 꿈을 이루기 위해 얼마나 많은 비용이 들까?

_____

12. 당신의 순 기부 표를 만들어라.
(복습을 위해 242~245페이지를 다시 읽어보라.)

오늘 당신의 도전은 당신이 기부한 모든 것을 탐색할 수 있는 문서를 만드는 것이다. 다음과 같은 것들을 탐색하는 것이다.

- 스타벅스에서 친구(또는 낯선 사람)를 위해 커피를 사는 일.
- 교회에 드리는 십일조와 기부.
- 좋아하는 비영리 단체에 대한 기부금.
- 새로 엄마 된 사람들에게 저녁 식사 대접하는 일.
- 미혼모의 자녀 돌보는 일.

○ 지금 바로 기부 진행 상황을 탐색하라. 노트북을 사용하거나, 나만의 표를 만들어보라.
○ 달력에 월별 알림(또는 시리, 알렉사, 구글)을 설정해서 순 기부 표를 업데이트하라.

13. 마음에서 우러나오는 기부를 하라.
(복습을 위해 256~260페이지를 다시 읽어보라.)

어디에 기부할지 정하는 것은 스트레스가 될 수 있다. 내가 가장 좋아하는 방법 중 하나는 감사한 일과 마음 아픈 일을 나열하는 것이다. 그래서 오늘도 그렇게 하고 있다.

○ 당신이 감사하는 단체와 사람들의 목록을 작성하라.

_____

_____

_____

_____

○ 전 세계, 당신의 나라, 지역 사회, 혹은 당신의 이웃에서 일어나는 마음 아픈 일들을 적어보라.

_____

_____

_____

_____

_____

15분 동안 기도하고 이 목록을 작성하는 데 도움이 필요하다면 배우자 또는 친구에게 도움을 요청하라. 원인을 파악했지만 기부할 곳을 구체적으로 모른다면, guidestar.org, 혹은 charitynavigator.org과 같은 도구를 사용하여 해당 문제에 대해 설명하는 단체를 찾을 수 있다.*

14. 비율을 결정하라.

(복습을 위해 260~262페이지를 다시 읽어보라.)

만일 당신이 현재 수입의 일정 비율을 기부하고 있지 않다면, 오늘부터 바꾸라. 기부 금액을 정하기 힘들다면, 이번 달 수입의 1%부터 시작하라. 이미 기부하고 있다면, 그대로 유지할지 아니면 더 늘릴지 기도하며 결정하라.

그 후 당신이 13일째 도전에서 작성한 목록을 보고 아래의 빈칸을 채우라.

○ 나는 월수입의 ____%를 다음 단체에 기부할 것이다.

_____.

---

* 우리나라에서는 검색 엔진에 '_후원'(예, 환경 후원), 혹은 '_기부'를 입력하여 검색할 수 있다.(역자 주)

15. 씨앗 계좌를 만들어라.

(복습을 위해 262~266페이지를 다시 읽어보라.)

이제 선호하는 예산 시스템을 사용하여 씨앗 계좌를 설정할 차례이다.

○ 씨앗 계좌를 위한 예산 범주(또는 별도의 은행 계좌)를 만들라.
○ 급여를 받을 때마다 씨앗 계좌로 이체할 금액을 적어라.

○ 매번 지불할 때마다 씨앗 계정에 입금하도록 알림을 예약(또는 시리, 알렉사 또는 구글을 이용)하라. 더 좋은 방법은 자동 이체를 설정하는 것이다.

4부

모든것을즐겨라

부는 삶을 온전히 경험할 수 있는 능력이다.

-헨리 데이비드 소로우(Henry David Thoreau)

오븐에서 갓 구워낸 집에서 만든 빵보다 더 맛있는 것은 없다. 집 안을 가득 채우는 향은 정말 놀랍다. 나는 항상 빵을 좋아했기 때문에 린다와 처음 결혼했을 때 새 신부에게 깊은 인상을 남기고자 빵 굽는 법을 배우기로 했다.*

알다시피 빵은 몇 가지 주요 재료로 만들어진다. 밀가루, 물, 소금, 효모. 하지만 핵심 재료 중 하나를 빼먹으면 최종 제품이 너무 달라진다.

효모를 넣는 것을 잊어버렸을 때 힘든 경험을 한 적이 있다. 처음에는 괜찮을 거라고 생각했다. 내 말은, 주어진 레시피에서 효모의 양은 미미해 보였다. 하지만 결과는 먹을 수 없는 반죽 덩어리를 만들었다.**

이런 실수를 해본 적이 있다면 효모가 완벽한 반죽을 만드는 데 얼마나 중요한지 너무 잘 알 것이다. 린다와 나는 우리 방법도 마찬가지라는 것을 깨달았다. 네 가지 재료, 즉 저축하고, 벌고, 기부하고, 즐기고가 모두 필요하다.

지금까지 최대한 절약하고, 최대한 벌어서 할 수 있는 모든 것을 기부하는 원리에 대해 이야기했다. 이제 네 번째 원리에 초점을 맞춰 보겠다. 바로 모든 것을 즐기기다. 이 네 가지 요소는 함께 작용하여 부유한 삶과 의미 있는 영원한 영향력을 성취하는 데 도움이 된다. 하지만 빵 레시피에서와 마찬가지로

---

* 이 시점에서는 사워도우(sourdough)의 경이로움을 발견하지 못했기 때문에 이것은 그냥 '평범한' 빵이었다.

** 내가 거부하는 음식은 많지 않지만, 이 빵은 확실히 먹을 수 있는 음식이 아니었다.

한 가지 재료라도 빠뜨리면 원하는 결과를 얻지 못할 수 있다.

만일 우리가 이 땅에서 우리 자신을 위한 보물을 쌓아두기 위해 할 수 있는 모든 것을 얻는다면 근시안적인 생각이다. 만일 우리가 할 수 있는 모든 것을 기부하지만 지출은 통제 불능 상태에 있다면, 우리는 많은 기회를 놓치는 것이다. 우리가 할 수 있는 모든 것을 저축하고, 벌고, 기부하지만, 그 과정을 즐기지 않으면 예수님이 약속하신 부유한 삶을 놓치고 있는 것이다.[1]

디모데전서 6장(기부에 관한 또 다른 환상적인 장)에서 바울은 다음과 같이 말했다. 하나님은 "오직 우리에게 모든 것을 후히 주사 누리게 하신다."[2] 이해했나? 하나님이 우리에게 공급하는 모든 것은 우리의 '즐거움'을 위한 것이다.

우리는 일을 즐기고, 현명한 소비를 즐기고, 우리의 안전지대를 넘어서는 기부의 모험을 즐길 수 있다. 그리고 하나님이 우리에게 주신 물질적 축복과 그 밖의 축복을 누릴 수 있다.

혼동하지 마라. 이 책의 이 부분은 우리 삶의 기쁨의 원천으로서 돈의 지위를 높이는 것에 관한 내용이 아니다. 만약 우리가 궁극적인 기쁨의 원천으로 하나님 이외의 다른 것을 추구한다면, 우리는 실망할 것이다.

C.S. 루이스(C.S. Lewis)는 그의 저서 《순전한 기독교》에서 "돈, 가난, 야망, 전쟁, 매춘, 계급, 제국, 노예제 등 우리가 인류 역사라고 부르는 거의 모든 것은 하나님 외에 다른 무언가로 행복을 찾으려는 인간의 길고 끔찍한 이야기이다."[3]라고 썼다.

따라서 지금부터는 두려움이나 죄책감, 죄의식 없이 주님의 축복을 누리는 방법을 살펴보겠다. 그리고 우리가 흔히 생각하지 못하는 즐길 수 있는 방법도 살펴본다. 많은 사람들이 우리가 논의한 이전 세 부분 중 어느 것도 즐기지 않는다. 그들은 돈을 모으는 것을 싫어하고, 자신이 하는 일을 싫어하고, 기부를 싫어한다. 하지만 꼭 그럴 이유는 없다.

린다: 맞아요. 이 세 가지를 모두 즐길 수 있어요. 그리고 일을 즐기고, 더 현명하게 소비하고 기부에 즐거움을 느끼면, 더 많은 일을 하고 싶어지는 것은 당연한 일입니다.

이것이 바로 우리가 추구하는 것이다.

27장

발전이 실제로 어떤 모습일지 즐겨라

2005년, 린다와 나는 파산 상태였다. 수입은 적었고 빚은 산더미처럼 쌓여 있었기 때문에 필사적으로 갚고 싶었다. 나는 빚에서 벗어나 재정적인 삶을 바꾸기 위한 씨름을 했다. 린다를 설득하는 것은 그만한 가치가 있었고 내 몫이었다.

힘들긴 하겠지만, 영원히 지속되지는 않을 것이며 우리가 빚에서 벗어날 때 그만한 가치가 있을 것이라고 설명하던 게 기억난다. 우리는 집 계약금도 모을 수 있고 더 많이 기부하고 더 많이 여행할 수 있을 거라고. 우리 둘 다 원했던 모든 것들을.

그렇게 되기 위해서는 먼저 몇 가지를 포기해야 했다. 작가 존 소포릭(John Soforic)은 "자유를 얻는 방법은 일시적으로 모든 자유를 포기하는 것이다."[1]라고 말한다. 그리고 우리는 그렇게 하고 있었다. 우리가 갈망하는 자유를 얻기 위해 일시적으로 많은 것을 포기하고 있었다.

- 우리는 신혼이었지만 주말에는 밤 10시부터 새벽 2시까지 글을 썼

고, 약간의 추가 수입을 올리기 위해 블로그를 시작하려고 노력했다.
- 린다는 부모님 댁에서 살면서 가처분 소득(소비와 저축을 자유롭게 할 수 있는 소득)이 한 달에 800달러 정도였다. 아내에게 이제부터는 한 달에 50달러로 생활하라고 했다.
- 집을 소유할 수도 있었지만, 우리는 임대 아파트에 살기로 했다.
- 새 차를 사기보다 12년 된 버블 토러스를 운전했다.

결국 우리는 많은 희생을 감수하기로 했다. 그렇게 극단적으로 갈 필요는 없었지만, 희생이 클수록 목표에 더 빨리 도달하고 반대편에 도달할 수 있다는 것을 직관적으로 이해했다.

부채로부터 자유로워지기까지 많은 우여곡절이 있었다. 하지만 부채 상환, 저축 목표 성취, 혹은 기부 목표 성취, 주택 구입 등 재정적 목표와 관계없이 진행은 비슷한 경로를 따르는 경향이 있다는 것을 이해하게 되었다. 당신이 진행이 어떻게 작동하는지 이해하면 그 여정을 즐기기가 훨씬 쉬워진다.

재정적 발전의 첫 번째 단계: 비전

린다와 나는 첫 번째 발전 단계에 있었는데, 나는 이 단계를 비전 단계라고 부르고 싶다. 나는 재정에 대한 비전이 있었다. 계획이 있었다. 내가 해야 할 일은 계획을 실행하고 열심히 노력하며 발전 상황을 지켜보기만 하면 됐다. 쉽지 않나?

우리는 발전이 노력의 양에 정비례해야 한다고 생각하는 경향이 있다. 또한, 여정 내내 발전 상황이 일정하게 유지되기를 기대한다.

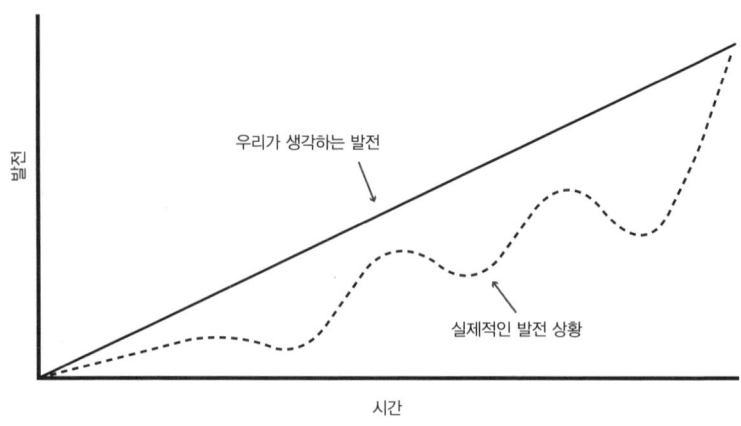

하지만 실제로는 우리가 기대하는 것과는 매우 다른 모습을 보인다. 여러 달 동안 린다와 나는 동기를 유지하기가 어려웠다. 특히 예상치 못한 비용이 발생하여 발전 상황을 뒤집어놓았을 때 말이다. 우리는 목표를 성취하기 위해 희생을 감수하면서도 오히려 뒤로 갔다.

습관 전문가 제임스 클리어(James Clear)의 설명이 떠오른다. "모든 탐험의 초기 단계와 중간 단계에는 종종 실망의 계곡이 있다. 선형적인 방식으로 발전이 있기를 기대하지만 얼마나 비효율적인 변화가 첫째 날, 주, 월 동안 보일 수 있는지 실망스럽다. 당신이 아무 데도 가지 않는 것처럼 느껴진다."[2]

그런 경험이 있는가? 계곡에서 고군분투하며 자신의 노력이 어떻게 목표를 향해 나아가고 있는지 알 수 없는가? 린다와 나처럼 당신에게도 다른 관점이 필요하다.

미국의 신문 기자 제이콥 리스(Jacob A. Riis)는 "아무것도 도움되지 않는 것 같을 때, 나는 석공이 조금의 균열이 보이지 않아도 백 번 정도 바위를 망치질하는 모습을 바라보곤 했다. 하지만 백 번째 두드리는 순간 바위는 두 동강이 났고, 그 한 번의 타격이 아니라 그 전에 있었던 모든 것이 바위를 깨뜨렸다는

것을 알았다."³

희생의 순간을 떠올려 보라. 그 석공에 공감할 수 있나? 물론 나는 공감할 수 있다. 하지만 당신이 그 과정을 이해하면 바위가 쪼개질 거라는 걸 알기 때문에 바위를 두드리는 걸 즐길 수 있다. 심지어 당신이 어떤 발전도 보지 못할 때도. 그것은 바로 코 앞에 있다.

재정적 발전의 두 번째 단계: 탄력

그림을 그릴 수 있을 정도로 내 머릿속에서 쉽게 그려지는 은행 로비가 하나 있다. 그 로비는 전형적인 은행 장식으로 꾸며져 있었다. 짙은 체리색 책상, 치즈 같은 벽 장식, 그리고 많은 베이지색. 내가 마지막으로 그 로비를 본 지 14년이 넘었지만, 어제 일처럼 생생하게 기억난다. 그 이유는 무엇일까? 그곳이 바로 우리가 첫 번째 자동차를 샀던 곳이기 때문이다. 창구 직원에게 수표를 건네던 순간은 평생 기억에 새겨질 것이다. 우리에겐 단순히 차 값을 치르는 행동의 이상이었다. 그것은 망치로 두드리는 일이 그만한 가치가 있다는 것을 증명한 첫 번째 이정표였다.

우리는 우리 여정에서 일종의 전환점인 탄력 단계에 도달했다. 노력을 기울이고 희생을 감수했지만 몇 달 동안은 결과를 보지 못했다. 이제야 작은 아파트, 빠듯한 예산, 밤늦게까지 씨름한 결과를 보기 시작했다. 우리의 희생이 결실을 맺고 있었다.

그 승리를 경험하면서 계속 나아가고자 하는 열망에 불을 붙였다. 탄력이 생겼다. 그 후 몇 달 동안 우리는 새로운 이정표에 더 빨리 도달했다. 신용 카드 빚을 모두 갚고, 자동차 빚도 갚고, 학자금 대출도 갚았다.

또 다른 빚을 갚아나가면서 우리의 관리 자산 규모가 늘어나는 것을 보았

> **당신의 빠른 시작**
>
> 이 도전을 빨리 마치고 싶은가?
> 자세한 내용은 306페이지로
> 이동하라.

고, 우리는 더 많은 것을 소망했다.

승리할 때마다 탄력이 붙었다. 우리는 거대한 이정표를 세우기 시작했다.

블로그를 풀타임 수입으로 전환했고, 린다는 나를 돕기 위해 직장에서 은퇴하고 우리가 전에 꿈꿔왔던 방식으로 기부했다. 아니, 우리가 생각했던 것보다 훨씬 빠르게.

이것이 바로 재정적 발전에 대한 것이다. 일반적으로 처음에 노력이 더 많이 필요하고 끝에서는 노력이 덜 필요하다. 처음에는 예상만큼 빨리 진행되지 않고 예상보다 더 많은 장애물이 있다. 하지만 일단 티핑 포인트(발화점)를 지나면 그 반대의 현상이 나타나기 시작한다.

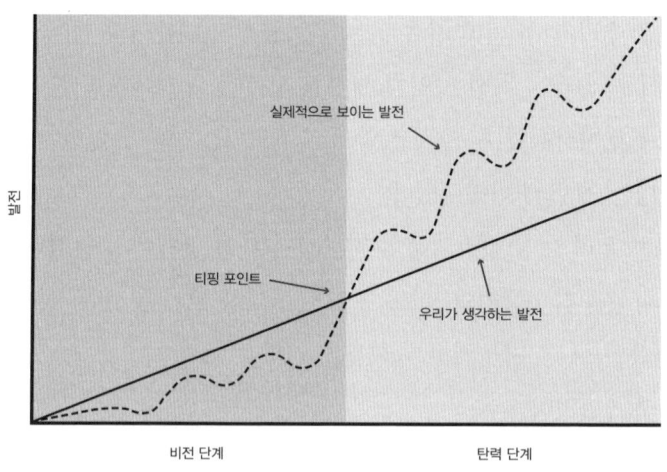

예상보다 더 빠르게, 더 적은 노력으로 일이 진행된다. 그 느낌은 역풍을 맞으며 오르막길을 걷는 것과 바람을 등지고 내리막길을 걷는 것의 차이와 같

다. 롤러스케이트를 타고 내리막길을 내려가는 느낌일 수도 있다.

탄력 단계에서는 더 적은 노력으로 이전보다 훨씬 더 나은 결과를 얻을 수 있기 때문에 착각하기도 한다. 도전은 비전 단계까지 지속하는 것이다. 하지만 일단 이 패턴이 어떻게 작동하는지 알게 되면, 그 티핑 포인트에 도달하면 모든 것이 바뀔 것이라는 것을 알기 때문에 진행의 모든 부분을 즐기기 시작할 수 있다.

만일 당신이 비전 단계에 있다면 조금만 더 버텨봐라. 그만한 가치가 있다. "우리가 선을 행하되 낙심하지 말지니 포기하지 아니하면 때가 이르매 거두리라."[4]

린다: 만일 당신이 결혼해서 배우자를 동참시키고 싶다면 함께 비전 수립을 할 수 있어요. 마주앉아서 두 사람이 하고 싶은 인생, 재정적, 개인적인 모든 일에 대해 이야기하세요. 당신의 목표는 여행, 별장 구입, 넓은 정원 가꾸기, 일주일에 세 번 골프 치기, 혹은 집에서 아이들과 함께 지내기 등일 수 있죠.

목표가 정해지면 이 책의 발전 상황 차트를 배우자와 공유하세요. 목표를 성취하기 위해 약간의 희생을 감수하면서도 동기 부여를 유지할 수 있도록 발전 상황을 설명하세요. 이 과정은 반드시 대화로 이루어져야 합니다. 부부는 하나님이 만든 팀입니다. 당신과 함께할 수 있어서 감격스럽고 뿌듯하다고 이야기하세요.

28장

지출을 즐겨라

스리랑카에서 북동쪽으로 약 700마일 떨어진 곳에 노스 센티넬(North Sentinel)이라고 불리는 작은 섬이 있다. 세상과 거의 접촉하지 않는 몇 안 남은 원시인 집단 중 하나인 센티넬족 원시인들의 고향이다.[1]

종종 그 섬에 나와 같은 40세 남자가 있다고 상상하곤 한다. 우리 둘 다 21세기에 살고 있지만, 태어날 때는 아주 다른 지역에서 태어났다. 그는 아마도 그 땅에서 사냥과 채집을 하며 살고 있을 것이다. 사냥을 마치고 집에 돌아와 아이들을 안고 게임 대신 별빛 아래에서 이야기를 나눌 것이다.

우리의 삶은 크게 달라서 가치관도 당연히 다르다. 그는 사냥꾼이기 때문에 날카로운 칼이나 활, 혹은 창을 얻으려고 많은 것을 희생할 수 있지만, 나는 대부분의 음식이 치폴레(Chipotle)에서 나오기 때문에 원시적인 무기를 사용할 필요가 없다. 다른 한편으로는 나는 자동차를 갖는 것의 가치(주로 치폴레까지 운전할 수 있도록)를 더 중요하게 여기지만, 그는 도로가 없는 섬에 살고 있기 때문에 자동차를 크게 신경 쓰지 않을 것이다.

이 점은 전 세계 어디에서나 마찬가지이다. 우리는 모두 사물의 가치를 다르게 평가한다. 결혼을 했다면 이미 이 점을 이해할 것이다. 그렇지 않나?

이제 다른 예를 살펴보자. 아만다가 한 달에 300달러를 멋진 차에 지출한다고 가정해 보자. 많은 사람들이 고개를 끄덕이며 아만다가 일을 얻기 위해 (혹은 치폴레에 가기 위해) 차가 필요할 거라고 생각할 것이다. 우리는 합리적인 비용이라고 생각한다.

아만다의 이웃인 스테이시도 한 달에 300달러를 자동차에 지출한다. 그러다가 그녀는 고급 얼음(그렇다, 실제로 존재한다)에 대해 알게 되고, 그것이 갓 짜낸 레모네이드의 맛에 얼마나 영향을 미치는지 알게 된다. 스테이시는 얼음 감별 여행비를 마련하려고 차를 팔고 자전거를 타기로 결심한다. 한 달에 300달러를 얼음 비용에 지출하는 것은 대부분의 사람들에게 미친 짓처럼 보일 것이다. 하지만 스테이시에게는 자신이 소중히 여기는 것, 즉 기쁨을 주는 얼음을 남의 시선 없이 즐길 권리가 있어야 하지 않을까? 당신도 같은 권리를 누리고 싶은가?

현실은 나는 비바람을 잘 막아주는 차고를 갖고 있다. 하지만, 이 세상에는 내 차고만큼 안락하지 않은 환경에 살고 있는 사람들이 있다. 내 차고는 사치스러운 것으로 여겨져야 하지만, 주변 사람들이 모두 차고를 가지고 있기 때문에 꽤 평범해 보인다.

차고든 다른 것이든, 누군가에게는 미친 사치일 수 있는 무언가에 분명히 지출하고 있다. 내 이웃들은 내가 240달러를 주고 흙으로 가득 찬 커다란 플라스틱 원통인 퇴비화 텀블러를 사서 나를 바보라고 생각할 것이다. 그리고 어딘가에 있는 누군가는 분명히 당신도 바보처럼 돈을 쓴다고 생각한다.

서로 판단하는 것을 멈추자

소비가 모두 상대적이라는 것을 이해하지만, 나는 여전히 가끔 다른 사람의 소비를 판단하는 내 자신을 발견한다. "내 말은, 누가(나에게는 그다지 중요하지 않지만, 그 사람에게는 중요할 것 같은) 그것에 그렇게 많은 돈을 쓰겠는가?"

하지만 다른 사람이 돈을 어떻게 썼는지 판단할 때마다, 우리는 우리 자신의 눈에는 들보가 있으면서 이웃의 눈에 있는 티끌을 보는 죄를 짓는 건 아닐까?[2] 생각한다. "어이구, 유죄로 기소되었다." 그리고 사치가 상대적인 것이라면 서로의 소비 습관을 판단하지 말아야 하지 않을까? 우리가 상관할 바가 아니며 그저 각자와 하나님 사이의 일일 뿐이다. 당신이 기억한다면, 가롯 유다(Iscariot Judas, 예수님의 열두 제자 중 한 사람. 돈을 너무 사랑한 나머지 예수님을 은화 한 닢에 팔아넘겼다.)는 예수님의 발에 값비싼 향수를 부은 마리아를 비난했다.[3] 그리고 솔로몬의 성전이 있는데, 그것은 오늘날 2천억 달러 이상의 가치가 있는 너무 많은 금으로 만들어졌다.[4] 그것은 꽤 사치스러워 보이지만, 하나님께서는 그것을 지시하셨다. 이러한 사례에서 내가 얻을 수 있는 교훈은 헌신할 때가 있고 아낌없이 지출할 때가 있다는 것이다. 핵심은 언제 해야 하는지 아는 것과 다른 사람의 생각이나 말에 따라 지출하는 것을 거부하는 것이다.

그 대신, 우리의 목표는 한 청중을 존중하고 기쁘게 해야 한다. 오직 한 목소리만이 중요하며, 그분과 대화할 때 우리는 죄책감을 떨쳐 버리고 그분의 축복을 누릴 수 있다.

죄책감 없는 지출의 열쇠

지금 당장 돈을 쓰는 것에 대해 죄책감을 느끼지 않기로 결정하라. 죄책감

> 우리의 마음을 하나님께 맞추면 죄책감 없이 우리 노동의 열매를 즐길 수 있다.

이나 부끄러움 없이 지출을 즐길 수 있다고 믿는다. 방법은 다음과 같다.

우리는 그것이 모두 하나님의 것임을 인식하고 우리에게 맡겨진 재정을 최선을 다해 관리한다. 우리의 마음을 하나님께 맞추면 죄책감 없이 우리 노동의 열매를 즐길 수 있다.

기억하라. 기부를 즐기고 지출을 즐겨라. 왜냐하면 하나님께서는 "오직 우리에게 모든 것을 후히 주사 누리게 하라."[5]이기 때문이다.

이 균형을 유지하기 어려울 수 있다. 우리 자신을 위해 모든 돈을 쓰면서 청지기로서 하나님께서 우리에게 무엇을 원하시는지 생각하지 않는다. 동시에 한 푼이라도 우리가 즐기기 위해 쓰는 것에 대해 죄책감을 느끼기 쉽다. 어느 한 극단으로 치닫기 쉽지만, 우리가 균형을 잡을 때 자유가 있다.

린다와 내가 균형을 유지하는 실제적인 방법 중 하나는 소비에 뚜렷한 제한을 두는 것이다.*

유혹의 영역에서 지출을 제한함으로써, 우리는 방종보다는 저축하도록 스스로를 강요한다. 그리고 계좌가 가득 차면 우리가 선택한 곳에 자유롭게 돈을 쓸 수 있다.

앞서서 언급했던 지프를 기억하는가? 글쎄, 나는 사실 오랫동안 지프를 갖고 싶었다. 우리가 엄밀히 말하면 '돈은 있었지만' 비상금이나 퇴직금, 기부금 등 다른 용도로 돈을 사용했기 때문에 구입하는 데 몇 년이 걸렸다. 대신, 나는 다른 우선순위에서 손을 떼지 않고도 현금으로 구입할 수 있을 때까지 저축했다.

---

* 책임감에 대해 이야기한 7장을 기억하는가?

비록 내 육신은 기다리는 것을 좋아하지 않았지만, 이 경험이 내게 매우 유익하다는 것을 알았다. 그 경험은 내가 갈망하던 것을 내 힘으로 이루기보다는 하나님을 신뢰할 기회로 만들었다. 그냥 대출을 받아 즉시 욕구를 충족시킬 수도 있었지만, 나는 공급자를 신뢰하기로 선택했기 때문에 마침내 돈이 생겼을 때, 이 사치를 죄책감 없이 즐겁게 지출할 수 있었다.

우리 돈의 일부가 이미 기부를 위해 적립되어 있다는 사실을 알게 되니 기분이 더 좋아졌다. 지프에 사용할 돈을 지역 보호소나 헌금 통에 넣지 않은 것에 대해 불편할 필요가 없었다. 그것은 이미 결정되었었다. 그 돈은 지프를 사도록 지정되었고 죄책감은 없었다.

사실 두 가지 모두 할 수 있고 또 해야 한다. 기부를 즐기고 지출을 즐겨라.

이 모든 것이 그분의 것임을 기억하라. 비난하는 사람들에게 연연하지 마라. 기도하며 주님께 영광을 돌리는 방식으로 돈을 사용하라. 우리가 돈을 쓰기로 선택한 것이 무엇이든 즐기자.

29장

가진 것을 누려라

존록펠러(John D. Rockefeller)는 역사상 가장 부유한 사람 중 한 명이다.[1] 20세기에 접어들면서 그는 부를 바탕으로 모든 것을 가질 수 있었다. 하지만 부의 척도가 돈이 아니라 안락함, 편리함, 사치품으로 측정된다면 어떨까?

생각해 보라. 지금은 몇백 달러로 살 수 있는 것을 그 당시에는 수백만 달러로도 살 수 없었을 것이다. 오늘날 우리에게는 에어컨, 비행기, 냉장고, GPS, 스마트폰, 그리고 수백만 가지의 현대적 편리함을 누리고 있다. 하지만 그 모든 부에도 불구하고, 록펠러는 에어컨을 살 수 없었다. 아마도 그는 더운 여름날 15명을 고용해 그를 위해 부채질하게 할 수 있었겠지만(그럴 여유가 있었기 때문에), 나는 차라리 에어컨이 있었으면 좋겠다.

린다: 게다가 그는 하루 종일 양모 정장만 입고 있었을 거예요. 반바지도 없었을 테죠. 불쌍한 사람.

그는 아마 마을 곳곳을 가기 위해 사륜차 운전사가 있었을 것이다. 차는 최고의 기능을 모두 갖춘 롤스로이스 사륜차였을 테지. 하지만 나는 차라리 10년 된 쉐보레가 훨씬 낫다고 본다.

부에 대한 생각을 바꾸고 우리의 생활 수준을 존 록펠러와 비교한다면 우리는 꽤 잘살고 있는 것이다. 대다수의 미국인들은 존 록펠러보다 훨씬 더 많은 편의와 사치를 누리며 전반적으로 더 편안한 삶을 살고 있다고 말할 수 있다. 그렇다면 이 기준에 따르면 실제로 누가 더 부유할까?

얼마면 정말 만족할 수 있을까?

세후 연 소득이 33,000달러(1,200원 환율로 약 4천만 원)가 넘으면 전 세계 상위 4%에 속한다는 사실을 알고 있었나?* (설명하자면, 전 세계에서 무작위로 99명을 뽑아 당신과 한 방에 배치하면 96명이 당신보다 가난하고 단 3명만이 당신보다 부자일 것이다.)

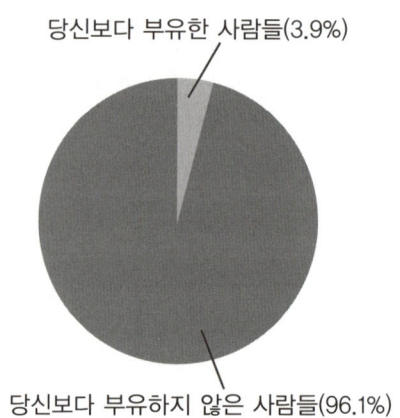

당신보다 부유한 사람들(3.9%)

당신보다 부유하지 않은 사람들(96.1%)

---

* howrichami.org를 살펴보라.

전 세계 인구의 96%와 100년 전의 가장 부유한 사람 중 한 명보다 더 편안한 삶을 살고 있으면서 여전히 부족하다고 느끼는 이유는 무엇일까?

솔로몬은 "사람의 눈도 결코 만족하지 않으리라."[2]라고 쓰면서 정확히 지적하였다.

당대 최고의 부자였던 솔로몬은 인간의 욕망이 충족될 수 있는 끝점은 없다고 결론지었다. 우리가 "충분하다. 더 이상 필요 없다."라고 어디에서 말하는가?

아무리 많은 것을 얻어도 우리는 항상 더 많은 것을 갈망한다.

린다: 만약 우리가 공급자가 아닌 다른 것에 마음을 돌리면 문제가 생깁니다. 우리가 소유하고 있거나 소유하고 싶은 것들에서 얻을 수 있다고 생각하는 기쁨, 만족, 평화, 안전에 더 관심이 많다면, 우리는 잘못된 방향으로 가고 있는 것이죠.
저는 보통 제 삶에서 더 많은 것에 대한 욕구를 충족시킬 수 없을 때 이러한 상태를 발견하지만, 하나님 안에서 안정을 찾으면, 저는 쉽게 갈망하는 것들로부터 멀어질 수 있어요.

가장 고치기 어려운 재정 습관

최근 재정 정리를 시작하면서 가장 고치기 어려운 습관이 무엇인지 질문받았다. 나에게는 불만족의 습관이었다. 예전에는 내가 원하는 것을 보면 그것을 갈망하고 가질 때까지 모든 기쁨을 잃을 정도로 계획을 세우곤 했다.

때로는 자동차나 집과 같은 물리적인 물건이었고, 때로는 빚을 갚는 것과 같은 높은 목표일 때도 있었다. 하지만 욕망의 대상이 무엇이든, 우리의 만족

어떤 욕망의 대상이
무엇이든, 우리의 만족이
예수님이 아닌 다른 것에
달려 있다면, 우리는
실망하게 될 것이다.

이 예수님이 아닌 다른 것에 달려 있다면, 우리는 실망하게 될 것이다.

나의 만족감 결핍은 수입보다 더 많은 소비를 하게 만들었다. 좋은 삶을 살 만큼 충분히 벌고 있었지만, 내가 가진 것에 만족하지 못했다. 더 많은 것을 원했고 내가 추구하는 것을 얻을 때까지 행복하지 않았다. 내 기쁨은 예수님보다 다음 목표나 대상에 매달렸고, 그 결과 결코 만족하지 못했다.

불만을 극복하기 위해 그것을 파악해야 했다. 많은 사람들은 평생 바뀌는 목표물을 좇으며 살면서도 이를 이해하지 못한다. 나도 오랫동안 그들 중 하나였다. 일단 다음 목표를 성취하거나 얻으면 만족할 것이라고 믿었다.

- 신용 카드를 다 갚으면
- 테슬라를 사면
- 더 큰 집을 얻으면
- 일 년에 10만 달러를 벌면
- 주택 담보 대출을 갚으면

원수는 우리가 자의적인 목표를 좇고, 우리의 만족이 소유나 환경에 달려 있다는 거짓말을 믿으며 인생을 낭비하기를 원한다.

그 와중에도 원수는 두더지 잡기 게임처럼 목표를 계속 바꾼다. 우리가 만족할 수

당신의 빠른 시작
이 도전을 빨리 마치고 싶은가?
자세한 내용은 307페이지로
이동하라.

있다고 믿었던 것을 얻자마자 다른 갈망하는 것이 나타난다. 그리고 계속 이어진다.

나는 갈망하는 것을 얻으면 만족할 줄 알았지만, 마치 소금물을 마시는 것처럼 욕망만 더 커졌다. 불만의 근원을 파악해야만 적과 싸울 수 있었다.

'아니야' 근육

스스로에게 '아니야'라고 말하는 훈련을 하는 것이 불만과 싸우는 데 엄청나게 도움이 된다는 것을 알게 되었다. 나는 지금도 이 훈련을 매일 하루 10,000보 걷기 운동처럼 한다.*

매일 아침, 나는 스스로에게 묻는다. 오늘은 어떻게 내 육신에게 아니라고 말할까? 그것은 저녁 식사 후 디저트를 먹지 않겠다거나, 넷플릭스는 안 된다고 말하고 성경 앱을 여는 것은 허락하고, 인스타그램에서 나를 흥분시키는 댓글에 응답하지 않겠다고 말하는 것이다.

육신의 욕구에 아니라고 할 때마다 우리는 그 근육을 강화하는 것이다. 이 습관을 기르면서 나는 감사하고 만족하기 시작했다. 마침내 새로운 장난감을 쫓아다니는 대신 내가 가진 것을 즐겼다. 우리가 매해 새 차를 사고, 계절마다 새 옷을 사고, 혹은 친구들에게 잘 보이기 위해 더 큰 집을 사기를 마음먹지 않는다면, 우리가 가진 것으로 기쁨을 누리기가 훨씬 쉬워지고 전반적으로 소비를 줄일 수 있다.

불만의 습관을 버리는 데는 시간이 좀 걸렸고 여전히 불만과 싸우고 있지

---

* 사실은 나는 주방에서 25걸음 정도 떨어진 곳에 홈 오피스가 있다. 하루에 3,000보 이상을 돌파하면 기분이 꽤 좋아진다.

만, 이것이 내 재정 생활에서 가장 중요한 변화 중 하나라고 생각한다. 다음 목표에 대해 만족할 줄 모르는 욕구가 없어졌기 때문에 더 이상 일시적인 만족을 얻기 위해 돈을 쓰지 않는다. 이러한 발전은 엄청난 가치가 있는 것으로 입증되었다.

행복한 알약

대형 제약 회사에서 행복감을 25% 증가시키는 알약을 만든다고 상상해 보라. 해변을 산책하는 행복한 가족의 모습을 담은 광고를 보게 될 것이고, 그 후 다음과 같은 음성 해설을 듣게 될 것이다. "부작용으로 두통, 발진, 분노, 폭력적인 폭발, 동식물에 대한 잔인함, 소셜 미디어에서 갑작스러운 싸움 충동, 그리고 드물게는 사망에 이를 수도 있다."

그럼에도 불구하고 그들은 여전히 수십억 달러를 벌어들이고 있다.

린다: 제발, 누구에게도 아이디어를 주지 말아요.

하지만 약을 먹지 않고도 행복지수를 25% 높일 수 있는 방법이 있다면 어떨까? 심리학자 로버트 에몬스(Robert Emmons) 박사는 그런 방법이 있다고 결론지었다. 그의 연구에 따르면, "규칙적으로 감사하는 생각을 하면 행복을 25%까지 높일 수 있다."[3]

우리가 가진 것에 대해 감사하기로 선택하는 단순한 행동은 우리가 가진 것을 즐기게 할 뿐만 아니라, 다른 많은 긍정적인 효과를 제공한다. 두통, 발진, 소셜 미디어에서 싸움을 걸고 싶은 갑작스러운 충동이 사라진다. 모두 장점만 있다.

호주 멜버른의 심리학자 헤더 크레이그(Heather Craig)는 "감사에 관한 연구에 따르면 감사는 만족감, 행복감, 자부심, 희망 등의 긍정적인 감정과 관련이 있다."[4]고 한다.

실제로 감사는 그 이상의 효과를 가져온다. 1,000명 이상의 사람들을 연구한 결과, 에몬스 박사는 감사를 꾸준히 실천하는 사람들이 다음과 같은 다양한 이점을 경험한다는 사실을 발견했다.

- 면역 체계 강화.
- 혈압 강하.
- 더 나은 수면과 더 많은 에너지.
- 더 많은 기쁨과 즐거움.
- 외로움 감소.[5]

여기서 알 수 있는 것은 불만에 대한 해독제가 있다는 것이다. 불만을 느끼고 싶은 유혹은 항상 우리 삶에 존재하지만 극복할 수 있다. 비결은 우리가 가진 것에 의식적으로 감사하는 것이다.

감사 실천하기

감사를 더 많이 하는 것은 좋지만 어떻게 해야 할까? 어떻게 하면 실질적으로 감사를 실천할 수 있을까? 두 가지 간단한 방법이 도움이 될 수 있다.

1. 감사 일기를 시작하라.
정말 크게 하고 싶다면, 감사 일기장을 사서 매일 쓰는 습관을 만들어보

라. 또는 매일 밤 10시에 미리 알림을 설정해 두고 감사한 일 세 가지를 적어 보라.

2. 감사한 것 50가지 목록을 작성하라.

정말 간단하다. 나는 이런 결혼 조언을 받은 기억이 있다: 배우자에 대해 사랑하는 모든 것을 적어라. 힘들었지만, 더 효과적이기도 했던 린다와의 거친 다툼이 있었을 때에야 비로소 이 훈련을 했다. 즉시 내가 실망했던 그 엄청난 불만을 보는 대신 그녀에 대한 훨씬 더 정확한 사랑의 이미지를 갖도록 바꾸어 주었다.

린다: 이제부터 우리가 다툴 때마다 저는 1부터 10까지 번호가 적힌 종이를 줄 거예요.

만족, 감사, 그리고 돈

관점을 바꾸고, 충동을 거부하고, 적극적으로 감사를 찾으면 재정을 더 잘 통제할 수 있다. 우리는 더 이상 새 휴대폰을 사고 싶은 충동을 느끼지 않고 현재 가지고 있는 것에 만족한다.

새 휴대폰을 사지 말아야 한다는 뜻일까? 아니다. 하지만 현재 사용 중인 휴대폰에서 만족감을 찾으면 새 휴대폰이 우리에게 미치는 영향력이 줄어든다. 그것은 시급한 문제가 아니므로 결과적으로 더 이상 우리의 재정을 지배하지 못한다. 우리는 돈의 하인이 아니라 주인이 된다.

30장

휴식을 즐겨라

2019년, 부동산 중개인이자 친구인 크리스찬 라스무센은 집을 팔려고 했다. 집은 40일 넘게 목록에 있었고, 매주 토요일과 일요일에 오픈 하우스를 열었다. 그 기간 동안 그는 단 한 건의 오퍼도 받지 못했다. 그래서 그는 대부분의 사람들이 불가능하다고 말하는 것을 시도하기로 결심했다.

기도 끝에 그는 주님께서 매주 일요일을 안식일로 지키도록 인도하시는 것을 느꼈다. 이는 보통 사람들에게도 어려운 일이지만, 부동산 중개업자에게는 더더욱 어려운 일이었다. 부동산 업계에서 일요일이란 고객들이 모델 하우스를 보러 오겠다고 예약되어 있는 날이다.

대부분의 업무는 주말에 이루어진다. 그리스도인이 이렇게 소중한 날을 포기하고 사업을 지속하는 건 결코 쉽지 않다. 특히 그는 신인 중개사였기 때문에 더욱 어려웠다. 아직 고객 기반조차 구축하지 못한 데다 베테랑 중개사로부터 하지 말라는 조언도 받았다. 실제로 "그는 이 업계에서 절대 성공할 수 없을 것이야."라는 말까지 들었다.

그러나 그는 많은 기독교인들이 놓치고 있는 것을 발견했다.

"여호와의 종 모세가 너희에게 명령하여 이르기를 너희의 하나님 여호와께서 너희에게 안식을 주시며 이 땅을 너희에게 주시리라 하였나니 너희는 그 말을 기억하라."[1]

하나님은 쉼을 주신다. 하나님은 땅(또는 일)을 주신다. 그분이 둘 다 주신다는 것에 주목하라. 그리고 둘 다 누려야 한다. 그러나 많은 그리스도인들은 쉼이 있어서는 안 되고, 누려서도 안 되는 것처럼 행동한다. 내 말은 당신이 일하지 않으면 게으른 거다. 그렇지 않나?

우리는 무언가를 이루기 위해 자신의 힘으로 열심히 일해야 한다고 믿기 쉽다. 모든 것이 우리 자신과 우리의 능력에 달려 있다고. 그리고 그 결과 우리는 종종 감히 쉬지 못한다.

린다: 하나님은 우리에게 휴식을 주지만, 그것을 받으려면 믿음이 필요하다. 매주 안식일을 지킨다는 생각을 하면 많은 사람들이 불가능하다고 생각하는 것 같다. 해야 할 일이 너무 많기 때문이다. 그리고 그런 생각은 게으른 사람들이 하는 것처럼 들린다. 하지만 만약 하나님께서 그것을 정하시고 우리가 쉼을 통해 믿음으로 나아갈 때–심지어 말이 되지 않을 때에도–우리는 실제로 더 많은 일을 해낼 수 있다면? 아니면 "더 많은 일을 해냄"은 가장 좋은 방법이 아닐 수도 있다; "옳은 것을 해냄"이 더 나은 표현일 수도 있다.

크리스찬이 안식일 실험을 시작했을 때 바로 그런 일이 일어났다. 그는 모든 반대와 베테랑의 조언에도 불구하고 매주 안식일을 지켰다. 첫 번째 일요일이 되자 그는 오픈 하우스를 열지 않았다. 대신 안식일을 선택했다. 다음날, 그는 정가의 제안을 받았다.

그는 부동산 중개업자에 대한 모든 통념을 깨고 안식일을 지켰다. 끔찍한 아이디어라고 생각했던 모든 베테랑들이 놀랄 정도로 크리스찬의 사업은 계속 번창했다. 그 후 몇 년 동안 그는 성장세를 따라잡기 위해 직원을 고용해야 했다.

칙필레(Chick-fil-A)도 그런 예외적인 기업 중 하나이다. 우리 모두는 일요일에 문을 닫고 성공을 거뒀다는 것을 알고 있다. 하지만 당신은 칙필레가 맥도날드, 스타벅스, 서브웨이를 합친 것보다 더 많은 수익을 올린다는 사실을 알고 있나?[2] 일요일에 문을 닫으면서도.

> 하나님께서 일주일에 하루를 쉬고, 그분을 즐기고, 일하지 않을 시간을 주셨다면 어떨까?

만일 하나님께서 일주일에 하루를 쉬고, 그분을 즐기고, 일하지 않게 하셨다면 어떨까?

한 걸음도 멈추지 않는 바쁜 삶에서 벗어나 그분의 선하심을 누리는 것이다. 의도적으로 모든 '해야 할' 일에서 벗어나 하나님과 하루의 소중한 순간을 누려라.

안식일은 믿음의 행위이다

나처럼 일에 쫓기는 사람들에게 안식일을 선택하는 것은 종종 꽤 큰 믿음의 행위이다. 중요한 일이 너무 많은데 의도적으로 아무것도 하지 않는 것은 두렵기도 하고 때로는 무책임하게 느껴질 수도 있다.

하지만 안식일은 우리의 목록에 있는 할 일들을 하나님께 맡기고 하나님을 신뢰하라는 초대이다. 안식일은 "하나님, 이 일이 시급하고 중요해 보이지만 내일까지 미루고 대신 쉬면서 주님이 만드신 오늘을 누리겠습니다. 저는 당신께서 온전히 통제하고 있으며 모든 것을 다스리시고 내 모든 일을 해결해 주실 것을 믿기로 합니다"라고 말할 기회이다.

당신은 내가 수년 동안 안식일을 구별해야 한다는 생각에 맞서 싸울 때와 같은 논리를 사용할 수도 있다. 나는 일을 끝내기 전까지는 쉴 자격이 없다. 하지만 우리 둘 다 진실을 알고 있다. 일은 결코 끝나지 않는다.

작가 마크 뷰캐넌(Mark Buchanan)은 이렇게 말한다.

"하나님의 안식은 완주에 대한 보상이 아니다. 일을 잘했다는 보너스가 아니다. 그것은 순수한 선물이다. 그것은 결코 완성되지도, 다듬어지지도 않은 일의 중간에 내려지는 명령이다. 안식일은 우리에게 끝낼 일이 주어지고 모든 의무를 완수한 후에 받는 휴식이 아니다. 그것은 우리가 업무의 중간에 죄송함도, 죄책감도 없이, 하나님께서 우리에게 할 수 있다고 말씀하신 것보다 더 선한 이유를 위한 쉼이다."[3]

우리는 그분이 주시는 안식을 누릴 자격이 없다. 그러나 그분은 공짜 선물로서 우리가 즐기도록 주신다. 하나님의 다른 선물과 마찬가지로 이것도 믿음을 통해서 받게 된다.

죄책감 없는 휴식

나는 마크 뷰캐넌이 '안식일의 황금률'이라고 부르는 것을 정의하는 방식이 마음에 든다. "필요한 것을 멈추고 생명을 주는 것을 받아들이라."[4]

이 렌즈를 통해 안식일에 해야 할 일과 하지 말아야 할 일을 결정한다. 무엇이 당신을 회복시키고 생명을 주는가? 업무상 모니터를 자주 보다 보니 내게 생명을 주는 것은 밖에 나가서 정원에서 '일'하는 것이다. 내가 생각할 수 있는 가장 일다운 일이다. 정원은 내게 생명을 주고 영혼을 회복시켜 준다. 하지만 내가 만약 전문 조경사라면 안식일의 의미는 아마 완전히 달라질 것이다.

거창한 저녁 식사를 준비하는 것이 일처럼 느껴진다면 그 요리는 포기해야 한다. 대신에 저녁 식사로 팬케이크를 선택하고 아이들에게 도움을 요청할 수도 있다. 또는 블루베리 머핀을 굽는 것이 생명을 주는 활동이라면(어떻게 그것이 안 될 수 있겠나?), 안식일에 그것을 즐길 것이다.

이 특별한 날에 내 시간을 어떻게 하든, 내 마음은 안식일의 주인이신 예수님에 대한 감사로 향한다.[5] 그분의 임재에 집중하고 그분이 내 하루의 모든 순간을 채우도록 허락한다. 마당에서 아이들을 쫓아다니든, 빌립보서를 공부할 때든, 친구들과 저녁을 먹을 때든, 또는 숲 속을 걸으며 기도할 때에도 예수님은 내 생각과 마음에 있다.

그분 없이는 누릴 수 있는 안식이 없다. 그분은 우리를 채우고 삶에 기쁨을 불어넣는 모든 것의 원천이시다. 우리가 얼마나 많은 공을 저글링하든 예수님이 곁에 계시면, 우리는 하나님께서 각자에게 주신 안식을 충분히 누릴 수 있다.

> *당신의 빠른 시작*
> 이 도전을 빨리 마치고 싶은가?
> 자세한 내용은 309페이지로 이동하라.

31장

모든 것을 즐겨라

얼마 전 밤에, 두 살배기 딸아이가 내 무릎 위로 올라왔다. 딸아이가 좋아하는 영화를 보는 동안 내 가슴에 머리를 파묻었다.

딸을 품에 안고 있으니 감정이 북받쳐 오르기 시작했다. 오늘이, 내 딸이 내 무릎에 앉아서 영화를 보고 싶어 하는 마지막 날일 수 있다. 내일부터는 독립을 선언하고 내 무릎 위가 아닌 내 옆에 앉을지도 모른다.

이런 순간들은 아이들과 함께하는 소중한 시간이다. 그런데, 아이들이 말을 하거나 잠자리 책을 읽어달라거나 내 손을 잡고 걷는 이 시간들이 마지막 순간이라면? 아이들이 점점 성장하고 있으니 이 소중한 순간들은 곧 사라질 것이다. 언제까지 가능할지 모르겠지만, 하나님께서 내 아이들과 함께 주신 이 소중한 시간들을 최대한 사용하고 싶다. 아이들이 커서 더 이상 내 무릎 위에 앉지 않을 때, 아, 어린 시절에 더 잘해줄 것을 후회하고 싶지 않다. 현실에서는 어린 자녀들을 키우느라 쉴 새 없이 바쁘고 주의가 산만하지만 항상 상기하려고 애쓴다.

린다와 대화하는 시간, 아이들과의 소중한 순간, 그리고 단 몇 분이라도 하나님과 보내는 단둘의 시간. 바쁘고 평범한 일상 속에서 소중한 순간을 잊은 채 결국 추억을 만들 기회를 지나치기 쉽다. 인생은 나약한 마음 상태로 내버려두면 안된다. 장애물과 도전이 넘쳐나고 넘어야 할 산이 가득하다. 그리고 세상은 어지러운 속도로 돌아간다. 그 와중에도 하나님은 수많은 아름다움을 베풀어주셨다. 즐길 너무나 많은 것을.

나는 매 순간을 즐기고 싶다. 성공하는 산이나 고군분투하는 계곡에서도. 내가 할 수 있는 모든 것을 그분의 영광을 위해 저축하고, 최선을 다해 일하며 벌고, 베풀며 그 모든 것에서 그분을 누릴 때 내게 주어지는 놀랍도록 부유한 삶을 붙잡고 싶다.

하나님은 나에게 그분을 잘 섬기고 그분께 영광을 돌릴 수 있는 기회를 주신다. 나는 영원히 사라지기 전에 그 순간들을 껴안고 싶다.

우리는 여기 잠시만 있다가 천국으로 가겠지만, 놀라운 천국 못지않게 이 땅에서 보내는 시간도 특별한 것이라고 확신한다. 우리는 하나님을 보지 않고도 믿을 수 있는 기회를 가졌다. 영원한 영향력이 무엇인지 완전히 이해하지 못하지만 기부할 수 있는 기회다.

이 생애에서 이러한 순간을 최대한 활용할 수 있는 기회를 한 번만 얻는다. 그래서 몇 년 전 시인 메리 올리버(Mary Oliver)가 내게 영감을 준 질문을 해보겠다.

"단 한 번뿐인 소중한 인생으로
무엇을 할 계획인지 말해보세요."[1]

빠른 시작 - 4부

16. 자전거 타기를 즐겨라.

(복습을 위해 280~285페이지를 다시 읽어보라.)

나에게 있어 동기 부여를 유지하는 데 가장 도움이 되는 열쇠 중 하나는 발전이 선형적이지 않다는 것을 이해하는 것이다. 아마 매일 같은 양의 발전을 이루지는 못할 것이다. 어떤 날은 큰 발전을 이룰 수도 있고, 어떤 날은 뒤로 후퇴할 수도 있다. 그리고 비전 단계에서는 결과가 빨리 보이지 않을 가능성이 높아서 가장 많은 노력이 필요하다.

당신의 도전 과제는 큰 재정적 목표를 이 렌즈를 통해 보는 것이다. 주택 계약금을 모으거나 학자금 대출을 갚거나 현금으로 자동차를 구입하거나, 발전 상황은 [231]페이지에 나와 있는 그래프를 따라갈 가능성이 높다는 것을 기억하라. 그러니 이 사실에 익숙해지고, 느린 시작에 대비해 마음의 준비를 하라. 곧 훨씬 더 빠르게 움직이기 시작하는 탄력 단계로 넘어가게 될 것이다.

○ 갈라디아서 6:9을 묵상하고, 이 구절을 통해 하나님께서 당신에게 말씀하시도록 하라.
○ 당신이 노력하고 있는 큰 재정적 목표를 적어보라.

○ 그 목표를 성취했을 때 어떻게 축하할 것인지 적어보라.

○ 당신이 장애물을 만났을 때 무엇을 할 것인지 적어보라.

17. 불만 사항을 파악하라.

(복습을 위해 293~295페이지를 다시 읽어보라.)

29장에서 우리는 불만이 얼마나 쉽게 기쁨을 방해할 수 있는지에 대해 이야기했지만, 우리가 유리한 지점을 바꾸면 반격할 수 있다.

○ 15분 동안 기도하면서 삶에서 불만족스러운 부분이 있는지 기도하는 시간을 가져보라. 막막한 느낌이 든다면 다음 질문에 답해보라.
- 집, 자동차, 옷, 직업, 인간관계에 대해 어떤 느낌을 가지고 있는가?
- 어떤 소유물을 갈망하고, 그것 없이는 행복할 수 없다고 느끼는가?
- 삶의 어떤 영역에서 불만족스러움을 느끼고 있나?

18. 스스로에게 말하도록 목록을 만들어라.

(복습을 위해 297~298페이지를 다시 읽어보라.)

감사하는 마음은 면역력 강화, 혈압 강하, 수면 개선, 에너지 증가 등 수많은 이점을 가져다준다.[1] 이제 그 감사 근육을 실제로 작동시켜서 그 혜택이 어떻게 나타나는지 지켜보라.

○ 감사한 일 50가지 목록을 작성하라. 목록은 크든 작든 상관없다. 50가지가 될 때까지 계속 이어나가라.

19. 세상에 알려라.

(복습을 위해 297~298페이지를 다시 읽어보라.)

감사한 것에 대해 생각하고 글을 쓰면 주어진 것에 더욱 감사함을 느끼게 된다. 특히 하나님께 영광을 돌릴 때 다른 사람들도 자신이 받은 축복에 대해 감사하는 마음을 갖게 되어 복합적인 효과를 얻을 수 있다.

○ 감사한 일을 이야기하라.

감사한 일에 대해 소셜 미디어에 게시하라. 어쩌면 함께 하는
사람, 하나님께서 최근에 부어주신 마음, 최근의 재정적 돌파구, 심지어 좋아하는 한 쌍의 조깅하는 사람 등 선택하면 된다.
당신이 소셜 미디어를 사용하지 않는다면, (1)당신은 나의 영웅이고 (2)친구를 직접 만나서 공유하라.

20. 안식일을 지켜라.

(복습을 위해 299~303페이지를 다시 읽어보라.)

이 도전은 안식일을 지키는 것이다. 일하지 않고, 이메일도 받지 않고, 할 일 목록도 없다. 그저 하나님께서 주신 축복을 누리며 하루를 보내라. 무엇보다도 하나님 그분, 그리고 가족과 친구들, 좋은 묵상, 하이킹, 소풍, 일몰을 즐기는 것도 좋다. 어쩌면 당신도 우리처럼 안식일이 주간 리듬의 일부가 될 수 있다.

○ 안식일을 계획하고 달력에 추가하라.
○ 영혼의 쉼과 회복을 위하여 안식일을 지키고 누려라.

부유한 삶을 위한 마지막 단계: 1% 도전

이 책에서 안내하는 원리는 (모든 것을 즐기면서) 저축하고, 벌고, 그리고 할 수 있는 모든 것을 기부하는 것이다. 이것이 바로 40,000보 보기이다. 이제 당신에게 하나님이 맡기신 돈을 최대한 활용하기 위해 간단하고 실질적인 한 가지를 알려주고자 한다. 나는 그것을 1% 도전이라고 부른다.

매년 1%씩 저축과 기부를 늘려라.

1%는 너무 적어서 예산에 최소한의 영향을 미치는 것에 놀랄 것이다. 하지만 매년 관리 자산(AUM)과 순 기부가 증가하고 이 땅에서 하나님의 돈을 잘 관리하고 하늘에 보물을 쌓아둘 수 있다.

대부분의 사람들은 1%나 2%의 증가는 거의 알아차리지 못한다. 하지만 13장에 언급한 네 부분으로 구성된 체계를 따라 한다면 수입이 매년 2% 이상 증가하는 경험을 하게 될 것이다.

만일 더 많은 비율의 증가를 원하거나, 그렇게 부름을 받았다면 그에 맞게 조절하라. 하지만 연간 1% 증가는 최소한으로 유지하도록 노력하길 바란다.

지금 행동으로 옮겨라

- 연간 알림을 설정하여 저축과 기부를 1%씩 증가시켜라.

지금 바로 이 단계를 시도하라. 시리, 알렉사, 구글, 또는 다른 도구에게 매년 이 작업을 상기시켜 달라고 요청하라. 또는 당신의 달력에 추가하라. 전자 캘린더, 계획표, 강아지와 고양이가 그려진 벽걸이 달력이든. 자신에게 가장 적합한 도구를 사용하라. 하지만 그냥 실행하라.

오늘부터 1년 후 또는 연초에 일정을 잡아도 된다. 우리는 매년 내 생일에 저축과 기부를 늘린다. 그것은 1%를 더 늘릴 수 있게 해주신 하나님의 신실하심에 감사하는 기회이다.

간단한 시작

몇 퍼센트부터 시작해야 할지 잘 모르겠다면 지금 하고 있는 것에서 시작해 보라고 제안하고 싶다. 예를 들어, 이미 5%를 저축하고 1년에 5%를 기부하고 있나? 그렇다면 6%까지 올려보라. 각 숫자를 1%씩 늘려라. 비율 기부와 저축이 처음이라면 첫해에는 1%로 시작하라.

린다: 무엇보다도 기도하면서 주님의 인도하심에 따르세요. 그분의 인도하심은 당신의 편안한 영역을 벗어날 수도 있어요. 항상 그 인도하심에 순종

하세요. 그것이 바로 모험이 있는 곳이에요. 순종의 반대편에는 항상 선한 일이 기다리고 있답니다.

지금 시도하라

전에 내 말을 무시했다면 지금 당장 휴대폰을 꺼내서 매년 기부 및 저축을 1%씩 늘리도록 알림을 추가하라.

때가 되었을 때, 복습이 필요하면 이 책을 꺼내서 다시 한 번 강조한 부분을 복습하라. 그 다음 각 금액을 1%씩 조정하라. 만약 저축과 기부를 자동화했다면(5장 참조), 저축이든 퇴직금이든 기부를 받는 사람이든 상관없이 전체적으로 1%씩 늘려보라.

이 작업에는 5~10분 정도 소요된다. 매년 한 번씩.

1년에 5~10분 정도 시간을 내어 재무 생활을 개선하고 영원한 영향력을 확장할 수 있는가?

과정을 신뢰하라

너무 단순하게 들릴 수 있다는 것을 안다. 사실 돈으로 성공하는 것은 정말 간단하다. 항상 쉬운 것은 아니지만, 꾸준히 단계를 밟아나간다면 성공할 수 있다. 하룻밤 사이에 이루어지지는 않겠지만, 대부분의 사람들은 상황이 얼마나 빨리 변하는지에 놀랄 것이다, 과정을 믿고 계속 나아가라.

내가 당신의 친구이자 코치로 그렇게 하게끔 도와주겠다. 후회하지 않을 것이다. 당신이 아무것도 안 하고 이 한 가지 아이디어만 적용해도, 지금부터

10년 또는 20년 후, 하나님께서 당신의 재정 생활에 어떤 일을 하셨는지 돌아보면 깜짝 놀랄 것이다.(에베소서 3:20 스타일)*.

마지막 한 가지

몇 년 후 돈에 대한 걱정은 없지만, 하나님을 당신의 공급자로 온전히 신뢰한다고 상상해 보라. 빚의 굴레에서 벗어나 이자를 지불하는 대신 이자를 벌고 있다고 상상해 보라. 당신이 자신의 일을 사랑하고 비즈니스나 경력에서 번창한다. 삶에서 넘치는 것을 베풀 수 있는 기회를 가지며 매 순간을 사랑한다. 그리고 천국으로 첫 발을 내딛을 때 돈에 대한 몇 가지 간단한 결정이 가져온 놀라운 영향력을 상상해 보라.

나는 돈 관리가 예배 행위라고 믿는다. 우리는 매일 돈을 어떻게 쓸지 결정한다. 우리는 하나님의 영광을 위해 돈을 사용할 수 있는 기회를 가지며, 그 결과 영원한 영향을 미친다. 원수는 이 사실을 알고 있고, 이것이 바로 많은 교회가 재정적 속박에 빠진 이유 중 하나라고 생각한다.

원수는 우리의 재정 생활을 파괴하려고 한다. 돈과 관련된 두려움, 죄책감, 수치심을 부추기며 배우자와의 갈등을 일으키고, 파산 상태로 만들어 가족을 돌볼 수 없게 만든다. 돈이 우리를 계속해서 쳇바퀴처럼 돌리며 발전하지 못하게 하는 것이 원수의 목표이다. 우리 모두가 물 위로 머리를 올리기 위해 고

---

* "우리 가운데서 역사하시는 능력대로 우리가 구하거나 생각하는 모든 것에 더 넘치도록 능히 하실 이에게!"

군분투하고 있다면, 어떻게 주변 사람들을 도울 수 있을까?

　이제 상황을 바꿔야 할 때이다. 교회가 일어나서 돈에 대한 세상의 잘못된 접근 방식을 따르지 말고, 세상에 더 나은 방법을 보여줄 때이다.
　우리가 세상의 어려운 문제들을 해결할 수 있는 원천으로 하나가 되어야 한다고 믿는다. 세상이 재정적 조언을 구할 수 있도록 하나가 되어야 한다. 우리가 돈을 어떻게 다루느냐에 따라 하나님이 영광을 받으시고 또 받으실 거라고 믿는다.
　이 책의 간단한 원리를 따르는 것은 우리에게 놀랍도록 부유한 삶을 선사한다. 당신이 책의 내용을 적용하고, 동일한 은혜가 임하기를 기도한다.

독자에게 감사!

우리의 작업을 당신과 공유하게 되어 영광이다. 이 책이 당신의 삶에 가치를 추가해 주었다면, 다음 중 한 가지를 고려해 보라.

- 이 책과 함께 셀카를 찍어 자신의 블로그나 커뮤니티 사이트에 게시하고 마음에 들었던 한 가지를 적어주길 바란다.
- 당신의 훌륭한 통찰을 커뮤니티와 공유해 주길 바란다.
- 책을 구입한 곳에 솔직한 후기를 남기길 바란다.
- 후기는 독자들이 이 책을 선택할 때 많은 도움이 된다. 우리의 메시지가 재테크 서적을 찾는 전 세계 사람들에게 알려지려면 많은 도움이 필요하다. 여러분의 솔직한 후기는 큰 영향을 미칠 수 있다.
- 친구나 목회자와 공유하라. 그들에게 이 책에 대해 이야기하고, 책을 빌려달라거나 빌려간 후 돌려주지 않을 것 같다면* 당신이 새로

* 우리는 모두 이런 친구가 있다.

만든 씨앗 계정 자금으로 한 권을 사주길 바란다.

낯선 사람이 되지 마라!

궁금한 점이 있거나 인사를 나누고 싶다면 인스타그램의 DM(@seedtime)으로 메시지를 보내길 바란다.*

앞으로도 당신의 의견을 듣고, 당신의 삶에 더 많은 가치를 어떻게 더할 수 있을지에 대한 의견을 기다리겠다!

그분 안에서,
밥과 린다 로티치.

다음에 무엇을 읽어야 할까?

만일 이 책이 재미있었다면 무료 이메일 뉴스레터를 구독할 수 있다. 최신 팟캐스트, 기사, 동영상을 공유하는 곳이며, 돈에 관한 유용한 팁, 격려, 도구와 자원을 제공한다. 돈으로 승리하고, 하나님께 영광을 돌리는 데 도움이 되도록 사용하라.

seedtime.com/newsletter에서 신청할 수 있다.

---

* 혹은 한국어판 출판사 info@jininterlab.com으로 메시지를 보내주면 저자에게 전달하겠다.(역자 주)

감사 인사

이 책을 만드는 데 도움을 준 놀라운 분들 중 일부만 소개한다. 이분들은 이 책을 만드는 데 중요한 영향을 미쳤다. 이 중 한 명이라도 아는 사람이 있거나 만나게 된다면, 하이파이브를 한 번 하라. 그들은 받을 만한 자격이 있다.*

- 부모님
- Barb Albert
- Chad Allen
- Jessy Rei Argota
- Joshua Becker
- Chuck Bentley
- Tom and Stephanie Bills
- Jacob and Callie Blount
- Eric Brinker
- Jeff and Lauren Cantoni
- Scott and Michelle Cash
- James Clear
- Stephen Cook
- Max and Hannah Corwin

* 이 프로젝트에는 정말 많은 놀라운 분들이 도움을 주셔서 잊어버린 분들도 있을 것 같다. 목록에 이름이 없는 분들이 계시다면 죄송하다. 알려주시면 다음 책에 두 번 수록하도록 하겠다.

- Cory Edwards
- Chris Ferebee
- Pam Gibbs
- Jeff Goins
- Justin and Laura Gordey
- Shelly Griffin
- Bryan and Stacy Harris
- Risi Hatmaker
- Tammy Hatmaker
- Tori Hein
- Mary Hunt
- Millie Katina
- Kristel Kazda
- Dawn Kropp
- Bryan Lark
- Kenny MacKay
- Derrick Minyard
- Kathy Mitchell
- Phillip and Joanna Parkinson
- Peggy Pedroza
- Jordan Raynor
- Carrie Rocha
- Alex Seeley
- Adam Simon
- Ruth Soukup
- Andrew Stoddard
- Robby Valderrama
- Bryce Vernon
- Kim Von Fange
- Carlos Whittaker
- 당신! 그렇다. 이어서 스스로 하이파이브하라.

이 책을 선택하고 읽어주어서 다시 한 번 진심으로 감사드린다. 린다와 나는 당신이 책의 내용을 자연스럽게 실질적으로 적용할 때, 하나님의 초자연적인 힘이 함께 하셔서 진정한 재정적 자유를 누릴 수 있기를 기도하고 있다.

참조

이전에 게시된 블로그 내용 일부를 전재할 수 있도록 허락해 주신 다음 분들께 감사드린다.

- 브라이언 해리스(Bryan Harris): '11스타 경험', 최초 동영상 fruit.com에 2020년 7월 31일에 게시됨. 브라이언 해리스의 허가를 받아 사용됨. 모든 권리 보유.
- 마이크 미칼로비치(Mike Michalowicz): '돈은 당신의 성격을 확대킨다', 최초 2013년 3월 19일 mikemichalowicz.com에 게시됨. 마이크 미칼로비츠의 허가를 받아 사용됨. 모든 권리 보유.

소개

1. 존 웨슬리, '설교 LXXXVII: 재물의 위험', 여러 차례의 설교, (런던: 웨슬리안 컨퍼런스 사무실, 1864), 3:8

<1부> 할 수 있는 모든 것을 저축하라
1장. 전쟁은 그분의 것이지만, 당신이 나가야 한다

1. 역대하 20:12
2. 역대하 20:15-17
3. 열왕기상 18:46

3장. 절대 100 규칙

1. '가장 부유한 복싱 경기 5', CBS 로스앤젤레스, 2015년 2월 20일, https://losangeles.cbslocal.com/2015/02/20/top-5-richest-boxing-matches.
2. '역대 최고 연봉을 받는 운동선수들', Forbes, 2016년 12월 6일, www.forbes.com/pictures/mli45fgmmj/11-mike-tyson.
3. '2020-21 NBA 선수 계약', 농구 참조, www.basketball-reference.com/contracts/players.html.
4. 케리안네 렌줄리와 커트니 코넬리, 'NFL 선수가 한 시즌에 버는 평균 수입', CNBC, 2009년 2월 1일, www.cnbc.com/2019/02/01/heres-what-the-average-nfl-players-makes-in-a-season.html.
5. 크리스 듀들리, '프로 선수들의 재정적 반칙에서 배운 돈의 교훈', CNBC, May 14, 2018, www.cnbc.com/2018/05/14/money-lessons-learned-from-pro-athletes-financial-fouls.html.
6. '소득 변동성이 미국 가정의 재정적 안정과 상호 작용하는 방식', 퓨 자선 신탁, 2017년 3월 9일, www.pewtrusts.org/ko/research-and-analysis/issue-briefs/2017/03/

how-income-volatility-interacts-with-american-families-financial-security.

7. 캐슬린 엘킨스, '한 청소부가 몰래 800만 달러의 재산을 모았다. 그리고 그 대부분을 도서관과 병원에 기부했다', CNBC, 2016년 8월 29일, www.cnbc.com/2016/08/29/janitor-secretly-amassed-an-8-million-fortune.html.

4장. 주의: 성과가 측정되면 개선된다

1. '돈의 역사', PBS, 1996년 10월 26일, www.pbs.org/wgbh/nova/article/history-money

2. 잠언 27:23.

3. 요한복음 16:33.

4. 셰리 존슨, '채용 및 유지에 피어슨의 법칙 적용', RISMedia, https://rismedia.com/2020/07/22/applying-pearsons-law-recruiting-retention

5. 크리스 맥체스니, 숀 코비, 짐 홀링, 《4가지 분야 실행: 당신의 매우 중요한 목표 성취하기》, 개정판

(뉴욕: Simon & Schuster, 2021), 77쪽

5장: 자동화: 의지력에 절대 의존하지 마라

1. 브루스 바틀렛, '70년이 지난 후에도 여전히 논란의 여지가 있는 세금 원천징수'. 이코노믹스(블로그), 뉴욕 타임즈, 2013년 10월 22일, https://economix.blogs.nytimes.com/2013/10/22/tax-withholding-still-controversial-after-70-years.

2. 제임스 클리어, 《아주 작은 습관의 힘》 (뉴욕: Avery, 2018), 24, 27쪽, 국내 번

역(비즈니스북스, 2019).

6장. 조정: 만약 구멍에 빠졌다면, 파는 것을 멈추어라
1. 빌립보서 4:19
2. 에베소서 3:20

8장. 사랑하는 것에 더 많이 소비하는 방법
1. 라밋 세티, '돈의 다이얼: 당신은 왜 그렇게 지출하는가', 나는 당신에게 부자가 되는 법을 가르칠 것이다, 2018년 12월 21일,
   www.iwillteachyoutoberich.com/blog/money-dials
2. 제임스 클리어, 《아주 작은 습관의 힘》 (뉴욕: Avery, 2018), 82쪽. 국내 번역 (비즈니스북스, 2019년).

9장. 보다 현명하게 지출하는 방법
1. 더그 드무로, '어느 마일리지에서 자동차를 멀리 해야 하는가?', 오토트레이더, 2017년 1월 13일,
   www.autotrader.com/car-news/what-mileage-should-you-stay-away-car-260881
2. 조쉬 클라크, '현대의 자동차는 덜 문제가 되는가?', HowStuffWorks,
   https://auto.howstuffworks.com/under-the-hood/diagnosing-car-problems/mechanical/cars-less-problematic.htm
3. '2020 포드 퓨전 소유 비용', 에드먼즈,
   www.edmunds.com/ford/fusion/2020/cost-to-own/#style=401799037
   '2020 혼다 씨빅 소유 비용', Edmunds,
   www.edmunds.com/honda/civic/2020/cost-to-own/#style=401823139

4. 스가랴 4:10

10장. 숨겨진 실험

1. 제이슨 스틸, '신용 카드의 역사', Creditcards.com, 2021년 5월 24일, www.creditcards.com/credit-card-news/history-of-credit-cards

2. '미국 가계 부채', 위키미디어,
https://upload.wikimedia.org/wikipedia/commons/4/43/US_consumer_debt.png

3. 《미국 부채의 복잡한 이야기: 가계 대차대조표의 부채》(필라델피아: 퓨 자선 신탁, 2015년 7월), 15,
www.pewtrusts.org/~/media/assets/2015/07/reach-of-debt-report_artfinal.pdf?la=en

4. 크레이그 힐, 《96%가 모르는 5가지 부의 비밀》(Littleton, CO: Family Foundations International, 2012), 54쪽, 국내 번역(하늘양식, 2013년).

5. 데이비드 갈과 블레이클리 맥쉐인, '부채를 극복하려면 작은 것부터 시작하라', 켈로그 인사이트, 2014년 1월 8일,
https://insight.kellogg.northwestern.edu/article/to_beat_debt_consider_starting_small

알렉산더 L. 브라운과 조안나 N. Lahey, '작은 승리: 과제 완수 및 부채 상환에 내재적 동기 부여 만들기', 소비자 금융 보호국 연구 패널 2, 2015년 5월 7일, 슬라이드 19쪽,
https://files.consumerfinance.gov/f/documents/P2d_-_Brown_-_Small_Victories.pdf

빠른 시작 - 1부

1. 프리드리히 니체, 빅토르 E. 프랭클, 《인간의 의미 탐색: 로고테라피 입문》, 4판, 번역. 일세 라쉬, (보스턴: Beacon, 1992), 109쪽.

<2부> 할 수 있는 모든 것을 벌어라

1. 에베소서 3:20
2. 골로새서 3:23

12장. 돈은 가혹한 주인이지만 위대한 종이다

1. 에린 블레이크모어, '이 광산 화재는 50년 넘게 타오르고 있다.' History.com, 2019년 4월 26일,

    www.history.com/news/mine-fire-burning-more-50-years-ghost-town

2. '전국적인 화상 발생률 증가, 말 그대로', 미국 사실에 직면하다, 2013년 8월 26일,

    https://facethefactsusa.org/facts/the-national-burn-rate-is-going-up--literally

3. 잠언 27:20
4. 뉴 세계 백과사전, '존 록펠러',

    www.newworldencyclopedia.org/entry/John_D._Rockefeller

5. 조나단 스위프트, 토마스 로스코의 《조나단 스위프트의 생애와 작품》, 조나단 스위프트의 작품 (런던: 헨리 워시본, 1841), 1:lxxxii에서 인용.
6. 존 파이퍼, 《미래의 은혜: 약속의 정결케 하는 힘》 (콜로라도 스프링스: 멀티노마북스, 2012), 324.
7. 마태복음 19:16-22

8. 누가복음 19:1-10
9. 크레이그 힐,《96%가 모르는 5가지 부의 비밀》(Littleton, CO: Family Foundations International, 2012), 40쪽, 국내 번역(하늘양식, 2013년).
10. 마이크 미칼로비츠, '돈은 당신의 성격을 확대시킨다', Mike. Michalowicz, 2013년 3월 19일, https://mikemichalowicz.com/money-amplifies-your-character.
11. 시편 51:10, 139:23-24
12. 빌립보서 4:19
13. 빌립보서 4:11
14. 고린도후서 9:8, 야고보서 1:5

13장. 디지털 시대에 돈을 버는 4가지 열쇠

1. 스콧 아담스, '커리어 조언', Dilbert.Blog, 2007년 7월 20일, https://dilbertblog.typepad.com/the_dilbert_blog/2007/07/career-advice.html

14장. 소명과 열정: 물고기는 나무에 오르지 않는다

1. 시편 139:14, 에베소서 2:10.
2. '모두가 천재다', 조사원 인용, 2013년 4월 6일, https://quoteinvestigator.com/2013/04/06/fish-climb
3. 스티브 잡스, '2005 스탠포드 졸업식 연설' (연설, 스탠포드 대학교, 스탠포드, 캘리포니아, 2005년 6월 12일), https://news.stanford.edu/2005/06/14/jobs-061505
4. 불의 전차, 휴 허드슨 감독, 에니그마 프로덕션, 1981.
5. 제프 고인스,《일의 예술: 당신이 하고자 하는 일을 발견하는 입증된 길》

(내쉬빌: 넬슨북스, 2015), 20쪽.
6. 제프 고인스, 《일의 예술》, 122쪽.
7. 골로새서 3:23
8. 로마서 8:28
9. 요한복음 6:5-13
10. 야고보서 2:17-20
11. 제프 고인스, 《일의 예술》, 35쪽.

15장. 교육: 계속 배우고 기술을 연마하라

1. 알리 몬태그와 톰 허들스턴 주니어, '게이머 타일러 닌자 블레빈스는 패스트푸드점에서 일하다가 어떻게 포트나이트로 한 달에 100만 달러를 벌게 되었나', CNBC, 2019년 1월 4일,
www.cnbc.com/2019/01/04/ninja-blevins-from-a-fast-food-job-to-millionaire-fortnite-gamer.html
2. 말콤 글래드웰, 《아웃라이어스: 성공의 이야기》 (뉴욕: Little, Brown, 2008), 39-40쪽, 국내 번역(김영사, 2020)
3. 잠언 22:29

16장. 문제를 해결하거나 개선하라

1. 브리태니커 키즈, '요하네스 구텐베르크',
https://kids.britannica..com/students/article/Johannes-Gutenberg/274706
2. 데이브 루스, '인쇄기가 세상을 바꾼 7가지 방법', History.com, 2019년 8월 28일, www.history.com/news/printing-press-renaissance
3. 아이작 뉴턴, 로버트 후크에게 보낸 편지, 1675년, 펜실베니아 역사학회. 펜

실베니아,

https://discover.hsp.org/Record/dc-9792/Description#tabnav

4. 토니 로빈스, 《돈: 게임을 지배하라》 (뉴욕: 사이먼 & 슈스터, 2016), 6쪽.

5. 브라이언 체스키, '어떻게 마법의 경험을 확장하는가: 에어비앤비의 브라이언 체스키가 전하는 4가지 교훈', 리드 호프만, May 22, 2018에서 인용, https://reid.medium.com/how-to-scale-a-magical-experience-4-lessons-from-airbnbs-brian-chesky-eca0a182f3e3

6. 브라이언 해리스, '11스타 경험', 성장 도구, 2020년 7월 31일, https://videofruit.com/blog/11-star-experience

7. 체스키, 호프만, '확장하는 방법'에서 인용.

8. 시편 75:6-7

17장. 수요: 원하는 것을 제공하라

1. '리바이스 스트라우스 이야기', 리바이스 스트라우스, 2013년 3월 14일, www.levistrauss.com/2013/03/14/the-story-of-levi-strauss; 브리태니커 백과사전, '리바이 스트라우스 앤 코', www.britannica.com/topic/Levi-Strauss-and-Co

18장. 인생의 목적이 죽음에 무사히 도착하는 것처럼 살지 마라

이 장의 제목은 마크 배터슨의 《사자를 추격하라: 만약 당신의 꿈이 당신을 두렵게 하지 않는다면, 그것은 너무 작다》 (콜로라도 스프링스: 멀티노마, 2016), 3쪽에서 인용했다.

1. 마태복음 14:22-33
2. 요한복음 10:10
3. 마크 배터슨, 《사자를 추격하라》, 3쪽.

4. 마크 배터슨,《사자를 추격하라》, 2쪽.
5. 팀 페리스, '두려움 설정: 내가 매달 하는 가장 귀중한 연습', Tim Ferriss (블로그), May 15, 2017, https://tim.blog/2017/05/15/fear-setting 이 장에서 설명하는 두려움 설정 연습은 페리스의 연습을 변형한 것이다.
6. 팀 페리스, '두려움 설정'.
7. 팀 페리스, '두려움 설정'.
8. 팀 페리스, '두려움 설정'.

<3부> 할 수 있는 모든 것을 기부하라

1. 누가복음 12:33
2. 워런 버핏, 메리 버핏과 데이비드 클라크,《워런 버핏의 도: 워런 버핏의 지혜의 말》(뉴욕: 스크리브너, 2006), 145쪽.
3. 랜디 알콘,《보물 원칙: 즐거운 기부의 비밀을 풀어라》(콜로라도 스프링스: 멀티노마, 2017), 48쪽, 국내 번역(생명의 말씀사, 2010)
4. 누가복음 12:33

19장. 기부에 대해 생각했던 모든 것이 틀렸다
1. 사도행전 20:35
2. 고린도후서 9:7
3. 고린도후서 9:10
4. 사도행전 20:35
5. 크리스천 스미스와 힐러리 데이비슨,《넉넉함의 역설: 우리가 받는 넉넉함, 우리가 잃는 넉넉함》(뉴욕: 옥스퍼드 대학교 Press, 2014), 책 설명.

20장. '나이만큼 기부'하기 시작한 이유

1. 로마서 8:28
2. 고린도후서 9:7

21장. 기부는 정원 가꾸기

1. 열왕기상 17:12
2. 열왕기상 17:15-16
3. 창세기 8:22
4. 고린도후서 9:6
5. 고린도후서 9:10-11
6. 마태복음 4:6
7. 마태복음 4:7
8. 고린도후서 9:10
9. 찰스 스탠리, '심고 거두는 원리', In Touch Ministries, 2014년 7월 6일, www.intouch.org/read/life-principle-6-the-principle-of-sowing-and-reaping
10. R.G. 르투르노, 제임스 A. 스커더 주니어, '하나님은 더 큰 삽을 가지고 계신다', InGrace, https://ingrace.us/february-9th-10th-god-has-a-bigger-shovel에서 인용
11. 프랜시스 챈, '목회자에서 백만장자가 되기까지… 기부자!', 넉넉한 기부자, https://generousgiving.org/francis-chan-from-pastor-to-millionaire-giver
12. 프랜시스 챈, '목회자에서 백만장자가 되기까지… 기부자!'.

22장. 춤추는 고릴라

1. 트래프톤 드루, 멜리사 보, 제레미 울프, '보이지 않는 고릴라가 다시 공격한다. 전문 관찰자의 지속적인 부주의한 실명,' 심리과학 24, 9호 (2013): 1848-53쪽,
www.ncbi.nlm.nih.gov/pmc/articles/PMC3964612
2. 앤 피에트란젤로, '바더 마인호프 현상이란 무엇인가? 그리고 왜 당신이 그것을 다시 볼 수 있는지. 그리고' Healthline, 2019년 12월 17일,
www.healthline.com/health/baader-meinhof-phenomenon
3. 누가복음 5:4-8
4. 사도행전 20:35

23장. 6자리 기부자의 비밀

1. 에베소서 3:20
2. 스가랴 4:10
3. 마태복음 6:33
4. 창세기 17:17; 18:12
5. 창세기 37:5-11
6. 누가복음 1:30-35
7. 마크 배터슨, 케빈 크루스, 《큰 꿈을 꾸어라: 당신의 목표가 무섭게 느껴져야 한다》, LinkedIn, 2017년 6월 17일,
www.linkedin.com/pulse/dare-dream-big-your-goals-should-feel-scary-kevin-kruse

24장. 순 기부: 가장 중요한 지표

1. 셰리 존슨, '채용 및 유지에 피어슨의 법칙 적용', RISMedia,
   https://rismedia.com/2020/07/22/applying-pearsons-law-recruiting-retention

2. 카밀라 아이링 킴볼, 아만다 케 프론크, '친절하게 사역하기', BYU 연설, 2016년 1월 20일에서 인용,
   https://speeches.byu.edu/posts/ministering-with-kindness

3. 요한복음 10:10

4. 마태복음 6:33

25장. 기부를 더 쉽고 즐겁게 하는 4가지 조언

1. 앤디 스탠리(@AndyStanley), 트위터, 2015년 12월 29일, 12:07 오후,
   https://twitter.com/andystanley/status/681914412920258560

2. 존 D. 록펠러, 앤드류 맥네어, '왜 나는 십일조를 하는가. 당신도 그래야 한다', Forbes, April 21, 2014에서 인용,
   www.forbes.com/sites/learnvest/2014/04/21/why-i-tithe-and-so-should-you

3. 고린도후서 9:7

4. 마태복음 25:21

5. 팀 몬스, '완벽하게 좋은 위기', 넉넉한 기부,
   https://generousgiving.org/media/videos/tim-mohns-a-perfectly-good-crisis

26장. 나비 효과

1. 브리태니커 백과사전, '에드워드 로렌츠',

www.britannica.com/biography/Edward-Lorenz

2. 앤디 앤드류스, '앤디 앤드류스의 나비 효과', YouTube 동영상, 2013년 6월 19일, www.youtube.com/watch?v=mo6fBAT8f-s

3. '조지 워싱턴 카버 박사가 땅콩으로 만든 제품 목록', 터스키기 대학교, www.tuskegee.edu/support-tu/george-washington-carver/carver-peanut-products; 터스키기 대학교, www.tuskegee.edu/support-tu/george-washington-carver/carver-sweet-potato-products

4. 빌리 그레이엄, 《죽음과 그 이후의 삶에 직면하다》 (텍사스주 웨이코: Word Books, 1987), 267쪽.

<4부> 모든 것을 즐겨라

1. 요한복음 10:10
2. 디모데전서 6:17
3. C.S. 루이스, 《순전한 기독교》 (뉴욕: 하퍼원, 2001), 49쪽, 국내 번역 (홍성사, 2018)

27장. 발전이 실제로 어떤 모습일지 즐겨라

1. 존 소포릭, 《부유한 정원사: 아버지와 아들 사이의 번영에 관한 삶의 교훈》 (Mount Pleasant, PA: self-pub., 2018), 355쪽.

2. 제임스 클리어, 《아주 작은 습관의 힘》 (뉴욕: Avery, 2018), 20쪽, 국내 번역 (비즈니스북스, 2019)

3. 제이콥 A. 리스, 《미국인의 만들기》 (뉴욕: Grosset & Dunlap, 1901), 253쪽.

4. 갈라디아서 6:9

28장. 지출을 즐겨라

1. 키오나 N. 스미스, '노스 센티널 섬의 고립된 센티널 주민들에 대해 우리가 알고 있는 모든 것', Forbes, 2018년 11월 30일,
   www.forbes.com/sites/kionasmith/2018/11/30/everything-we-know-about-the-isolated-sentinelese-people-of-north-sentinel-island
2. 마태복음 7:3-5
3. 마태복음 26:14-15, 요한복음 12:1-6
4. 아서 레거, '하나님은 금을 좋아하신다-성경에서 금의 용도와 가치', 링크드인, 2017년 1월 17일,
   www.linkedin.com/pulse/god-likes-gold-uses-value-bible-arthur-leger
5. 디모데전서 6:17

29장. 가진 것을 누려라

1. 론 처노, 《타이탄: 존 록펠러의 생애》, 2nd ed. (뉴욕: 빈티지 북스, 2004), 556쪽.
2. 잠언 27:20
3. 로버트 A. 에몬스, 《감사를 실천하는 것이 어떻게 당신을 더 행복하게 하나》(보스턴: 휴튼 미플린, 2008), 책 설명.
4. 헤더 크레이그, '감사에 대한 사랑과 행복의 관계 연구', 2021년 2월 27일,
   https://positivepsychology.com/gratitude-research
5. 로버트 에몬스, '감사가 좋은 이유', Greater Good, 2010년 11월 16일,
   https://greatergood.berkeley.edu/article/item/why_GRATITUDE_IS_GOD

30장. 휴식을 즐겨라

1. 여호수아 1:13
2. 매튜 맥크리어리, '칙필레는 일요일에 문을 닫고도 맥도날드, 스타벅스, 서브웨이를 합친 것보다 더 많은 돈을 번다.', Entrepreneur, 2018년 9월 25일, www.entrepreneur.com/article/320615
3. 마크 뷰캐넌, 《하나님의 안식: 안식일 회복을 통한 영혼의 회복》(내슈빌: 토마스 넬슨, 2006), 93쪽.
4. 마크 뷰캐넌, 《하나님의 안식: 안식일 회복을 통한 영혼의 회복》, 129쪽.
5. 마태복음 12:8

31장. 모든 것을 즐겨라

1. 메리 올리버, '여름날', 의회도서관, www.loc.gov/programs/poetry-and-literature/poet-laureate/poet-laureate-projects/poetry-180/all-poems/item/poetry-180-133/the-summer-day

빠른 시작 - 4부

1. 로버트 에몬스, '감사가 좋은 이유', Graeter Good, 2010년 11월 16일, https://greatergood.berkeley.edu/article/item/why_gratitude_is_good

저자 소개

밥 로티치(Bob Lotich, CEPF®)는 높은 성과를 이끌어 온 재정 코치이며, 개인 금융 분야에서 영향력 있는 20인 중 한 명으로 선정되었다. 수상 경력에 빛나는 그의 웹사이트, seedtime.com 및 SeedTime Money 팟캐스트는 지난 10년간 5천만 명 이상의 사람들이 청취하였다.

그는 성경에 나오는 시대를 초월한 재정 지침과 함께 예산 책정 요령과 투자 전략, 그리고 혁신적인 기부와 1년간의 안식년까지 자신의 재정 실험 결과를 공유하는 것을 즐긴다. 그는 아내 린다와 세 자녀와 함께 테네시주 프랭클린에 거주하고 있다.

옮긴이 조계진

30대에 사업 실패로 지은이 밥 로티치와 유사한 과정을 거쳐 8년간 빚을 갚고 어려움을 이겨낸 경험이 있었기에 깊은 공감의 번역을 할 수 있었다.

15년간 개발, 수출을 하는 ㈜글래드컴 대표이사로 근무하고 있으며 저서로《성공의 파도를 서핑하는 사장 트레이닝》,《작아도 당당한 글로벌 수출기업 만들기》가 있고 역서로《숨쉬어》가 있다.

단순한 재정 원리

초판 1쇄 발행일 2024년 6월 5일

지은이 밥 로티치
옮긴이 조계진

발행인 박영진
발행처 진인터랩
출판등록 제 561-2023-000016 호
주소 (16079) 경기도 의왕시 오봉산단 1로 12, 에이스하이테크비전21 1112호
전화 031-286-2937 **팩스** 031-212-2937
저자 독자 서비스 info@jininterlab.com
홈페이지 www.jininterlab.com
블로그 https://blog.naver.com/jininterlab

편집주간 박영진 **편집** 김소이 **디자인** 공간디자인 **제작** 최영민

ⓒ 진인터랩, 2024

ISBN 979-11-981955-9-3

* 이 책은 저작권법에 따라 보호를 받는 저작물이므로 무단 전재와 무단 복제를 금지합니다.
* 이 책 내용의 전부 또는 일부를 이용하려면 반드시 저작권자와 진인터랩의 서면 동의를 받아야 합니다.
* 잘못된 책은 구입하신 서점에서 바꿔드립니다.
* 책값은 뒤 표지에 있습니다.

진인터랩은 독자 여러분의 책에 관한 아이디어와 원고 투고를 언제나 기다리고 있습니다.
이메일 info@jininterlab.com으로 보내주세요.